科学出版社"十四五"普通高等教育本科规划教材

国际商务
——中国经验的探索与实践

主　编　王　珏　刘夏明

副主编　吕　越　刘园园　杨　娜

　　　　丁飒飒　钟　冲　宁　南

科学出版社

北京

内 容 简 介

本书深入剖析了自改革开放以来，中国企业在全球市场中面临挑战和取得突破的过程。本书从国际商务基础理论与中国故事出发，围绕共建"一带一路"倡议、《区域全面经济伙伴关系协定》等主题，探讨了中国企业国际化进程及其对全球商务实践的贡献。通过对国际商务环境变迁、跨国投资策略和全球运营管理的讨论，本书揭示了中国在全球经济中发挥了越来越大的作用。

本书面向国际商务、国际关系、全球化管理等相关领域的研究者、学生及对中国国际化感兴趣的专业人士。同时，本书深度结合理论与实践，详细分析了中国企业国际化发展的独特路径，也适合在全球经济中寻找合作与机遇的国际商务实践者阅读。

图书在版编目（CIP）数据

国际商务 ：中国经验的探索与实践 / 王珏，刘夏明主编. -- 北京：科学出版社, 2024. 8. -- (科学出版社"十四五"普通高等教育本科规划教材). -- ISBN 978-7-03-079294-5

Ⅰ. F740

中国国家版本馆 CIP 数据核字第 2024YM7126 号

责任编辑：陈会迎 / 责任校对：姜丽策
责任印制：赵 博 / 封面设计：楠竹文化

科 学 出 版 社 出版
北京东黄城根北街 16 号
邮政编码：100717
http://www.sciencep.com

北京科印技术咨询服务有限公司数码印刷分部印刷
科学出版社发行 各地新华书店经销

＊

2024 年 8 月第 一 版 开本：787×1092 1/16
2025 年 8 月第二次印刷 印张：12 1/2
字数：296 000
定价：48.00 元
（如有印装质量问题，我社负责调换）

前　言

　　改革开放以来，中国企业国际化取得了突破性进展，对外直接投资的高速增长促使中国企业国际化进入了崭新的发展阶段。中国对外直接投资始终保持高速增长，并于 2016 年成为仅次于美国的全球第二大对外直接投资国。但 2016 年以来，受国际局势与国内结构性调整的影响，中国对外直接投资的增速开始迅速下滑。近年来，中国饱受海外各种正式制度与非正式制度的影响，已成为遭受对外投资审查最多的国家之一。受逆全球化形势的影响，中国企业对外直接投资更是遭遇到前所未有的阻力。在企业国际化发展进程中的关键时刻，中国站在了新的历史起点上。习近平在党的二十大报告中指出："坚持高水平对外开放，加快构建以国内大循环为主体、国内国际双循环相互促进的新发展格局""稳步扩大规则、规制、管理、标准等制度型开放""加快建设贸易强国""推动共建'一带一路'高质量发展"[①]，这为中国企业国际化的未来发展描绘了清晰的蓝图。

　　随着共建"一带一路"倡议、《区域全面经济伙伴关系协定》（Regional Comprehensive Economic Partnership，RCEP）等的推进，我国依托超大规模市场优势，以国内大循环吸引全球资源。同时，为了提升国内国际两个市场两种资源的联动效应，提升贸易投资合作质量和水平，我国在"十四五"规划中提出了数字经济发展和新型基础设施建设政策。这些国际合作倡议以及国内创新驱动发展战略的实施，提升了中国企业的国际竞争力，具体表现在经济增长的稳定、产业结构的优化、科技创新的活力和国际市场的深度参与等方面。这些成效不仅彰显了中国高水平对外开放的战略视野，也深刻反映了中国企业在全球市场地位的持续上升。中国的国际化不仅是企业"走出去"，更是涵盖商品、服务、资金与人力资源等方面的"引进来"和"走出去"的双向开放策略。例如，我国通过举办中国国际进口博览会等一系列活动，加强了与全球市场的互联互通，这不仅为国际企业进入中国市场创造了机遇，也为中国企业的海外拓展和合作开辟了新途径。此外，中国在推动自由贸易试验区和海南自由贸易港的建设方面取得了显著进展，进一步放宽了市场准入，吸引了更多外资企业的参与。

　　当前，中国企业在"走出去"和"引进来"的过程中，已经形成了一条独特的国际化发展道路。不同于西方国家的企业以跨国并购为主的国际化，中国企业在"走出去"的过程中更多地采取建设海外工厂、成立研发中心、参与国际项目等方式进行全球化布局。这种独具特色的对外开放道路有助于我国企业更好地融入全球经济，同时也更能体现我国的发展理念和文化特色。习近平总书记在省部级主要领导干部"学习习近平总书记重要讲话精神，迎接党的二十大"专题研讨班上指出："必须坚持以中国式现代化推进

---

　　① 《习近平：高举中国特色社会主义伟大旗帜　为全面建设社会主义现代化国家而团结奋斗——在中国共产党第二十次全国代表大会上的报告》，https://www.gov.cn/xinwen/2022-10/25/content_5721685.htm。

中华民族伟大复兴，既不走封闭僵化的老路，也不走改旗易帜的邪路，坚持把国家和民族发展放在自己力量的基点上、把中国发展进步的命运牢牢掌握在自己手中。"①这意味着中国将继续沿着自己独特的政治和经济发展道路前进。在全球经济动荡起伏的背景下，我国的对外开放和国际商务模式不仅有利于提升高质量对外开放水平，也对全球化理论和实践具有重要贡献，为国际商务领域的未来发展注入了中国力量。本书通过深入探讨中国的国际商务发展道路，帮助读者更好地理解全球化发展的新阶段，也为国际商务理论与实践提供丰富、有效的支撑。

有鉴于此，本书主要由以下四篇内容构成。

第一篇：导论。该篇主要围绕国际商务的基础理论、发展阶段及中国在全球化浪潮中的独特经历展开。首先，该篇详细阐述了全球化的定义及发展阶段，以及全球化的推动力和具体表现形式。其次，深入探讨了国际商务的定义以及中国国际商务活动的发展历史。最后，该篇还重点讨论了国际商务的主要研究内容。通过对这些内容的深入探索，旨在为读者提供一个全面、多维的视角，以理解国际商务理论与中国实践的紧密联系和相互作用，特别是中国如何依托共建"一带一路"倡议促进经济增长和国际地位的提升。

第二篇：国际商务环境。该篇着重分析当前国际商务环境的主要特征，包括政治、经济和法律环境的变化及其对国际商务的影响。首先，该篇介绍中国经济崛起的背景及其对国际商务环境的影响。其次，从政治、经济和法律等方面探讨了中国的国际商务环境。再次，该篇聚焦于中国企业在国际化过程中面临的制度挑战和应对措施，通过共建"一带一路"倡议的实施、自贸试验区（港）的设立等案例探讨中国企业国际化发展。最后，该篇还探讨了文化差异对国际商务的重要影响。

第三篇：中国企业的国际商务战略。该篇深入探讨了跨国投资的主体、动因、策略与区位选择等。首先，该篇分析了跨国投资主体的变化趋势，并探讨中国不同类型跨国投资主体（如国有企业、民营企业、中小企业）的跨国投资。其次，该篇系统讨论了跨国投资的动因，并介绍垄断优势理论、内部化理论、产品生命周期理论、国际生产折衷理论等一系列国际投资理论。再次，该篇还探讨了跨国投资策略的选择，如合资与独资、绿地投资与收购兼并等。在区位选择方面，分析了中国企业如何选择合适的跨国投资地点，以及不同要素如何影响区位决策。最后，该篇还讨论了跨国投资的时机和速度，以及如何平衡先发者和后发者的优劣，并对跨国投资与经营战略进行详细分析与讨论。

第四篇：国际商务运营。该篇聚焦于全球价值链管理、跨国企业的组织架构、国际人力资源管理等关键领域。在全球价值链管理方面，该篇介绍了全球价值链的概念、发展阶段、主要特征及其治理模式。接着，深入探讨全球价值链管理的内涵和主要形式，以及在全球价值链重构背景下的管理模式。在组织架构方面，该篇讨论了跨国企业的组织结构、组织架构垂直和水平差异化、整合机制等方面的内容。在国际人力资源管理方面，该篇专注于国际人力资源管理的定义、关键功能及其实施政策，如人员配备政策、

① 《习近平：以中国式现代化推进中华民族伟大复兴》，http://politics.people.com.cn/n1/2022/0908/c1001-32522557.html。

外派人员管理等，旨在提供一个全面、深入的视角，理解如何在多元文化和复杂环境中有效管理国际商务运营。该篇结合海尔集团、波音公司及台湾积体电路制造股份有限公司在美"水土不服"等运营案例深入剖析国际经营管理面临的现实问题与挑战。

最后，感谢肖梦甜、周芷蕊和陈葳如等在本书撰写过程中在材料搜集和文字校对等方面提供的帮助和支持。

目 录

第一篇 导 论

第二篇 国际商务环境

第三篇 中国企业的国际商务战略

第四篇　国际商务运营

第一篇 导 论

第1章　全球化与国际商务

1.1　全　球　化

1.1.1　全球化的定义及发展阶段

全球化是指在经济、社会、文化和政治等各个领域中，不同国家和地区之间的联系与互动日益加深、相互依存程度增大的趋势，涉及资本、商品、人力资源、信息和技术等要素在世界范围内的流动与交流。全球化使得国家之间的边界逐渐模糊，促进了国际贸易、跨国投资、移民、文化交流及全球性问题的合作与解决。全球化也带来了市场的扩大和资源的整合，但同时也引发了一系列挑战和争议，如贫富差距的加剧、文化冲突、环境破坏等。因此，全球化的定义可以总结为对全球范围内不同国家和地区之间联系与互动的描述。

从19世纪开始，全球化的演变大致经历了五个阶段，并且每个阶段都伴随着革命性的技术发展和国际化趋势（表1-1）。

表 1-1　全球化的发展阶段（19世纪早期至今）

全球化的发展阶段	时间范围	触发事件	主要特征
第一阶段	1830年至19世纪末	铁路和高效海洋运输方式的使用	大型制造企业和贸易公司的兴起
第二阶段	1900年至1930年	电力和钢铁生产的出现	来自欧洲和美国的早期跨国企业（主要集中在制造业、采掘业、农业等行业）的兴起
第三阶段	1947年至1979年	第二次世界大战结束之后，《关税和贸易总协定》的制定；重建欧洲的马歇尔计划出台	西方工业化国家贸易壁垒的进一步减少；日本跨国企业的兴起；全球资本市场的发展；全球商品名称、品牌的出现（如雀巢公司、可口可乐公司等）
第四阶段	1980年至2016年	信息、通信和运输技术的革命；新兴市场的迅速崛起	信息技术和通信技术的迅猛发展；国际贸易和国际投资的快速增长；商品、服务和资本的跨国界流动；中小型跨国企业的增加；服务行业的全球化；以中国、印度为代表的新兴市场的繁荣
第五阶段	2017年至今	英国脱欧；美国退出跨太平洋伙伴关系协定；新冠疫情暴发；俄乌冲突	国际合作减弱；地缘政治紧张局势加剧；科技分化；全球治理挑战

第一阶段的全球化始于1830年左右，约在1880年达到高峰。在这一阶段，工业革命催生了新的技术和交通手段，加速了商品、资本和劳动力的流动。例如，铁路、高效

海洋运输方式的使用以及大型制造企业和贸易公司的兴起使国际性的商务活动变得普遍，特别是 19 世纪末，电报和电话的发明使不同国家之间和国内区域之间的信息流动成为可能，早期的企业开始通过电报和电话来进行供应链管理活动。

第二阶段的全球化始于 1900 年左右，在 1929 年经济大萧条爆发之前达到顶峰。1900 年，电力和钢铁生产的兴起使西欧成为最早进行工业化的地区，与此同时，欧洲对亚洲、非洲和中东国家的殖民推动了跨国企业早期子公司的建立。19 世纪末，巴斯夫、雀巢公司、壳牌石油、西门子和英国石油等公司已在海外建立了生产工厂。在第一次世界大战前（1914 年之前），许多公司都开始在全球范围内进行生产经营活动，这标志着更广泛的贸易网络和经济联系的形成。

第三阶段的全球化始于第二次世界大战结束之后。1945 年第二次世界大战结束，许多国家意识到需要建立一个稳定和可预测的国际贸易体系，以促进全球经济的发展和繁荣。由于战争期间贸易保护主义的出现，出现了各种关税壁垒，世界经济遭遇了极大的挑战。因此，各国领导人希望通过建立一个国际组织来规范贸易政策，并加强国际贸易合作。1947 年制定的《关税和贸易总协定》旨在减少国家之间国际贸易和投资的壁垒。随后，关税和贸易总协定发展成为世界贸易组织（World Trade Organization，WTO），WTO 旨在促进全球贸易自由化，调节并确保全球贸易和投资的公平性与效率，并为成员方提供一个解决贸易争端、制定贸易规则和推动贸易谈判的平台。同时，战后时期的全球合作还诞生了国际货币基金组织和世界银行。这一阶段，全球化的早期跨国公司起源于美国、西欧和日本，诸如联合利华、飞利浦、壳牌石油和拜耳集团等欧洲公司通过在世界各地建立子公司来组织生产活动。与此同时，包括雀巢公司、卡夫食品公司、洛克希德·马丁公司、卡特彼勒公司、可口可乐公司和李维斯公司在内的许多跨国公司创建了全球性的商标和品牌，这些公司的海外子公司作为母公司的缩小版开始在全球范围内进行产品推广和销售。20 世纪 60 年代开始，跨国企业开始寻求通过将工厂设在劳动力成本较低的发展中国家来获得成本优势，世界范围内的国际贸易和投资大幅扩张。这一时期，欧洲和日本的经济也逐渐从第二次世界大战的重创中恢复过来，来自欧洲和日本的跨国企业开始挑战美国跨国公司的主导地位。不断增长的国际贸易与国际资本的流动，逐步推动了全球金融市场的一体化。

第四阶段的全球化始于 20 世纪 80 年代初期，这一阶段以信息技术和通信技术的迅猛发展、国际贸易和国际投资的巨大增长为特征。全球化使得跨国公司成为经济活动中重要的参与者，这些公司在不同国家开展业务，利用全球资源和市场实现增长与扩张。航空、互联网和移动通信技术的普及加强了国际交流与信息传播，使得跨国企业、金融市场和文化传播更加便捷，极大地推动了中小企业在国际贸易和国际投资领域的崛起。20 世纪 90 年代开始，资本密集型和技术密集型行业的外国直接投资（foreign direct investment，FDI）得到大幅增长，同时，现代信息和通信技术的变革还带来了以银行业、娱乐业、旅游业、保险业和零售业为代表的服务业行业的全球化。全球化促进了国际贸易和国际投资的增长，通过降低关税、贸易壁垒、投资壁垒和运输成本，商品、服务和资本可以自由地在全球范围内流动，这直接导致了国际贸易量和投资量的大幅增加以及全球价值链的产生。与此同时，全球化对国际组织和全球治理体系提出了新的挑战，在面对全球性问题时，国际社会需要更紧密合作和协调，以制定共同的规则和解决方案。

第五阶段的全球化与逆全球化的较量始于 2017 年左右，这一阶段以国际合作减弱、地缘政治紧张局势加剧、科技分化等为特征。在政治方面，逆全球化主要表现为民粹主义。2016 年 6 月英国举行脱欧公投，在公投结果公布后，英国政府启动了与欧盟的脱欧谈判。经过漫长的谈判，双方于 2020 年达成了脱欧协议。在这一过程中，复杂的脱欧程序给欧盟区域经济一体化的经济和金融环境都带来了不确定性，对区域经济一体化产生了一系列负面的影响。因此，英国脱欧被视为逆全球化的一个明显标志，因为它表明英国更加强调国家主权和本国利益，而不再受制于欧盟的法规和政策。英国政府强调要寻求与全球其他地区的贸易协定，以提升英国在全球贸易中的地位。与此同时，在经济问题、劳工问题、民族问题相互交织下，欧盟许多国家都在 2017 年出现了逆全球化倾向。在经济方面，逆全球化表现为贸易保护主义的政策。2017 年 1 月，美国正式宣布退出跨太平洋伙伴关系协定。2018 年 3 月 22 日，美国总统特朗普签署备忘录，基于美贸易代表办公室公布的对华 301 调查报告，指令有关部门对华采取限制措施。[1]2019 年，美国总统、英国首相和法国总统纷纷缺席达沃斯论坛。中美贸易摩擦被看作逆全球化的重要表现。美国政府提出构建贸易壁垒，对进口商品开始征收高额的关税，重建美国本土的供应链。美国是多边贸易体制的重要创建者和领导者，美国国内政局变化深刻影响着国际秩序的发展和走向（屠新泉，2004）。在社会政策方面，美国政府将群众利益的损失归结于全球化，并承诺在经济建设上，要重振国家经济，创造就业机会；在对待移民的问题上，修改当前的移民政策，提出修建美国和墨西哥边境墙，遣返非法移民等。新冠疫情暴发后，许多国家实施了关闭边境、限制国际旅行等措施以应对疫情的蔓延，上述措施进一步削弱了全球供应链和国际合作，使得一些国家更加倾向于自给自足和本国产业的发展。在全球经济低迷，经济复苏缺乏动力的背景下，民粹主义者利用广大的平民群体反对"精英"的心理，宣传全球化带来的不公平使广大的平民群体反对全球化，推动逆全球化思潮愈演愈烈。特别地，自俄乌冲突爆发以来，地区紧张局势升级，加剧了国际政治环境的不稳定，导致一些国家对涉及俄乌的贸易和投资进行限制，以保护本国产业和经济，这将进一步引发全球市场出现更大的不确定性，投资者信心受到冲击，影响国际贸易和金融市场，从而加剧逆全球化趋势。

1.1.2　全球化的推动力

在全球化趋势不断推进的过程中，其推动力主要体现在以下五个方面。

第一，全球范围内贸易与投资壁垒的减少。20 世纪 20 年代，世界上很多国家为了保护本国贸易和本土企业构建了强大的国际贸易与国际投资壁垒。对进口商品收取高额关税、实施进口配额等多种贸易手段，逐步导致贸易壁垒不断升级。继 20 世纪 30 年代的经济大萧条之后，发达国家开始意识到贸易开放对一国经济发展的重要性，因此创立了

---

[1]《商务部新闻发言人就美 301 调查决定发表谈话》，http://www.mofcom.gov.cn/article/ae/ag/201803/20180302722679.shtml。

关税和贸易总协定，也就是 WTO 的前身。随着 WTO 成员的不断增加，各方相继减少贸易和投资壁垒，这一趋势加速了全球经济一体化的形成。例如，许多国家（地区）对工业和医疗设备及无数其他产品的进口关税已降至几乎为零，这一措施极大地推动了商品和服务的自由流动。WTO 也为贸易壁垒的进一步降低提供了便利：2001 年加入 WTO 后，中国陆续出台了一系列鼓励外来直接投资的法律法规，进一步开放外资投资领域，对跨国企业和外国投资的限制进一步减少。与此同时，区域经济一体化集团的出现（如欧盟、北美自由贸易区、亚太经济合作组织等）极大地促进了贸易壁垒和投资壁垒的降低。

第二，市场经济体制的普及。在过去的 40 多年里，中国的改革开放，特别是市场经济体制改革使我国能够顺利加入全球经济一体化的行列。许多亚洲经济体，如印度、印度尼西亚、马来西亚和韩国等都已经实施了市场经济体制改革，通过实行市场经济体制，①它们为世界上大约 1/3 的地区开放了更为自由的国际贸易和国际投资。目前，中国、印度和东欧已成为全球生产商品和服务最具成本效益的国家（地区）之一。在这些国家或地区的经济发展历史中，它们通过鼓励私有经济的存在极大地提高了生产效率和经济效率，与此同时，不断完善的市场经济体制和法律体制吸引了大量外国直接投资，为本土企业的发展带来了所需的资金、技术和先进的管理经验，进一步促进了国民经济的增长，使我国更紧密地融入全球经济一体化的潮流中。

第三，工业化和现代化程度的提升。以亚洲、拉丁美洲和东欧为代表的新兴经济体的企业已经从低附加值的商品生产商转变为电子产品、计算机和飞机等高端产品的复杂、有竞争力的生产商和出口商。例如，巴西航空工业公司（简称巴航，总部位于巴西最大的城市圣保罗）已跻身世界四大民用飞机制造商之列；捷克在全球汽车生产领域占有一席之地；印度的软件产业令世界瞩目，成为仅次于美国的软件供应国，其软件产业约占世界软件市场份额的 20%，被称为"世界办公室"。相比之下，那些工业化和现代化程度较低的国家，并没有在全球一体化过程中获得较快的经济发展。报告显示，部分非洲国家以及亚洲和拉丁美洲的几个国家是世界上人均国民收入较低的国家，这些国家往往也伴随着较低的全球化参与度。

第四，世界金融市场一体化程度的提升。金融市场一体化为跨国企业在资金筹集、资金借贷和外汇交易方面的活动提供了可行性和便利性。随着跨国企业经营范围的不断扩大，金融服务机构往往跟随客户进入国外市场，它们可以使买卖双方通过国际商业银行轻松完成资金的跨境交易。例如，作为全球最主要的国际支付渠道，环球银行金融电信协会连接超过 200 个国家和地区的上万家金融机构，也是跨境贸易最重要的金融基础设施，它能够帮助公司快速地向全球范围内的客户和供应商完成款项的收取与给付，这种全球金融连接将直接有利于跨国企业在世界范围内开展生产经营活动。

第五，技术变革的不断升级。在全球化的发展过程中，技术变革是跨境贸易和跨国投资的重要推动因素。从历史来看，技术变革一直是推动世界经济一体化的主要动能之一，每一次重大的技术变革都对产业组织和结构、商业形态、贸易等整个经济体系产生渗透和重构，进而引发国际经济格局的重大变化。可以说，技术变革和经济全球化是同

---

① 《务实改革是亚洲走向繁荣的关键》，https://cn.chinadaily.com.cn/a/202211/10/WS636cf10aa3109bd995a4f51f.html。

步进行的。例如，第一次工业革命推动了社会生产力的极大发展，促进了纺织、煤炭、冶金等近代工业的兴起和发展。作为第一次工业革命的引领者，英国在经济发展的高峰时期，在金属制品、棉织品、钢铁、煤炭等工业产品上的产出量约占到世界产量的50%，对外贸易量占全球的40%。第一次工业革命从英国发生后逐渐扩散到美国、欧洲等其他国家和地区。到1870年，英国工业产量占世界工业产量的比重为31.8%，美国为23.3%，德国为13.2%，法国为10%。在以电力、钢铁和铁路为代表的第二次技术变革中，德国、美国取代英国、法国成为新的世界强国，日本抓住机遇实现了快速发展。20世纪初，德国的国民生产总值、钢铁产量、煤产量、铁路里程等都超过了英国，酸、碱等基本化学品产量居世界第一，燃料产量占世界的4/5（国家发展和改革委员会产业经济与技术经济研究所，2015）。1870年至1913年，英国贸易额只增长了89%，而同期德国增长了1.8倍，美国增长了1.6倍，英国的贸易霸主地位逐步动摇。1913年，德国的电气产品占世界的34%，超过头号工业强国美国5个百分点。在以微电子处理器、电信技术和互联网为标志的第三次产业革命中，美国成长为超级大国，日本等步入发达国家行列。美国在第二次世界大战后的20年时间里，维持着以其为中心的新的单极国际贸易格局。1970年以后则呈现出一强多极的贸易格局，美国进出口贸易增速放缓，德国、日本贸易份额迅速增长，以"亚洲四小龙"（韩国、中国台湾地区、中国香港地区、新加坡）为标志的亚洲贸易份额迅速上升，欧盟推动形成了欧洲区域化贸易。第二次世界大战以来，尤其是1994年以来，欧盟委员会宣布将建立自己的信息高速公路，新加坡的信息高速公路计划也已完成，以信息技术为核心的科技变革极大地影响着世界经济以及人们的生活。信息技术变革造就了一大批新的高科技产业群，不断地影响传统的劳动和资本密集型产业；新技术不断渗透到旧的工业体系中，并使之发生广泛而深刻的变化。在技术变革的作用下，世界经济的全球化倾向日益加深。科技革命使得信息技术得以在世界各国迅速普及，层出不穷的新技术和新产品使人们之间的距离被拉近，国与国之间的界限越来越模糊，全球正日益联结为一个大的经济实体。

习近平向2021年世界互联网大会乌镇峰会致贺信指出："数字技术正以新理念、新业态、新模式全面融入人类经济、政治、文化、社会、生态文明建设各领域和全过程，给人类生产生活带来广泛而深刻的影响。"[①]近年来，数字技术、数字经济、大数据和人工智能对全球化产生了深远的影响，进一步推动了国际合作、经济变革和全球化的演变。例如，包括5G通信、物联网、云计算等在内的数字技术迅速发展，这些技术的普及使得全球各地能够实时连接和交流，加快了国际合作和信息传播的速度。同时，数字技术推动了教育和培训的全球化。在线教育平台、远程培训等方式使得知识和技能能够跨越国界传播，有助于缩小全球教育差距，促进人力资源的国际流动。社交媒体、在线社区等数字技术的应用改变了人们之间的社会互动方式，使人们能够更广泛地参与全球性讨论和活动，加强了跨国人际关系和文化交流。数字经济是指以数字技术为基础，利用互联网和信息技术进行商业活动和创新。近年来，数字经济迅速崛起，涵盖了电子商务、在线金融、共享经济等领域，极大地促进了国际贸易和跨境投资，使企业能够更轻松地拓

---

① 《习近平：加快构建网络空间命运共同体》，http://politics.people.com.cn/n1/2022/1111/c1001-32564134.html。

展全球市场。与此同时,大数据技术的发展使得海量数据能够被有效地采集、存储和分析,这对于决策制定、市场分析和趋势预测具有重要意义。数字技术和大数据的应用使得全球供应链变得更加智能化和高效。企业能够实时监测和管理供应链中的各个环节,从而降低成本,提高生产效率,并更好地适应市场需求的变化。除此之外,人工智能也在近年来得到了迅猛发展,它涵盖了自然语言处理、机器学习、计算机视觉等领域。在全球化背景下,人工智能技术的应用不仅提升了生产力和效率,还为全球合作提供了更多可能性,如国际合作应对气候变化等全球性挑战。

1.1.3　全球化的表现形式

在过去的 30 年中,全球经济出现了极大的变化,商品、服务和资本自由流动的壁垒不断降低,跨国贸易和跨国投资迅速增加,这表明不同国家之间的经济正在更紧密地结合为相互依存的全球经济系统。毫无疑问,全球化已经改变了当今世界。具体而言,全球化包含以下六种表现形式。

第一,各国经济的一体化和相互依存程度不断提高。跨国企业通过贸易、投资,以及产品开发、生产、营销和服务环节的整合与协调等方式来发展跨国业务,因此,跨国企业的出现促进了世界各国之间贸易和其他商业活动的增加。与此同时,各国政府通过降低国际贸易和投资壁垒、协调区域经济一体化集团内的货币和财政政策,以及建立超国家机构来促进全球经济一体化的进一步发展。例如,随着全球化和跨国商务活动的不断增加,包括世界银行、国际货币基金组织和 WTO 等在内的国际组织应运而生,它们旨在管理、规范和监督全球市场,并促使多国协议的形成,从而更好地治理全球商务活动。

第二,区域经济一体化集团的迅速崛起。区域经济一体化集团由促使相互之间的贸易和投资壁垒减少的国家组成,如北美自由贸易区、亚太经济合作区和拉丁美洲的南方共同市场。在更先进的制度安排下,如在南方共同市场中,劳动力和资本跨境流动的障碍被完全消除。另一个著名的区域经济合作组织的代表是欧盟,欧盟在成员国之间协调财政和货币政策及商业法规,在成员国之间实行自由贸易的同时,也实行一致的对外关税。作为涵盖亚洲和太平洋地区的重要区域性贸易协定,RCEP 于 2020 年 11 月 15 日正式签署,旨在促进成员国之间的贸易自由化和经济合作。RCEP 成员国包括东盟十国以及澳大利亚、中国、日本、韩国和新西兰,涵盖了一系列经济合作领域,如环境保护、电子商务、电子支付等,以及服务贸易领域,包括金融、电信、教育等领域的合作。RCEP致力于降低成员国之间的贸易壁垒,包括降低关税、消除非关税壁垒以及简化贸易程序,为成员国提供更稳定和透明的投资环境,推动跨国公司在区域内的贸易、投资和业务扩张,促进经济一体化。

第三,全球投资和资金流动的快速增长。在进行跨国贸易和跨国投资的过程中,企业和政府大量买卖本国货币(如美元、欧元和日元等)。资本在不同国家之间的自由流动将经济活动扩展到全球范围,它进一步增强了各国之间的互联互通。与此同时,债券市场也已扩大到全球范围,其中,外国债券是政府和企业债务融资的主要来源之一。

第四，消费者生活方式和偏好的趋同。世界各地的消费者在生活方式、消费方式和消费偏好等许多方面正在趋同于某些全球标准。例如，纽约、巴黎和上海的购物者对类似的家居用品、服装、汽车和电子产品的需求日益增长；受到电影、全球媒体和互联网的推动，各大品牌在全球范围内拥有众多追随者，iPad、可口可乐饮料、星巴克咖啡这些消费品被世界各地的消费者所接受；《变形金刚》和《复仇者联盟》等好莱坞电影已经在全球范围内吸引了众多粉丝。同时，工业市场上也出现了偏好的趋同，专业买家采购的原材料、零件和组件日益标准化。

第五，生产全球化。在经济一体化过程中，激烈的全球竞争迫使跨国企业降低生产成本。为了抢占更多的市场份额，跨国企业主要通过规模经济、产品标准化，以及将制造和采购转移到劳动力成本较低的国家或地区来降低成本和销售价格。例如，汽车和纺织行业的公司会选择将其制造活动转移到中国、墨西哥和波兰等劳动力成本相对较低的国家。

第六，服务全球化。以银行业、酒店业和零售业为代表的服务业正在经历广泛的国际化。例如，截至 2023 年，瑞麦地产历经 50 年的全球发展，如今已在 120 个国家和地区设有 9000 多家办事处。越来越多的跨国企业正在利用现代通信技术将价值链中的部分业务流程和服务活动外包给低成本的国外供应商。例如，大部分跨国银行和电信服务公司都会将自己的客服业务外包给印度；美国部分医院会将一些放射科的工作外包给印度，核磁共振扫描的影像将由印度医生进行诊断；许多科技公司都会雇用印度的工程技术人员来为其设计的软件程序进行维护工作；在一个相对较新的趋势中，许多人为了节省经济成本而出国接受白内障、膝盖等方面的医疗手术。

1.2　国　际　商　务

1.2.1　国际商务的定义

美国国际商务著名学者查尔斯·希尔（Charles W. L. Hill）所著的《国际商务》一书，对国际商务的定义为：所有从事国际贸易和国际投资的活动。因此，对于国际商务的定义应首先强调跨越国界这一要素，企业在世界范围内寻找外国客户并与外国商业伙伴建立合作关系，从而在不同的国家和地区开展采购、生产、营销和其他生产经营活动。国际商务活动区别于一般的工商业活动的一个重要特征就是国际商务活动必须是发生在两国或多国之间，即存在跨越国境或地区的商务行为和活动。例如，美国福特集团在中国重庆市建立中美合资企业长安福特汽车有限公司；巴西将本土生产的咖啡豆出口到欧洲多个国家；三一集团有限公司斥资 26 亿元收购德国普茨迈斯特。其次，尽管国际商务活动的主要从事者是跨国企业，但个人、团队、国际机构都可以是国际商务活动的载体。不可否认，跨国企业确实是国际商务活动和研究的重点，但是，现有研究往往忽略了除企业以外的载体。例如，企业和国家之间也会发生涉及产品、服务、资本、技术和知识等方面的国际商务活动。除此之外，任何个人、团队也可能是国际商务活动的载体和研究的对象，例如，2011 年中国温州市关于允许个人境外投资的方案就是中国国际商务领域研究个人国际商务活动的一个新颖的话题。

本书中，我们主要关注单个企业的国际商务活动。随着不同国家和地区跨国企业国际商务活动的不断增加，世界范围内的经济全球化程度越来越高。当企业走出国门时，他们会通过国际贸易和国际投资的形式来开展国际商务活动。在国际贸易和国际投资过程中，他们会在东道国遇到各种类型的风险和挑战，这些风险和挑战取决于东道国和母国之间的政治环境、经济环境、法律环境和文化环境的差异。其中，当企业向海外扩张时，他们会根据东道国和母国之间具体的制度差异来选择相应的国际商务战略并开展国际商务运营活动。

1.2.2　中国国际商务活动的发展历史

国际商务作为跨国间的经济和商业活动已有相当长的历史，可以追溯到罗马帝国时代。国际商务活动为今天的世界政治经济格局的形成发挥了重要的作用，特别是自20世纪70年代以来，世界贸易总额从2000亿美元跃升到2022年的32万亿美元，国际直接投资从2100亿美元增加到2021年的1.58万亿美元（UNCTAD，2022），增长速度大大超过世界大多数国家的国内经济增长速度。在这个过程中，跨国企业起到了不可替代的作用。在20世纪前期，英国的跨国企业是世界经济活动的主导力量；第二次世界大战后，美国的跨国企业取代英国公司成为国际商务活动中最重要的力量；20世纪90年代起，以中国、印度、巴西、俄罗斯和南非为代表的新兴经济体跨国企业逐渐成为全球国际商务舞台上的新星。2010~2018年，新兴经济体对世界经济增长的贡献率超过40%，并将持续发挥越来越重要的作用。[①]

2013年，中国提出共建"一带一路"倡议，这是国际商务发展史上的又一个里程碑。截至2023年6月，我国已与152个国家、32个国际组织签署了200多份共建"一带一路"合作文件。[②]十余年来，共建"一带一路"倡议取得了显著的成绩。共建"一带一路"国家基础设施联通不断深化，国际互联互通水平持续提升，一大批合作项目落地生根。共建"一带一路"倡议形成了广泛的国际合作共识，所秉持的共商共建共享原则深入人心，通过打造开放型合作平台，创造有利于开放发展的环境；通过构建公正、合理、透明的国际经贸投资规则体系，促进生产要素有序流动、资源高效配置、市场深度融合；通过维护多边贸易体制，推动自由贸易区建设，促进贸易和投资自由化、便利化；通过解决发展失衡、治理困境、数字鸿沟、分配差距等问题，推动经济全球化朝着更加开放、包容、普惠、平衡、共赢的方向发展。

国际商务的发展所带来的最重要结果是经济全球化的形成，经济全球化格局的形成反过来又进一步推动国际商务活动更大规模地开展。经济全球化意味着市场的全球化，即一国的国内市场成为全球市场的一部分；经济全球化意味着生产的全球化，甚至单个企业在开展具体生产活动时，也会在全球范围内进行最合理的生产要素配置，形成更多

---

① 《联合国南南合作创新：结构、理念和模式》，https://aoc.ouc.edu.cn/2019/0808/c9821a254624/page.htm。
② 《中国已与152个国家、32个国际组织签署200多份共建"一带一路"合作文件》，https://www.chinanews.com.cn/gn/2023/07-18/10045260.shtml。

的全球产品。这些因素的合力作用必将带来信息和管理技术的贸易与流动的壁垒进一步降低，不同国家和地区的贸易、金融市场、技术发展、企业甚至个人的生活，都因经济全球化而得以更加紧密地联结。与此同时，经济全球化的发展又应是规范的和有序的，这就要求各个参与国家必须遵循一套被普遍接受的游戏规则。

整体而言，以经济全球化为特征的国际商务发展现实告诉我们，奉行经济孤立主义的理念既没有现实的可能性，也没有经济、政治和社会的合理性。唯一理性的选择是顺应历史潮流，迎接经济全球化的挑战。在最大限度利用和享受经济全球化所带来的利益的同时，最大限度地规避和降低它所产生的负面影响。同时，像中国这样的大国在关注自身发展的同时，也越来越体现出在全球化中的大国担当。中国在自身深入参与全球治理的进程中，不断引导经济全球化朝着更加开放、包容、普惠、平衡、共赢的方向发展；在关注国家富强的同时，积极携手各国一道，在共同协商、平等对话、相互助力的基础上，合力解决现代化发展面临的普遍性难题，积极提供解决全球性和地区热点问题的建设性方案，特别是共建"一带一路"倡议的提出与推进，使中国和亚非欧各国乃至整个世界在共商共建共享中更好地实现开放、包容、普惠、平衡、共赢发展，这是中国为区域乃至整个国际合作提供的新方案，是中国对世界发展贡献的新智慧，是推动国际商务活动发展的新的伟大探索与实践。

1.2.3　国际商务的主要研究内容

国际商务学是 20 世纪 50 年代发展起来的一门新兴交叉学科，主要涉及管理学、经济学、人类学、社会学、组织学及心理学等领域。从广义上讲，国际商务的研究内容主要包括资源跨国界的交换和转移，国家、企业和个人为经济利益目的而进行的商业性经济活动，以及跨国界的非商业性经济活动。从狭义上讲，国际商务的本质是从事跨国界的经济交易活动。国际商务学研究的主要对象是跨国企业。结合近年来国际商务研究领域的主要研究成果，特别是希尔在《国际商务》一书中的论述，本书大致将国际商务的主要研究内容归纳如下。

1. 国际商务环境

跨国企业在东道国从事国际商务活动的潜在收益、成本和风险是由该国政治环境、经济环境、法律环境和文化环境等共同决定的。这一方向主要从宏观层面研究全球宏观政治、经济、法律环境的变化，特别是从东道国宏观环境的变化、东道国与母国的宏观环境差异来分析国家制度差异对跨国企业在该国从事国际商务活动的影响。同时，最新的研究也从另一个维度来研究日益发展的跨国公司如何反向影响和改变东道国、母国乃至全球的宏观政治、经济、法律和文化环境。作为国际商务专业的重要研究方向之一，宏观制度差异与国际商务发展的研究对于跨国公司准确把握宏观大势做出相适应的战略决策，东道国和母国政府根据宏观环境和国家之间的制度差异制定出与之相适应的促进投资和贸易相关政策都具有重要指导意义。

2. 中国企业的国际商务战略

新兴经济体对外直接投资的稳步增长已逐渐成为世界经济迅速全球化的一个重要现象。在日益增长的经济力量的推动下，中国及其他新兴经济体正在逐步加大寻求海外投资机会的力度。尽管在1998年底之前中国对外直接投资已覆盖160个国家和地区，但是作为国际舞台上的投资方，中国仍处于发展的早期阶段，其投资额仅占世界对外投资总额的很小一部分。可是，在发展中国家中，中国已经逐渐成为最主要的对外直接投资流出国之一。中国企业用十余年的时间走完了欧美等发达国家和地区企业的百年道路，其速度也远远快于日本、韩国历史上的国际化进程，其中涌现出大量独具特色的"中国故事"。中国企业在国际化的动机、速度与模式等各个方面都很难在现有的西方理论框架中得到完全的解释，深入研究中国企业国际化的发展道路显得尤为迫切。作为国际商务领域的研究方向之一，中国企业国际商务战略主要研究的是中国跨国企业如何进行战略选择以及在发展道路上如何消除困难并成功地立足于海外市场。

具体而言，全球化已经成为当代世界发展的重大趋势，作为中国对外直接投资的主要载体，中国企业的战略选择已经成为国际商务研究领域最重要的研究方向之一。对于企业来说，通过开展深入的国际商务战略研究，可以了解不同国家的市场规模、经济发展情况、制度环境等因素，从而更好地明确跨国投资的动因（市场寻求型、自然资源寻求型、效率寻求型和战略资产寻求型）、跨国投资进入模式选择（出口、交钥匙工程、技术授权、特许经营、合资企业和全资子公司）、跨国投资区位选择（亚洲、拉丁美洲、欧洲、北美洲、非洲和大洋洲）以及跨国投资时机（先发者、后发者）的选择。对于东道国政府来说，通过对跨国企业国际商务战略的研究，能够更好地掌握国际市场和国际经济的最新变动趋势，制定更加具有吸引力的相关政策，通过引进高质量外资以及先进的技术和管理经验，进一步促进本国的产业结构升级和长期的经济增长。

3. 国际商务运营

全球化是世界经济发展的客观要求和必然趋势，技术变革进一步促使经济全球化在世界范围的迅速扩展。跨国公司作为经济全球化的重要载体，逐步形成全球生产、交换、分配和消费的体系，从而促进了经济要素在全球范围内的优化配置。作为国际商务领域的重要研究方向之一，经济全球化视角下针对国际商务运营领域的研究对于跨国公司自身核心竞争力的提升、东道国企业发展、全球范围内的经济要素优化配置都具有重要指导意义。特别是，全球价值链管理、跨国企业的组织结构和国际人力资源管理将会直接影响到企业的竞争力、市场地位及可持续发展能力，对于跨国企业国际运营活动的成败具有重要的战略意义。

首先，全球价值链管理可以帮助跨国企业充分利用全球资源来降低成本、提高效率，同时也可以根据不同国家和地区的市场需求，提供差异化的产品和服务。这在全球化的背景下尤为重要，因为不同国家和地区的市场需求、法规和竞争环境都有所不同。通过全球价值链管理，企业可以更好地满足市场需求，提高竞争力。

其次，跨国企业的组织结构对于企业的全球化运营至关重要。一个合理的组织结构可以帮助企业更好地协调和管理全球范围内的资源，提高决策效率和执行力。一个典型的跨国企业组织结构包括总部、区域中心、国家子公司和业务单元等层级。这种层级结构可以帮助企业更好地掌握全球市场动态，同时也可以为子公司提供支持和指导，确保全球战略的协调执行。

最后，国际人力资源管理在全球化运营中也起着至关重要的作用。由于不同国家和地区在劳动法规、文化背景、教育体系等方面存在差异，因此企业需要针对不同国家和地区的员工制定不同的管理策略。同时，由全球化带来的跨文化交流和合作日益频繁，国际人力资源管理还需要帮助企业建立跨文化沟通和理解的机制，减少文化冲突和误解。此外，随着人才流动性的增强和企业竞争的加剧，国际人力资源管理还需要帮助企业吸引和保留高素质的人才，提高员工满意度和绩效。

本章习题及答案

第二篇　国际商务环境

第2章　中国国际商务环境

在当今全球化的时代背景下，国际商务环境的重要性愈发凸显。国际商务环境是指影响国际贸易和投资活动的外部因素与条件，包括政治、经济、法律、技术等多个方面的因素。这些因素相互作用，构成了一个复杂而多变的商业环境，对跨国企业和国际贸易产生深远影响。跨国企业开展国际商务活动时，绝大多数企业都希望有一个熟悉的商业环境。然而，不同的国家和地区在政治、经济和法律体制以及商业规范方面可能存在巨大的差异，这种国家制度的差异往往会给跨国企业带来重大的挑战和风险。

首先，政治因素是国际商务环境的重要组成部分。不同国家的政治制度、政策法规、政治稳定性等因素直接影响着跨国企业的运营和发展。对于从事国际商务活动的跨国企业来说，突发的政治体制的变动可能会导致其经营风险急剧上升。其中，政府干预、保护主义以及贸易和投资壁垒在国际商务活动中尤为常见，它们将会直接给跨国企业经营的产品、服务和其他业务活动带来新的限制条件，进而影响企业的投资决策和市场开拓。需要指出的是，国家政治风险始终存在，但其性质和强度会随着时间和国家的不同而变化。与此同时，政治体制的变化也可能为跨国企业带来机遇。例如，很多新兴国家政府为了吸引优质外资为跨国企业提供优惠补贴、政府激励和竞争保护，从而降低了跨国企业成本并影响其战略决策。另外，许多政府还通过提供免税期来鼓励外国跨国企业在东道国进行投资。

其次，经济因素和法律因素也是国际商务环境中至关重要的一环。全球经济的增长、货币政策、汇率波动等因素都会对国际贸易和投资产生重大影响。一个国家的经济风险主要体现在国民经济管理不善或失败带来的金融危机、经济衰退、市场低迷、货币危机和通货膨胀。经济风险通常是由商业周期、不良的货币或财政政策、有缺陷的监管环境或东道国经济基本面的失衡引起的。国际经济合作和贸易自由化的推进，为企业提供了更广阔的市场和更多的发展机遇，但同时也伴随着激烈的竞争和市场风险。与此同时，法律因素对一国国际商务的影响也是至关重要的，它决定了商业活动的合法性、合同执行的可靠性以及知识产权的保护程度等。在国际商务活动中，不同国家的法律体制将会直接影响国际商务的稳定性和可预测性。

最后，技术因素对国际商务环境的影响也不可忽视。在信息时代，技术的不断进步和应用改变了传统的商业模式和市场格局，也深刻影响了国际商务的发展。新兴技术的应用，如人工智能、大数据、区块链等，正在重塑全球商业格局，为企业提供了更多的创新机遇和竞争优势。人工智能和大数据等新兴技术的应用也使得生产过程更加智能化、自动化和高效化。先进的生产技术和管理系统可以大大提升生产效率和产品质量，降低成本，提高竞争力。跨国企业通过引进先进技术和设备，提升自身核心竞争力，更好地适应国际市场的需求。同时，跨国企业可以通过全球化供应链管理，将生产、供应和销售环节进行优化和整合，实现资源的最优配置和生产成本的降低。同时，新兴技术的发展也催生了新的产业链和价值链，促进了全球知识的流动和创新的跨界合作，推动了国际商务合作的深入发展。尽管新兴技术的发展为跨国企业发展带来了诸多机遇，但同时也带来了新的商业挑战和风险。信息安全、网络诈骗、知识产权保护等问题成为企业面临的重要挑战。此外，技术的发展也可能导致部分传统产业的衰退和转型，企业需要及时调整战略，适应市场的变化。跨国企业应积极把握技术发展的机遇，加强技术创新和应用，提升自身竞争力，实现可持续发展。同时，也需要重视技术带来的挑战和风险，加强风险管理和应对措施，确保企业在国际市场中的稳健发展。

中国作为世界上最大的发展中国家，在国际商务领域的发展经验和实践具有独特性与重要性。首先，中国的经济崛起为其在国际商务领域的发展提供了有力支撑。经过 40多年的改革开放，中国已经成为全球最重要的经济体之一。中国经济的不断增长和市场潜力吸引了众多跨国企业的关注和投资，也为中国企业"走出去"、参与国际竞争提供了广阔空间。其次，中国政府积极推动对外开放，为中国企业在国际市场上的发展提供了有力支持。中国政府出台了一系列政策和措施，包括简化贸易手续，扩大外资准入，鼓励企业海外投资等，以促进国际贸易和投资的自由化与便利化。同时，中国还积极参与国际经济合作和多边贸易体系建设，推动构建开放型世界经济，为全球贸易和投资创造更加稳定和可预期的环境。再次，中国企业在国际商务领域的发展也展现出一些特点和优势。中国企业以其灵活的经营模式、敏锐的市场洞察力和强大的执行力，逐步在国际市场上树立起了良好的品牌形象和竞争优势。中国企业通过增强创新能力，提升产品质量，拓展国际市场等方式，不断提升自身在国际商务领域的竞争力和影响力。最后，中国文化在国际商务中的影响力也不可忽视。中国传统文化源远流长，具有独特的魅力和影响力，中国企业通过弘扬中华文化，树立良好的企业形象，增强了其在国际市场上的竞争力和影响力。同时，中国企业也注重跨文化交流与合作，加强与国际企业和组织的合作，促进了商业文化的交流与融合。

综上所述，中国在国际商务领域的经验和实践具有独特性和重要性，对于推动全球经济发展、促进国际贸易合作、推动构建开放型世界经济体系具有重要意义。通过深入研究中国在国际商务领域的经验和实践，可以为其他发展中国家和跨国企业提供借鉴与启示，促进国际商务合作的深入发展，共同实现经济全球化的共赢与发展。

2.1　中国经济的崛起

2.1.1　中国经济崛起的背景

中国经济的崛起是近几十年来全球经济格局中最显著的现象之一，其背后有着复杂的历史、政治、经济、技术等多重因素。中国经济崛起可以追溯到 20 世纪中期以来的一系列历史事件和政策措施。

邓小平提出了改革开放新思路[①]，倡导通过引进外资、吸收外国先进技术和管理经验，推动中国经济向社会主义市场经济转型。1978 年 12 月 18 日至 22 日召开的中共十一届三中全会，开启了中国改革开放的伟大历程，是中国历史上的一次伟大转折，标志着中国进入了改革开放和社会主义现代化建设的新时期。1992 年，邓小平的南方谈话分析了当时的国际国内形势，总结了中共十一届三中全会以来改革开放和现代化建设的基本经验，进一步确定了深化改革开放的方向，为此后进行社会主义市场经济体制改革奠定了理论基础[②]。南方谈话发表后，中共中央和国务院采取了一系列加快改革和发展的措施。通过放开经济、积极吸引外资和引进国际先进技术，以及推动社会主义市场化改革等举措，为中国经济的快速崛起奠定了坚实基础。2001 年，中国正式加入 WTO，意味着中国将进一步融入全球经济体系。中国政府在加入 WTO 后继续深化改革开放，加大对外开放的力度，推动社会主义市场经济体制的建立和完善。与此同时，中国经济持续增长，成为全球经济增长的主要引擎之一。习近平在庆祝改革开放 40 周年大会上的讲话中指出："我们党作出实行改革开放的历史性决策，是基于对党和国家前途命运的深刻把握，是基于对社会主义革命和建设实践的深刻总结，是基于对时代潮流的深刻洞察，是基于对人民群众期盼和需要的深刻体悟。"[③]

2.1.2　中国经济崛起对国际商务环境的影响

新中国成立 70 多年来，中国由一个贫穷落后的农业国迅速崛起为全球第二大经济体，其国内生产总值（gross domestic product，GDP）排名也相应攀升，造就了人口大国经济发展的奇迹。新中国成立之初的外资政策探索和改革开放之后不断调整的外资政策，是大国方略的重要组成部分。在逐步开放基础上引进和利用外资，是中国经济崛起的重要经验之一。改革开放以来，中国引进外资工作取得了巨大成就，对外开放领域不断拓展，层次不断提升，这正是中国"制度自信"和"道路自信"的重要体现，也是中国信守"入世"承诺、维护包括 WTO 在内的国际经济秩序的重要表现。跨国企业在中国的投资区域和投资领域逐渐扩大，投资金额不断增长，投资方式持续创新，在此背后，是中国经济治理方式、外资管理体制和国际商务环境的不断优化。

首先，中国的经济崛起扩大了全球市场的规模和消费需求。中国作为世界上人口最多的国家，拥有庞大的消费群体，对各类商品和服务的需求持续增长。中国的消费市场规模日益庞大，成为国际企业争相进入的重要市场之一。中国经济崛起带来的巨大市场需求不仅推动了全球商品和服务的出口，也为跨国企业提供了更广阔的发展空间，促进了国际商务的繁荣和发展。

其次，中国的经济崛起重塑了全球供应链和价值链。中国作为世界上最大的制造业基地之一，成为全球供应链的重要节点。许多跨国企业将生产基地转移到中国，利用中国丰富的人力资源和便利的生产环境，降低生产成本，提高企业竞争力。同时，中国还

---

① 《邓小平开启改革开放大业》，http://dangshi.people.com.cn/GB/n1/2018/1105/c85037-30381581.html。

② 《邓小平"南方谈话"》，http://www.hprc.org.cn/gsgl/dsnb/zdsj/jdbndsdd/202103/t20210318_5319713.html。

③ 《习近平在庆祝改革开放 40 周年大会上的讲话》，http://cpc.people.com.cn/n1/2018/1219/c64094-30474974.html。

积极参与全球产业链和价值链的重构与升级，推动了高附加值产业和服务业的发展，加速了全球经济的转型和升级。

再次，中国的经济崛起推动了国际贸易和投资的自由化。中国积极参与国际贸易体系，推动了 WTO 等国际组织的改革和发展，倡导自由贸易和开放市场。中国与众多国家签订了自由贸易协定和双边投资协定，区域和双边自由贸易区建设取得重要进展，不断拓展对外开放的广度和深度。"十三五"期间，中国签署了 RCEP 以及与格鲁吉亚、马尔代夫、毛里求斯、柬埔寨等 5 个国家的自由贸易协定，结束与智利、新加坡、新西兰等 3 个国家的自由贸易协定升级谈判和与巴基斯坦自由贸易协定第二阶段谈判，积极推动中日韩、中国—海合会、中国—挪威等 10 个自由贸易协定谈判[①]。截至 2024 年 2 月，我已与 29 个国家和地区签署了 22 个自由贸易协定，自贸伙伴遍及亚洲、欧洲、拉丁美洲、大洋洲和非洲。其中，2020 年签署的 RCEP 是当前全球人口最多、经贸规模最大、最具发展潜力的自由贸易区，涵盖中国每年 1.4 万亿美元以上的进出口贸易额，约占中国外贸总额的 1/3。自由贸易区建设深化了中国与相关国家、地区的经贸往来。中国的对外开放政策为跨国企业提供了更好的投资环境和市场准入机会，极大促进了国际贸易和投资的自由化与便利化。

与此同时，中国的经济崛起推动了创新和科技合作的加强。中国政府大力推动科技创新和人才培养，加大对科技产业的支持和投入。2024 年《政府工作报告》明确提出："大力推进现代化产业体系建设，加快发展新质生产力。充分发挥创新主导作用，以科技创新推动产业创新，加快推进新型工业化，提高全要素生产率，不断塑造发展新动能新优势，促进社会生产力实现新的跃升。"其中，将深入推进数字经济创新发展放了重要位置。此外，《政府工作报告》也明确指出，"制定支持数字经济高质量发展政策，积极推进数字产业化、产业数字化，促进数字技术和实体经济深度融合""深化大数据、人工智能等研发应用，开展'人工智能+'行动，打造具有国际竞争力的数字产业集群"。[②]中国的科技创新能力不断提升，成为全球创新的重要力量，与各国开展广泛的科技合作，推动了科技成果的共享和交流，促进了国际科技创新体系的建设。中国的经济崛起为全球科技合作提供了新的动力和机遇，推动了国际商务环境的创新和发展。

最后，中国的经济崛起引领了全球发展模式的转型。中国通过推动可持续发展和绿色发展理念，倡导环境保护和资源节约，提出了"绿色发展、循环发展、低碳发展"的发展理念[③]。2023 年全年，中国 339 个地级及以上城市平均空气质量优良天数比例为 85.5%，扣除沙尘异常超标天后，实际为 86.8%，高于年度目标 0.6 个百分点，较疫情前的 2019 年同期（82.0%）上升 3.5 个百分点。全国重度及以上污染天数比例为 1.6%，扣除沙尘异常重污染天后，实际为 1.1%。2023 年全国地级及以上城市细颗粒物（$PM_{2.5}$）平均浓度为 30 微克/米^3，优于年度目标（32.9 微克/米^3），较疫情前的 2019 年下降 16.7%。

---

① 《"十四五"规划〈纲要〉解读文章之 24|积极参与全球经济治理体系改革和建设》，https://www.ndrc.gov.cn/fggz/fzzlgh/gjfzgh/202112/t20211225_1309712.html。

② 《两会受权发布｜李强在政府工作报告中提出，大力推进现代化产业体系建设，加快发展新质生产力》，http://www.xinhuanet.com/20240305/605bc3a00de04e849be0c7fe8c3cb914/c.html。

③ 《【学习时刻】贯彻新发展理念 引领新阶段高质量发展》，https://m.gmw.cn/baijia/2021-03/06/34665482.html。

水环境质量方面，2023 年全国地表水水质优良（Ⅰ-Ⅲ类）断面比例为 89.4%，同比上升 1.5 个百分点，好于"十四五"目标 4.4 个百分点；劣Ⅴ类断面比例为 0.7%，同比持平。长江、黄河干流全线水质稳定保持在Ⅱ类。[①]2023 年，在全力支撑服务经济运行整体好转的同时，顶住气象条件极为不利等多重压力，中国生态环境质量实现稳定提升。由此可见，中国的经济崛起为全球可持续发展提供了新的范例和借鉴，推动了全球发展模式向更加可持续和平衡的方向转型。中国的发展经验和理念为其他发展中国家提供了借鉴和启示，促进了全球经济合作的可持续发展。随着中国经济的不断发展和开放，中国将继续在国际商务环境优化方面发挥重要作用，为世界经济的繁荣和稳定做出更大的贡献。

2.2　国际商务的政策、法律和经济环境

2.2.1　国际贸易和投资的政策与法律体系

中国在国际贸易和投资方面的政策与法律体系是中国经济快速崛起的重要支撑，也是中国积极参与国际经济合作和全球化进程的重要保障。

第一，在国际贸易政策方面，中国的国际贸易政策鼓励市场开放和自由贸易，降低了贸易壁垒和投资限制，为外国企业提供了更广阔的市场准入机会。①通过实施进口和出口政策，调节进出口贸易的规模和结构，促进国际贸易的平衡发展。2015 年底以来，主动对同我国建交的最不发达国家 97% 税目产品实施零关税，体现作为负责任发展中大国的担当。中国采取的主要进口政策包括：放宽进口准入，降低关税税率，提高关税配额，简化进口程序，优化进口环境等。中国的出口政策主要包括：实施出口退税政策，支持出口创汇企业，鼓励企业开拓国际市场，促进出口商品的竞争力提升。②根据国家的产业政策和国际贸易规则，制定和调整关税与非关税政策，保护国内产业和维护国家利益。关税主要包括进口关税和出口关税，中国逐步降低了进口关税水平，提高了关税的透明度和稳定性。非关税方面主要包括配额、进口许可证、检验检疫等措施，中国政府不断简化和优化非关税手续，提高贸易便利化水平。③通过实施贸易便利化措施，提高了贸易的效率和便利程度，促进了国际贸易的发展。中国实施的主要贸易便利化措施包括：简化贸易手续、优化海关通关流程、推行电子商务海关清关等。中国还积极参与国际贸易谈判和合作，推动贸易自由化和便利化进程，促进了区域和全球贸易的发展。

第二，在投资政策方面，中国引进外资工作取得了巨大成就，对外开放领域不断拓展，层次不断提升，吸引了大量外资进入中国，推动了中国经济与国际市场的深度融合。①通过制定各项政策和措施，积极吸引外资，促进外商投资和国际产能合作。中国吸引外资的主要政策包括：放宽市场准入、制定优惠税收政策、提供投资奖励和补贴、保障外资企业合法权益等。与此同时，中国还积极开展对外投资促进活动，鼓励企业"走出

---

① 《2023 年全国空气和水环境质量完成年度目标》，http://env.people.com.cn/n1/2024/0125/c1010-40166618.html。

去"，参与全球资源配置和产业布局。②不断建立和完善外资管理体制，包括外资准入管理、外资审批制度、外资行业准入目录等。中国外资管理体制不断优化，逐步放宽外资准入限制，简化外资审批程序，提高对外资的保护水平。同时，中国还积极推动外资企业参与国内市场竞争，促进外资与本土企业的合作和共赢。③重视保护外资企业的合法权益，积极建立和完善投资保护体系，保障外资企业的投资安全和利益。此外，中国还积极开展投资促进活动，提供投资咨询、项目评估、投资环境评估等服务，为外资企业提供良好的投资环境和服务保障。

第三，中国积极参与国际贸易和投资合作，推动了区域和全球经济一体化进程。中国与其他国家签订了大量的双边和多边贸易协定，加强了与世界各国的经济联系和合作，为中国经济的快速崛起提供了外部支持和合作机会，推动国际贸易和投资法律体系的建设与完善，促进国际贸易和投资的自由化、便利化和平衡发展。"十三五"时期，中国主办二十国集团领导人杭州峰会、金砖国家领导人厦门会晤、第二届"一带一路"国际合作高峰论坛等一系列重大主场外交活动，倡导共商共建共享的全球治理观，推动建设开放型世界经济体系，成为全球经济治理的重要参与者和贡献者。中国充分利用联合国、二十国集团、亚太经济合作组织、上海合作组织等平台，加强国际经济政策协调，提出了推进亚太自贸区建设、全球投资指导原则等中国方案，就价值链、投资便利化、电子商务、中小微企业等议题提出多项中国倡议，中国提出的构建人类命运共同体理念获得国际社会广泛认同。

第四，中国的法律体系和法规框架非常注重保护投资者的合法权益，包括外国投资者在中国的知识产权保护、劳动法律保护等方面，为外国投资者提供了更多的投资保障和法律支持，进一步增强了他们对中国市场和国际商务环境的信心，也为中国积极参与国际经济合作和全球化进程提供了重要保障。中国在国际贸易和投资方面的政策和法律体系的建立和完善，将有助于推动中国经济向更高质量、更可持续的发展阶段迈进，也为构建开放型世界经济做出更加积极的贡献。

2.2.2　经济环境

中国作为世界上人口最多的国家，拥有庞大的市场规模和巨大的消费潜力，对全球经济的发展和国际商务的繁荣产生了深远影响。

进入新时代以来，习近平多次强调："中国经济发展具备强劲的内生动力、韧性、潜力，长期向好的基本面没有变也不会变。"①2023 年 11 月 16 日，习近平同志在旧金山举行的亚太经济合作组织工商领导人峰会上特别指出："中国具有社会主义市场经济的体制优势、超大规模市场的需求优势、产业体系配套完整的供给优势、大量高素质劳动者和企业家的人才优势。"②习近平提出的"四大优势"概括、精准、深刻地揭示

---

① 《我国经济具有长期稳定发展的强大优势》，http://www.xinhuanet.com/politics/20231220/417a74f4995d4884be98372433ff85e5/c.html。

② 《习近平在亚太经合组织工商领导人峰会上的书面演讲》，https://www.gov.cn/yaowen/liebiao/202311/content_6915690.htm。

了中国经济发展的广阔空间，极大地增强了国内外对中国经济发展的信心。

中国拥有超大规模的市场优势和巨大的内需潜力，这是量变到质变长期积累的结果。习近平提出："未来一个时期，我国国内市场主导经济循环的特征会更加明显，经济增长的内需潜力会不断释放。"①

第一，中国经济市场需求规模庞大。中国是一个拥有超过 14 亿人口和超过 120 万亿元 GDP 的巨大经济体。2016 年至 2023 年期间，中国对世界经济增长的平均贡献率超过 30%。截至 2023 年，我国全社会固定资产投资和全社会消费零售额分别达到了约 51 万亿元和 47 万亿元的规模。城乡居民的消费支出接近 47 万亿元，实物商品进出口总额近 42 万亿元，货物贸易出口约达到 24 万亿元，连续 7 年保持世界第一货物贸易国地位。中国已成为全球重要的消费市场，对全球消费产生着巨大的吸引力，吸引了众多跨国公司和国际品牌前来投资和开拓市场。

第二，中国经济市场发展潜力巨大。2023 年中国人均 GDP，按照现价美元计算，世界排名第 72 位，发展潜力巨大。然而，值得注意的是，截至 2023 年底，按户籍计算的城镇化率仍未达到 50%，城乡和区域之间的差距依然显著，新型城镇化、工业化、农业现代化任务繁重。尽管面临诸多挑战，中国经济仍然具备比较优势，发展潜力巨大，中国人民追求高品质生活的需求空间广阔。考虑到中等收入群体规模的扩大和居民消费水平的提升，2035 年中国国内消费能力有望在 2023 年的基础上实现翻番。

第三，中国经济市场需求层级多样。中国作为世界上最大的发展中国家，其消费能力不断增强，这是中国经济超大规模市场的又一特征和优势。中国拥有庞大的人口数量、广泛的区域差异以及多元化的消费群体，不同地区、年龄和收入水平的消费者拥有各自不同的需求和偏好。作为一个快速发展的国家，中国经济将持续增长，城乡居民收入将持续提高，民生保障水平也将不断完善，这将推动对商品和服务的需求不断提升，特别是对高端、高品质、高附加值产品的需求将会不断增长。同时，中国正在经历数字化转型的快速发展，数字化将为中国的消费增长注入强劲动力。2024 年《政府工作报告》明确提出，制定支持数字经济高质量发展政策，积极推进数字产业化、产业数字化，促进数字技术和实体经济深度融合；深化大数据、人工智能等研发应用，开展"人工智能+"行动。②中国消费的多层级、数字化使得我国消费市场将向全领域拓展，这也将为国内外市场经营主体提供发展舞台，为内需扩大提供更广阔的空间。

【案例阅读】

近年来，尽管受到中美贸易摩擦等因素的影响，但中国市场对外资的吸引力丝毫没有减弱。2018 年 11 月 5 日，习近平在首届中国国际进口博览会开幕式上指出："中国经济是一片大海，而不是一个小池塘。"他强调："大海有风平浪静之时，也有风狂雨骤之时。没有风狂雨骤，那就不是大海了。狂风骤雨可以掀翻小池塘，但不能掀翻大海。经

---

① 《新发展阶段贯彻新发展理念必然要求构建新发展格局》，https://www.ccps.gov.cn/xxsxk/zyls/202208/t20220831_154804.shtml?eqid=aab46aed00059514000000066490fcf4。

② 《"人工智能+"赋能实体经济　描绘"数实融合"新图景》，http://finance.people.com.cn/n1/2024/0318/c1004-40198079.html。

历了无数次狂风骤雨，大海依旧在那儿！经历了 5000 多年的艰难困苦，中国依旧在这儿！面向未来，中国将永远在这儿！"①

作为第一家进入中国的外商独资整车制造企业，特斯拉位于上海临港产业区的超级工厂是汽车历史上的一个奇迹，也见证了产业落地的中国速度。2022 年 9 月，特斯拉公司副总裁表示，特斯拉在中国的快速发展离不开良好的营商环境。中国在全球经济下行的宏观背景下仍然保持了经济长期向好的基本面，成为世界经济复苏的重要引擎，为企业提供广阔的市场机会。同时，持续扩大的高水平开放、不断完善优化的营商环境、齐全的产业配套基础设施等，也将成为吸引外资不可或缺的重要部分。

与此同时，中国是特斯拉在美国以外第一个布局超级工厂的国家，上海超级工厂是特斯拉全球出口中心，以无与伦比的高效率成为特斯拉最重要的产能后盾。近年来，特斯拉在中国的销量稳中有升，未来市场潜力和发展空间巨大。作为全球最大的汽车市场，中国消费者对高品质电动汽车的强烈需求，也让中国市场成为特斯拉最具增长潜力的目标市场之一。

上海研发创新中心是特斯拉首个设立在美国本土以外，以整车开发为基础的研发中心，包括软件、硬件、电子、材料、动力及能源工程团队，它代表着特斯拉在中国进一步本土化的决心以及对中国人才资源的认可与重视。

目前我国政府出台了大量政策扶持新能源汽车产业发展，在充电基础设施方面，政府也在持续进行扶持，特别是交通运输部近期发文提出，加快推进公路沿线充电基础设施建设，这必然对行业快速发展有着积极推动作用。

此外，消费者对绿色出行越来越高的接受度也是特斯拉坚定在中国发展信心的重要原因。2023 年，在乘联会②公布的 8 月销量数据中，特斯拉上海超级工厂在 2023 年 1～8 月即达成了将近 48 万辆的交付成绩。Model Y 更是创下近 6 万辆的月度交付纪录，位列 8 月总体乘用车销量第一位。这印证了中国消费者对新能源汽车的接受程度达到了前所未有的拐点。马斯克曾说："似乎很少有人意识到，中国在可再生能源发电和电动汽车领域正处于世界领先地位。"特斯拉的使命是"加速世界向可持续能源的转变"，特斯拉中国是实现这一愿景的重要力量。

在中美经贸摩擦背景下，特斯拉上海超级工厂和特斯拉储能超级工厂的建立无疑是对中国发展前景和营商环境的最大肯定，同时也给当前中国借助市场优势、产业基础、政策环境等多举措稳外资带来了以下启示。③

第一，壮大国内市场，推动更高水平对外开放。客观来讲，欧美等发达经济体的市场容量日趋饱和，呈现出萎缩态势，尤其是受新冠疫情的影响，国际市场需求大幅下降，而我国市场需求快速发展，规模不断扩大。在此情形下，培育壮大国内市场，充分挖掘市场潜力，既有利于扩展我国经济发展空间，同时也为在改革开放中吸引外商投资提供

---

① 《中国经济是一片大海而不是一个小池塘》，https://www.ccps.gov.cn/dxsy/202303/t20230308_156771.shtml。
② 乘联会成立于 1994 年，品牌是乘联会。乘联会 2009 年加入中国汽车流通协会，即成为其"汽车市场营销研究分会"，2017 年更名为"中国汽车流通协会汽车市场研究分会"。
③ 资料来源：南京大学长江产业经济研究院。

了有力支撑。习近平曾多次强调，"中国开放的大门不会关闭，只会越开越大"[①]，对中国来说，只有对外开放才能将我国超大规模的市场优势充分激活。而对企业来说，巨大的市场潜力和消费需求也是产业链布局最重要的考量。因此，我们在培育和壮大国内市场的同时，也要坚持更高水平更高层次的对外开放，鼓励有竞争力的跨国企业入驻，吸引外资源源不断地涌入。

第二，坚持科技创新，引领工业产业转型升级。科技创新是新时代催生发展新动能的关键所在，要实现经济高质量发展必须打好核心技术攻坚战。过去的 20 年，中国在全球产业链中的地位不断提升，并逐渐发展成为世界三大生产制造中心之一（美国、德国、中国），产业基础日渐完善，这也是外企来华投资兴业步履不停的重要原因。跨国企业到中国投资不仅带来了先进技术和管理经验，而且催生了国内产业链的形成，使得中国深度融入全球价值链和生产链，成为我国经济高质量发展的重要支撑。过去的几年，疫情全球蔓延导致国际产业链部分断裂或停摆，给我国稳外资带来了严重冲击，同时以美国为首的部分国家挑起贸易战，强化出口管制，在一定程度上抑制了外商来华投资。目前，美国仍然是全球科技创新的领跑者，是站在价值链顶端的"王者"，而我国在航空航天、高端装备、新材料、新能源等领域存在短板，尤其是芯片制造等核心技术受制于人，严重威胁产业发展。因此，未来我国要大力提升自主创新能力，不断夯实产业基础，构建自主可控安全的产业链，同时进一步深化改革开放，吸引集聚全球先进创新要素和科技资源，努力形成以国内大循环为主体、国内国际双循环相互促进的新发展格局。

第三，优化外资政策，营造良好外商投资环境。近年来，我国陆续出台了一系列促进外资增长、改善营商环境的政策，贯穿外资引进、外资保护、外资促进等方方面面，取得了显著成效，中国吸收国外直接投资呈现出稳中向好的发展趋势，众多跨国巨头公司和重大项目也纷纷在中国落地开花。然而目前世界经济的不确定性、国际贸易保护主义、"脱钩论"等逆全球化趋势甚嚣尘上，因此，我国有必要进一步完善外资政策，营造良好环境吸引跨国企业入驻，同时应以更加开放的姿态融入全球市场，持续扩大开放，既能通过引外资、稳外资促进国内经济转型升级和产业链条提升，同时也能让国际社会分享到中国经济发展的成果，形成营商环境和经济发展的良性循环。

2.3　中国国际商务环境面临的新挑战及应对措施

2.3.1　政治风险及其应对措施

第一，地缘政治紧张局势是中国国际商务环境面临的一个重要挑战。地缘政治紧张局势来自不同国家之间的领土争端、地区冲突，以及国际关系中的不稳定因素，这将会给中国与周边国家以及其他国际伙伴的贸易往来和商务合作带来新的挑战。自 2022 年 2 月俄乌冲突以来，地缘政治风险陡然上升，大宗商品价格剧烈波动，世界范围内爆发能源和粮食危机的风险急剧增加，世界经济稳定复苏再次面临巨大压力。美国联邦储

---

① 《习近平：中国开放的大门不会关闭，只会越开越大》，http://politics.people.com.cn/n1/2023/1104/c1001-40110381.html。

备系统（简称美联储）经济学家达里奥·卡尔达拉（Dario Caldara）和马泰奥·亚科维耶洛（Matteo Iacoviello）构建的地缘政治风险指数显示，俄乌冲突已成为 2003 年伊拉克战争以来最严重的一次地缘政治事件。受俄乌冲突影响，全球范围内大宗商品供应短缺，能源和粮食价格一路飙升。原材料和能源价格的上涨还导致生产成本的增加，从制造端到消费端，成本推动型通胀愈发剧烈，通货膨胀正在加剧全球经济衰退风险。从历史上来看，主权债务危机可能对经济体，尤其是新兴经济体造成沉重打击。2001 年阿根廷发生主权债务违约，引爆了国内政治经济危机，银行系统出现挤兑，高达 100 亿美元的资金逃离阿根廷，社会爆发多次大规模罢工和抗议活动，2002 年阿根廷 GDP 水平较1998 年下降了近 18%。2022 年至 2023 年期间，斯里兰卡和突尼斯等国家的债务危机与经济萧条也已经带来了严重的社会动乱和政治危机。在当今世界地缘政治环境持续紧张的背景下，全球各地冲突不断，极大地影响着全球经济的安全和稳定发展。

面对地缘政治的紧张局势，中国应继续积极发展全球伙伴关系，推进大国协调和合作，深化同周边国家关系，加强同发展中国家团结合作。坚持多边主义和共商共建共享原则，在以联合国为核心的国际体系和以国际法为基础的国际秩序总体稳定的基础上，推动全球治理理念创新，促进国际经济秩序朝着平等公正、合作共赢的方向发展，共同应对全球性挑战。以人类命运共同体理念为指引，紧密围绕服务国家外交总体布局和共建"一带一路"倡议，积极开展国际发展合作。

第二，贸易摩擦也是中国国际商务环境面临的重要挑战之一。随着国际贸易关系的复杂化和地缘政治紧张局势的加剧，逆全球化趋势不断凸显。特别是 2019 年以来，逆全球化、去全球化的趋势出现了明显的加速：一是由于世界各国为了防控新冠疫情这场席卷全球的公共卫生危机，采取了各种贸易和投资的限制措施，对全球化的流动性和互联性造成了巨大的冲击；二是地缘冲突的升级不仅威胁到世界的和平与稳定，也加剧了全球的分裂和对立，一些国家可能采取单边主义和保护主义的政策，对贸易和投资实行限制措施和政策。例如，中国与美国之间的贸易摩擦就是一个典型的例子。改革开放以来，中美关系在贸易和投资方面基本是以合作为主，但是，2018 年中美贸易战开始至今，中美关系出现了迅速的逆转。中美两国之间的贸易争端导致了一系列的贸易限制措施，包括征收关税、限制技术转让和投资限制等。这些措施严重影响了中国与美国之间的贸易往来和商业合作，对中国的国际商务环境造成了重大影响，并可能引发全球市场和产业链的巨大波动。

为了更好地应对贸易保护主义抬头的趋势，中国应该以更加积极的姿态参与 WTO 改革和多边贸易谈判进程，维护 WTO 在全球贸易投资中的主渠道地位，建立更加均衡、共赢、包容发展的多边贸易体制，减少和消除贸易投资壁垒。与广大发展中成员加强团结，推动形成更加公正、合理、透明的多边经贸规则体系，反对各种形式的贸易保护主义，维护我国产业利益和企业合法权益。依托 WTO 等机制，推动在全球层面深入讨论投资便利化问题，推动建立投资便利化多边框架。与此同时，进一步优化自由贸易区布局，推动区域全面经济伙伴关系协定实施，稳步推进亚太自贸区建设，推动商签更多高标准自由贸易协定和区域贸易协定。提升自由贸易区建设水平，不断提高货物贸易自由化便利化程度，进一步提高货物贸易零关税比例，放宽服务贸易和投资市场准入；推进高标准服务投资负面清单谈判，积极参与新议题的研究和谈判，加强同世界高标准自贸区交流互鉴，积极探索既符合自身改革发展需要，又与国际通行规则对接的自贸规则。做好自由贸易协定的实施和推广工作，进一步提高自由贸易协定利用率。

2.3.2　经济风险及其应对措施

首先，全球经济的波动将会对中国的国际商务环境产生直接影响。全球经济增长放缓、衰退或复苏等因素都会影响中国的出口市场需求和进口原材料价格。与此同时，全球人口增长和经济发展，资源需求不断增加，而资源供给面临限制，导致了资源价格的波动和上涨。这可能导致中国企业在海外采购原材料时面临更高的成本，影响产品的生产和价格竞争力。由于贸易出口在中国经济中占据非常重要的地位，因此全球经济波动可能导致中国出口额减少、贸易顺差下降，进而影响国际商务活动的发展。

为了应对全球经济波动对中国国际商务环境的影响，中国企业应该积极寻求多元化的市场布局，减少对单一市场的依赖。通过开拓新兴市场、拓展区域市场、加强对国内市场的开发等方式，降低对特定地区经济波动的敏感度，分散经济风险。构建以国内大循环为主体、国内国际双循环相互促进的新发展格局，是贯彻新发展理念的重大举措。习近平强调："我们构建新发展格局，绝不是封闭的国内单循环，而是开放的、相互促进的国内国际双循环。强大、韧性、可靠的国内大循环是我国发展的根基和命脉，良性互动、相互促进的国内国际双循环对于优化资源配置、提高发展质量具有关键作用。"[①]国家统计局 2023 年国民经济运行数据显示，初步核算，2023 年全年 GDP12.6 万亿元，按不变价格计算，比 2022 年增长 5.2%。从国内大循环看，强大内需市场潜力不断释放，对经济发展的带动作用明显增强。2023 年，最终消费支出、资本形成总额对经济增长的贡献率分别达到 82.5% 和 28.9%，内需对经济增长的贡献率合计达到了 111.4%，比上年提高 25.3 个百分点。从国际循环看，质量和水平进一步提升。2023 年，我国货物出口额比上年增长 0.6%，一般贸易、民营企业进出口占比都有所提高。同时，我国积极拓展国际经贸合作，高质量推动共建"一带一路"倡议，2023 年，我国对共建"一带一路"国家进出口总额比上年增长了 2.8%。2023 年，中国构建国内国际双循环新发展格局取得了新进展。

其次，全球金融市场的不确定性对中国的国际商务环境构成了挑战。金融市场波动、货币汇率波动、利率变动等因素可能导致企业资金成本上升、融资难度增加，影响企业的投资和资金流动性，从而影响到跨国企业在中国的贸易和投资活动的开展。

为了更好地应对全球金融市场的不确定性，中国应继续积极参与全球金融治理，维护全球经济金融稳定。推动主要多边金融机构深化治理改革，推动国际货币基金组织和世界银行进一步完善份额与治理结构，提升我国的发言权和代表性，巩固中国的制度性权利；建设性地参与国际金融监管标准制定；支持亚洲基础设施投资银行和新开发银行

---

① 《统筹发挥国内大循环主体作用和国内国际双循环相互促进作用》，https://www.ndrc.gov.cn/wsdwhfz/202303/t20230322_1351592_ext.html。

更好发挥作用。促进区域金融市场互联互通，维护区域金融稳定，依托双边对话机制加强与主要经济体的协调与合作。①

最后，中国产业结构调整也可能给国际商务环境带来挑战。中国经济正在进行从传统制造业向"质"造业、服务业和高技术产业的转型升级。这种经济结构调整可能导致一些传统行业产能过剩、市场份额下降，同时，由于新兴产业、新经济领域和新质生产力的发展还需要一定的时间，因此，产业结构的调整可能会在一定时期内对中国的国际贸易和投资环境产生影响。

面对新一轮科技革命和产业变革深入发展给全球经济治理带来的新挑战，中国应积极参与新兴领域全球合作与规则制定，促进建立开放、安全的全球数字经济发展环境。加强数字货币治理合作，积极参与全球数字货币的合规、立法和监管规则制定。积极构建跨境电子商务标准框架，为制定全球数字规则提供参考。循序渐进地增强中国在数字贸易规则领域的制度型话语权，构建有利于中国及世界经济增长的数字贸易生态环境。与此同时，中国应积极克服新冠疫情等公共卫生危机给全球粮食生产、消费、贸易、市场、供应等环节带来的严重冲击，形成更加完整、更具韧性、更有竞争力的产业链、供应链和价值链。加快完善产业链生态构建，同时发挥数字经济的引领作用，加强技术标准和产业合作，深化全球中高端制造业技术合作。

2.3.3　社会风险及其应对措施

中国国际商务环境面临的社会风险主要体现在人口老龄化和劳动力市场变化这一方面。

第一，劳动力成本上升。随着人口老龄化，劳动力市场的供给将逐渐减少，劳动力成本可能会上升，这将会增加中国生产企业的生产成本，降低其在国际市场上的价格竞争力。企业可能会面临更高的人力成本压力，需要通过提高生产效率、技术创新等方式来应对这一挑战。

第二，技术升级和自动化需求增加。随着劳动力市场的变化，中国企业将面临更大的自动化和技术升级的压力。为了应对劳动力短缺和成本上升，企业应继续加大对自动化生产设备和智能化技术的投资，这将促进中国制造业向更高端、更智能化的方向发展，提升中国产品在国际市场上的附加值和竞争力。

第三，消费结构变化。人口老龄化可能导致消费结构的变化，增加对服务业和高端消费品的需求。中国的国际商务环境可能受到消费结构变化的影响，出口导向型企业应根据市场需求进一步调整产品结构，加大对服务业和高端消费品的开放和出口。

第四，企业国际化和人才引进。人口老龄化和劳动力市场变化可能会促使中国企业加大对企业国际化和人才引进的需求。中国企业可以试图寻求在海外建厂或引进外国技术和人才，以弥补国内劳动力短缺和技术缺口，提升国际竞争力。

---

① 《"十四五"规划〈纲要〉解读文章之 24|积极参与全球经济治理体系改革和建设》，https://www.ndrc.gov.cn/fggz/fzzlgh/gjfzgh/202112/t20211225_1309712.html。

第五，社会保障和福利改革。为了应对人口老龄化和劳动力市场变化带来的挑战，中国应继续加大对社会保障和福利的改革力度，提高养老金和医疗保障水平，以减轻老年人口对家庭和企业的负担，这将有助于提升劳动力市场的稳定性和人才流动性，促进国际商务环境的优化和发展。

2.4　制度环境与国际商务

当跨国企业开展国际商务活动时，绝大多数企业都希望有一个熟悉的商业环境。然而，不同的国家和地区在政治、经济和法律体制以及商业规范方面可能存在巨大的差异，这种国家制度的差异往往会给跨国企业带来重大的挑战和风险。

国家风险是指因一个国家的政治和法律体制的发展而对企业运营和盈利能力造成的潜在损失或不利影响。虽然导致国家风险的直接原因是政治因素和法律因素，但这些因素的背后可能是这个国家的经济、社会和技术发展的现实情况。一个国家的经济风险主要体现在国民经济管理不善或失败带来的金融危机、经济衰退、市场低迷、货币危机和通货膨胀。经济风险通常是由商业周期、不良的货币或财政政策、有缺陷的监管环境或东道国经济基本面的失衡引起的。

对于从事国际商务活动的跨国企业来说，突发的政治体制或法律体制的变动可能会导致其经营风险急剧上升。例如，新政府的建立、政党价值观的转变、特殊利益集团的倡议以及新法律法规的产生等。政府干预、保护主义以及贸易和投资壁垒在国际商务活动中尤为常见，它们将会直接给跨国企业经营的产品、服务和其他业务带来新的限制条件。例如，新的进口关税实施可能会增加用于制造产品的关键部件的成本，劳动法的修改可能会改变公司员工的工作时间，新的政治领导人任命可能会导致政府将跨国企业资产国有化等。需要指出的是，国家风险始终存在，但其性质和强度会随着时间与国家的不同而变化。与此同时，政治体制和法律体制的变化也可能给跨国企业带来机遇。例如，部分新兴国家政府为了吸引优质外资为跨国企业提供优惠补贴、政府激励和竞争保护，从而降低了跨国企业成本并影响其战略决策。另外，许多政府还通过提供免税期和雇用当地工人的现金奖励来鼓励跨国企业在本国投资。

由于不同国家和地区之间的政治、经济和法律体制存在差异，因而国际商务活动比国内商务活动要复杂得多。一国的政治体制、经济体制和法律体制对跨国企业开展国际商务活动所产生的利益、成本和风险有着深远的影响，因而，在不同国家的经营方式和国际战略也应因地制宜。

本章习题及答案

第 3 章　中国企业国际化与制度的双重演进

3.1　中国企业国际化与制度发展历程

企业国际化的内涵是指企业以国际市场为目标，整合优化并充分利用全球生产资源和管理资源，积极融入国际分工体系，由国内经营转向全球经营，由一个区域性企业成长为国际性企业的过程，是开放型经济体系的重要特征与发展趋势。中国企业国际化的过程是企业积极利用"两个市场、两种资源"的过程，涵盖了商品与服务、资金与人力等的"引进来"和"走出去"，涉及企业从谋求国际市场和国际资源，到谋求价值链地位和国际商务话语权的系列发展及努力过程。改革开放以来，我国企业的国际化大致可分为以下四个阶段。

1. 第一阶段（1978～1991 年）

1978 年 12 月，中共十一届三中全会胜利召开，全会做出实行改革开放的历史性决策，这是新中国成立以来党的历史上具有深远意义的伟大转折，开启了我国改革开放和社会主义现代化建设的新时期。这一阶段，中国企业国际化及其制度演进的主要特征是以"引进来"为主的国际化。该阶段我国实施市场换资本战略，开放国内市场，积极主动地引进和利用外资，弥补"双缺口"（外汇缺口和储蓄缺口），让外资通过"三来一补"（来料加工、来样加工、来件装配和补偿贸易）、创办三资企业[①]、技术转让、订单外包等方式，将具备成本优势的中国企业纳入其全球分工体系，特别是全球价值链的加工制造环节。该阶段要解决的核心问题是如何开放国门，引进外资，激发国内市场的经济活力。为此，该阶段在制度设计和推进上基本都聚焦上述问题，从 1979 年 7 月颁布的第一部《中华人民共和国中外合资经营企业法》到 1991 年的十几年间，先后颁布了一系列法律法规来促进外资引进，激发国内市场的经济活力，包括《中华人民共和国外商投资企业和外国企业所得税法》《中华人民共和国外资企业法》《国务院关于鼓励外商投资的规定》《中华人民共和国中外合作经营企业法》《中华人民共和国中外合资经营企业法》。在国家制度、地方政府改革突破以及企业的共同努力下，1991 年，我国的外资引进获得了阶段性突破，这一年，中国吸引外资规模首次在全球发展中国家中排名首位，这也标志着我们较好实现了中国企业国际化第一阶段的目标任务。

在改革开放之初，以《中华人民共和国中外合资经营企业法》为代表的制度创新，为我国制度环境的演变提供了最早的制度创新动能，使得一系列中国企业有了引入国际资本和经验，实现国际化成长的机会。

---

① 港、澳、台商投资企业和各种外商投资企业形式（包括合资企业、合作企业、独资企业等）的总称。

2. 第二阶段（1992～2001 年）

1992 年 1 月，88 岁的邓小平从北京出发，一路南下，开启了具有历史意义的南方谈话，为我国走上中国特色社会主义市场经济发展道路奠定了思想基础。1992 年之后，中国改革开放开始从"摸着石头过河"迈向体制化和机制化。其中，现代企业制度、中央和地方关系、所有制和国有资产管理、市场体系和运行机制、投资体制、财税体制、金融体制、价格改革、社会分配制度等一系列重大改革事项开始系统梳理、整体推进。第二阶段的中国企业国际化特征体现为：以大规模引资和产品出口为主的国际市场拓展为导向，该阶段我国引资规模迅猛增长，政府开始注重从量向质转变，实施市场换技术引资战略，对外资进行产业和区域引导。同时，中国企业不仅通过代工方式让产品"走出去"，而且有目的、有规划地"走出去"拓展国际市场，出口产品结构开始向资本技术密集型转化；民营企业开始走向国际舞台。

该阶段我国要解决的核心问题是如何更好地引资，以及如何让中国产品更好地走出国门。聚焦这两个问题，该阶段我国在发展导向和制度设计上做出了相应的调整。1992 年春，邓小平指出："抓住时机，发展自己，关键是发展经济。"这推动了中国进一步对外开放，让全国进一步放开手脚，掀起了吸引外商投资的新一轮热潮[①]。外商投资的大规模进入，使得以公有制为主体、多种所有制经济共同发展的格局基本形成，也使得中外合资企业以及本土企业包括民营企业和私营企业的国际化进程加速，这部分企业的外贸产品更多、更好地"走出去"已是大势所趋，为此如何对其放开进出口经营权成为该阶段的重要改革着力点。1993 年 11 月，《国务院批转国家经贸委、外经贸部、内贸部关于赋予商业、物资企业进出口经营权试点意见的通知》发布，表明国家开始放开进出口经营权。这使得中国外贸经营结束仅有国有企业和外商投资企业两个主体的局面，民营企业开始登上历史舞台。1995 年，中国机电产品出口首次取代纺织和服装成为第一大类出口商品，中国企业的出口商品由劳动密集型为主向资本技术密集型为主转变，这种转变使得我国对外贸主体的经营权进一步放宽。1996 年我国对外贸易经济合作部颁布《关于设立中外合资对外贸易公司试点暂行办法》，1999 年 1 月 1 日起凡符合《关于赋予私营生产企业和科研院所进出口经营权的暂行规定》的私营生产企业和科研院所可从事进出口贸易，并享受与国有企业和科研院所同等待遇[②]，，私营企业在全国范围内获得外贸经营权。2001 年我国外贸领域获得了突破进展，一是中国在这一年成功加入 WTO；二是我国外贸进出口总值首次突破 5000 亿美元大关，标志着这个阶段中国企业国际化任务较为完美地收官。

与此同时，中国企业海外投资也在逐步发展。1992～2001 年我国颁布了一系列法律法规，在制度层面为企业"走出去"提供了坚实保障，我国对外投资取得了一系列阶段性突破。

3. 第三阶段（2002～2012 年）

2001 年 12 月 11 日，中国正式加入 WTO，标志着中国的产业对外开放进入了一个全

---

① 《抓住全面深化改革的时机》，http://www.people.com.cn/24hour/n/2013/0325/c25408-20903034.html。

② 《之十三：对外贸易多元扩大》，https://www.stats.gov.cn/zt_18555/ztfx/xzg50nxlfxbg/202303/t20230301_1920451.html。

新阶段。加入 WTO 后，中国开始了更深层次、更宽领域的对外开放和经济体制改革。这一阶段，中国企业国际化的主要特征是"引进来"和"走出去"并进提升。我国实施"引进来"与"走出去"共同发展的战略，注重吸引质量型外资推动产业结构调整，同时加快实施中国企业"走出去"战略。中国企业开始在全球进行投资和收购，中国企业国际化进程加速实现跨越式发展。

在制度演进上，我国的主要表现是：一方面，进一步放开外贸经营权，并持续下调出口退税率。例如，2003 年我国开始将出口退税率由 15.5% 调整到 12.51%，2006 年我国取消多项皮革类原材料的出口退税政策，同时下调钢材、纺织品、家具等产品的出口退税率。同时，2004 年 4 月修订通过《中华人民共和国对外贸易法》，其中，明确指出："对外贸易经营者，是指依法办理工商登记或者其他执业手续，依照本法和其他有关法律、行政法规的规定从事对外贸易经营活动的法人、其他组织或者个人。"另一方面，规范引导和鼓励中国企业进行境外投资。例如，2004 年 10 月，商务部发布《关于境外投资开办企业核准事项的规定》；2009 年 3 月，商务部发布《境外投资管理办法》；2012 年 7 月，国家发展和改革委员会（简称国家发展改革委）等 13 个部门印发《关于鼓励和引导民营企业积极开展境外投资的实施意见》。在此背景下，我国对外直接投资从 2002 年起开始实现跨越式发展，2002 年至 2012 年 10 年间，我国对外直接投资流量规模增长了 27.6 倍，到 2012 年创下 878 亿美元的历史新高。

在这一阶段，中国企业国际化的一个典型案例便是"吉利汽车并购沃尔沃事件"。民营企业是中国经济的重要组成部分，民营企业的国际化进程中，中国政府的制度动能从未缺席。在中国民营企业国际化过程中，一个重要的里程碑事件就是 2010 年吉利汽车成功以"蛇吞象"的模式收购沃尔沃。中国民营企业之所以敢于推动和成功开展如此让人印象深刻的并购行为，正是由于中国政府的制度创新为其提供了坚实的保障。政府出台了大量鼓励民营企业发展和"走出去"的政策与制度。例如，2005 年《国务院关于鼓励支持和引导个体私营等非公有制经济发展的若干意见》提出"国家支持有条件的非公有制企业通过兼并、收购、联合等方式，进一步壮大实力，发展成为主业突出、市场竞争力强的大公司大集团，有条件的可向跨国公司发展""支持非公有制企业开拓国际市场"。这些制度安排使得吉利汽车在并购过程中可以得到政府及金融部门的支持，还能得到外汇、对外投资审批的一系列保障。2009 年出台的《汽车产业调整和振兴规划》，明确指出："支持汽车生产企业通过自主开发、联合开发、国内外并购等多种方式发展自主品牌。"与此同时，中国和瑞典建立了良好的双边关系，其都有良好意愿支持这一并购的顺利推进。因此，企业家的自主努力和政府的制度创新共同推动了这一里程碑式并购事件的成功。

4. 第四阶段（2013 年至今）

党的十八大以来，以习近平同志为核心的党中央统筹国内国际两个大局，坚定不移地推进高水平对外开放。2013 年，中国提出共建"一带一路"倡议，开始为中国企业高质量"走出去"谋篇布局，开启国际合作新篇章。2013 年后，中国企业国际化进程进入了高质量"走出去"阶段。在该阶段，中国跨国公司开始建立全球化架构，国际影响力和竞争力显著提升，开始步入高质量发展阶段，全面融入全球价值链、产业链、创新链中，并力争上游，中国跨国公司的品牌形象开始具有较大全球影响力。该阶段的核心问题转变为如何健全企业国际化管理制度和服务体系，进一步提升中国企业全球影响力。

2014 年起，相继推出的一系列中国企业投资管理法律法规使得中国企业国际化管理制度和服务体系更为完备。例如，2014 年的《境外投资项目核准和备案管理办法》，将境外投资管理方式由逐项核准改为备案为主、核准为辅，对促进和规范境外投资发展发挥了重要作用①。而后来 2017 年的《企业境外投资管理办法》，2018 年的《对外投资备案（核准）报告暂行办法》《企业境外经营合规管理指引》，以及 2019 年的《对外投资备案（核准）报告实施规程》等，也都更好地加强了对外投资的监督管理和质量调控。截至 2023 年，《财富 500》榜单显示，全球最大的 500 家企业中，中国共有 142 家公司上榜，上榜公司数量已经连续多年超过美国，排名第一。这表明中国政府的制度创新和企业的创新正在共同推动中国企业国际化迈向高规格、高质量的发展阶段。

3.2　中国企业国际化面临的新挑战

改革开放以来，中国企业国际化取得了突破性进展，尤其在 21 世纪以来，大量中国企业"走出去"，对外直接投资的高速增长促使中国企业国际化进入了崭新的发展阶段。中国对外直接投资始终保持高速增长，并于 2016 年成为仅次于美国的全球第二大对外直接投资国。但在 2016 年以来，受国际局势与国内结构性调整的影响，中国对外直接投资的增速开始迅速下滑。近年来，中国企业饱受海外各种正式制度与非正式制度的影响，已成为遭受对外投资审查最多的国家之一。受逆全球化形势的影响，中国企业对外直接投资更是遭遇到了前所未有的阻力。

随着中国企业对外直接投资额不断增长，中国企业国际化的长期制约因素逐渐开始显现，对中国企业国际化形成了新的挑战。从国内来看，国内经济体制中仍然存在着一些阻碍企业国际化的因素，这些因素既包括管理体制的老问题，也包括近年来涌现出的如数字经济等引发的新问题，这些问题在当前形势下表现得更为突出。从国际来看，美国单边主义与逆全球化加剧对中国企业国际化形成了很大的冲击。全球经济的不确定性越来越高，这都造成中国企业国际化未来将面临更为严峻的外部形势。

3.2.1　国际形势的挑战

近年来，一些国家的政党用政治诉求绑架经济发展，将逆全球化作为实现政治目标的手段，逆全球化思潮风起云涌。逆全球化思潮导致各国之间的双边贸易摩擦不断，尤其是美国与相关国家的贸易争端引起全球经济动荡，中美经贸摩擦的彻底解决更是困难

---

① 《统筹推进"放管服"改革　促进境外投资持续健康发展》，https://www.ndrc.gov.cn/xwdt/xwfb/201712/t20171226_954762_ext.html。

重重，这导致全球最大的两个贸易国之间贸易摩擦不断。在贸易保护主义大行其道的背景下，中国企业对外直接投资正面临国外各种形式的审查，面临着严峻的挑战。

在世界经济处于逆全球化的阴霾下时，前几年新冠疫情以惊人的速度在全球蔓延，对全球经济造成了巨大的冲击。疫情冲击给全球经济、贸易与投资都带来了沉重打击，各国在贸易与投资领域的分歧日益增大。新冠疫情不仅造成全球各国在水平型对外直接投资上采取更多的保护主义措施，而且伴随新冠疫情对全球价值链的影响，跨国公司开始降低垂直型对外直接投资的倾向，导致全球跨国投资迅速萎缩。这成为中国企业国际化的又一重要挑战。

逆全球化思维严重威胁已经建立起来的全球化制度体系，WTO 面临严峻挑战。美国持续阻挠 WTO 争端解决机制上诉机构的遴选，该机构面临停摆危机。联合国、世界卫生组织等诸多国际机构都受到美国孤立主义政策的冲击。在逆全球化思潮的影响下中国企业国际化即将面对的是高度不确定的全球治理体系。

【案例阅读】

2020 年 8 月 11 日，南非大学姆贝基非洲领导力研究院高级研究员谭哲理在南非第二大新闻网站独立传媒发表题为《华为在非洲市场播下技术种子》[①]的评论文章，指出美西方以"维护国家安全"为借口对华为等中国科技企业进行打压和制裁，而华为为非洲培养了大量信息和通信技术人才，为非洲网络基础设施发展做出了巨大贡献。

2020 年，美国对华为 5G 技术的打压和英国对华为的禁令，超出了应对所谓"国家安全威胁"的范畴。2024 年 3 月，美国国会众议院能源和商务委员会表决通过了一项针对 TikTok 的法案，其中要求中国字节跳动公司剥离对旗下短视频应用程序 TikTok 的控制权，否则 TikTok 将会在美国遭到封禁。美国对华为和 TikTok 的打压与制裁已成为中美外交争端的一部分。美国之所以在华为和 TikTok 等问题上向中国发难，短期来看，美国旨在阻止华为在西方国家占据更大市场份额。长远来看，美国试图阻止华为在未来潜在市场，特别是在发展中国家的年轻人市场中占据主导地位。

美国针对华为的所作所为包含一种超越西方世界的更为广泛的反华信息，美国意在劝阻非洲国家与中国接触，并阻止华为在非洲取得进一步发展。作为中国在非洲最大的贸易伙伴，南非将在中美关系危机对非洲影响方面发挥关键作用。南非需要把重点放在能够为其长期发展目标提供最大利益的伙伴关系上。

在向非洲市场推出最新 5G 技术和网络基础设施方面，华为是最热情的倡导者和实践者，华为已成功在非洲建立自己的品牌和服务。华为如何在短时间内取得巨大成就？华为强调知识转移和企业社会投资。事实证明，华为采用的是前瞻性、包容性的商业模式，倾向于远离以短期退税和公关噱头为目标的惯常的"企业社会责任"。

华为于 1999 年进入尼日利亚市场，经过多年的深耕，在尼日利亚竞争激烈的电信市场站稳了脚跟，随着华为智能手机在尼日利亚生产和销售，华为品牌更成为当地民众了

---

① 资料来源：https://www.iol.co.za/news/opinion/huawei-sows-its-technology-seeds-in-african-market-ae2e871f-56b8-48c0-87ee-99afde066e96。

解和感受中国的一个窗口。截至 2023 年底，尼日利亚，一个人口近 2.26 亿的非洲大国，一个人均 GDP 尚不足 3000 美元的中低收入国家，华为的出现，让这里普通百姓的生活发生了实实在在的变化，7000 多公里的骨干传输线路铺就，18 000 多个移动通信基站拔地而起，全国人口覆盖率达到 98%。绝大多数民众都用上了手机，通信资费由每分钟 1 美元降低到 0.06 美元。华为在尼日利亚市场的不断开拓，得到了尼日利亚通信部部长莫波拉·约翰逊的称赞："政府在选择培训项目合作伙伴时，首先就想到了华为。它是一个扎根于本地、与当地政府和行业共同成长的公司。"[①]

一直以来，华为积极参与对其所在社区有利并具有高附加值的活动。通过与南非本地电信运营商合作，华为已为非洲培训了 8 万多名信息和通信技术工程师。截至 2023 年 9 月，华为已与全球 2600 多家高校共建华为 ICT（information communication technology，信息和通信技术）学院，年培养学生超过 20 万人，覆盖 100 多个国家和地区。[②]

华为实施的企业社会投资模式具有包容性和更大量化效果，是非洲各国发展所迫切需要的。如果将这种模式推广到其他经济和社会发展领域，将有助于培养更多的青年才俊，并帮助非洲青年留在非洲大陆。华为显然将在加强中非关系和友好合作方面发挥关键作用。当前的第四次工业革命将为华为提供新的机遇，在促进非洲发展中发挥更大作用。

3.2.2　母国制度的挑战

中国企业国际化面临的第二个挑战来自母国（中国）的制度环境。

第一，中国长期以来形成的中央和地方的关系塑造了中国企业对外直接投资的传统体制。中央和地方分别在制度体系中扮演着不同的角色。地方政府在全局性政策制定中自由裁量权较少，在对中央制定全局性政策中的作用有待加强。地方政府在公共性服务领域占据主导，但地方政府在"放管服"改革中仍有一些亟待改进之处，政府的制度创新者角色有待进一步加强，需要进一步减少战略层面与执行层面的冲突。

第二，中国企业对外直接投资的结构性问题。一些中国企业参与到海外房地产、娱乐等产业发展中，不仅影响中国投资者在海外的形象，而且导致服务业在对外投资中所占比重不断上升，造成越来越严重的金融风险与金融安全问题。虽然政府在 2016 年后加强了对外投资的监管，对房地产、娱乐等产业对外投资采取了限制措施，但中国企业对外投资的结构问题仍然没有得到完全解决，部分投资受到利益驱使盲目跟风，违反了国际化动机的客观逻辑。

第三，伴随数字经济的快速发展，数字贸易与数字投资逐渐兴起，但数字经济与数字贸易规则制度的缺位导致对外投资新模式受到极大制约。中国的互联网企业在海外的经营仍然经常受到数字规则的限制，数字投资新规则的制定迫在眉睫。中国企业的国际化正迎来巨大机遇，但亟待国家出台相应政策给予支撑，一是健全相应的国内法律法规，

---

① 《华为 让更多的人感知中国（中国品牌 中国故事）》，http://finance.people.com.cn/n/2015/0302/c1004-26622632.html。

② 《培养 ICT 人才，共赢智能未来》，https://www.huawei.com/cn/publications/huaweitech/202303#foreword。

二是国家层面与合作伙伴国家尽快就数字贸易规则的一致性展开讨论。总体来看，中国对外投资中重数量、轻质量的结构性矛盾比较突出，国内对外投资机制亟待转型，新型对外投资机制亟待形成。

3.2.3 东道国制度的挑战

伴随逆全球化浪潮的不断兴起，中国企业在国际化过程中面临着越来越多的东道国制度壁垒。其中一个显著趋势是，东道国政府、社会和民众对其经济安全等方面的担忧，导致对中国投资审核的要求不断提高。以美国为例，美国外国投资委员会不断以安全为由，提出中国企业危害美国安全，不断对中国企业展开审查。2008 年以前，中国位于被美国外国投资委员会否决投资来源国的第八位。从 2008 年开始，中方被审查的次数越来越多，2012 年升到了第一位。众多中国企业的对美投资受阻。

伴随人工智能技术的兴起，中美在尖端技术、人才上的竞争越来越激烈。美国对于技术问题的关注越来越成为中国企业进入美国的一个不可忽视的方面。美国提出中国企业非法使用美国专利技术，对中国企业的进入设定了重重限制，中国有越来越多的高新技术企业受到来自东道国制度壁垒的不利影响。2019 年 10 月 7 日，美国商务部宣布将 8 家中国企业列入美国贸易管制黑名单，禁止与美国企业合作。这 8 家中国企业涉及人工智能、人脸识别及安防监控等高技术产业领域。

中国的一些国有企业、民营企业在"走出去"过程中陷入所有权劣势，引发其他国家政府区别对待。不但国有企业在国际化的过程中被东道国政府长期戴上有色眼镜看待，而且以华为为代表的民营企业也遭到了歧视性待遇。一些中国企业在国际化过程中不仅没有发挥所有权优势，反而陷入了所有权劣势，这导致一些中国企业在海外难以被信任。整体来看，东道国存在的隐性贸易和投资壁垒，给中国企业国际化带来了严重的制度阻碍。

3.2.4 企业综合竞争力的挑战

部分中国企业对外直接投资中所涉及的环境污染问题，逐渐成为社会关注的焦点，并影响了中国企业的海外形象。一些政府和组织甚至以一些特殊事件，不断攻击中国企业的环境绩效，显然，一些中国企业在应对上述挑战时还缺乏一定的经验。除此之外，一些中国企业进入海外市场中还遭遇了劳工纠纷问题，引发东道国民众对其的负面情绪。尤其在与东道国工会的协调过程中，一些中国企业还没有能够和国外的工会等劳工组织建立良好的合作关系。

一些中国企业在海外经营中所涉及的知识产权问题成为东道国政府的敏感问题，对企业对外投资的持续性形成了挑战。中国企业在海外经营中涉及的知识研发及知识产权问题导致一些中国企业在技术创新上不被信任，引发了一系列新问题。与此同时，国有企业和中央企业的企业性质使部分中国企业在进入海外市场中较难得到海外市场的信任。因此，中国企业面临的国外环境越来越复杂，涉及的问题不仅包括正式制度问题，而且经常涉及非正式制度问题，这对中国企业国际化提出了更高的要求。

3.3 应对之策：制度创新与中国企业国际化

3.3.1 实施共建"一带一路"倡议

长期以来，美国是全球治理体系重要的制度供给者，也是国际公共物品最大的供给者。美国不仅主导了 WTO、国际货币基金组织和世界银行的运行，而且是全球治理体系改革的重要参与者。受新冠疫情的影响，美国为全球所提供的公共物品与制度方案都遭受了严重冲击，全球政治、经济秩序进入到极不稳定的阶段，从而造成了逆全球化思潮大行其道。

中国作为全球经济最重要的成员之一，在美国全球战略收缩时，应当主动参与到全球治理秩序构建中去。共建"一带一路"倡议是中国在百年未有之大变局下提出的全球治理新方案，是全球政治、经济的稳定剂。在共建"一带一路"倡议下，逐步推动全球经济、贸易与投资制度的改革，形成新时期全球化的新标准与新动力；在共建"一带一路"倡议下，将中国塑造为全球治理的重要制度创新者，为中国企业国际化提供稳定的国际环境；共商共建共享的全球治理观为后疫情时代实现国内价值链与全球价值链的协同机制提供了中国智慧和中国方案。

3.3.2 设立自贸试验区（港）

随着中国改革进入攻坚期，进一步推进改革的难度加大，需要以更大的政治勇气和智慧、更有力的措施和政策推进改革。为了深化政府制度创新者的角色与作用，截至 2024 年 3 月，中国已经分多批次批准了 22 个自贸试验区，形成了覆盖东西南北中，统筹沿海、内陆、沿边的改革开放创新格局。中国的自贸区不是单纯建立一个自由贸易的"飞地"，而是立足于建立一个完善的市场经济环境，建设一个改革开放的高地。自贸试验区建设让中国企业能够在贸易自由、投资便利和金融自由化的环境中，实现更为深入的银行国际化。

2018 年 4 月 13 日，党中央决定支持海南全岛建设自由贸易试验区，支持海南逐步探索、稳步推进中国特色自由贸易港建设，分步骤、分阶段建立自由贸易港政策和制度体系。2020 年 6 月 1 日，《海南自由贸易港建设总体方案》提出了五大特色举措，分"三步走"，促进五方面"自由便利"，从更高层面塑造中国政府制度创新者的力量。

以自贸试验区为基础，中国政府将从制度改革创新的角度出发，以正确的激励与监管机制，破除部分中国企业对外直接投资"重数量、轻质量"的难题。深化数字贸易的国内规则制定，推动全球数字贸易规则的形成，为数字贸易与数字投资提供重要的制度保障，为中国企业对外投资提供制度支撑。

3.3.3　推动海外合规经营

面对中国企业国际化过程中所面临的大量显性与隐性壁垒，我们应当进一步完善国内法律法规，推动中国企业在海外投资中保持企业自身的合规性、国家法律的合规性、东道国制度的合规性和国际组织的合规性，将合规写入中国企业国际化的进程中。

首先，对于企业自身的合规性，政府应当进一步将指导性文件与引导性政策相结合，充分利用行业协会和商会的力量，规范公司治理体系，保障核心价值观、行为准则、行为规范的合规，在中国公司内部建立起更为适应国际化的治理体系。

其次，对于国家法律的合规性与东道国制度的合规性，我们应当严格监管关于对外贸易、投资、国际工程承包等领域规定的合规性。这里的合规性，一方面包括进一步保持国内制度尤其是法律制度与国际规则的衔接，避免企业还未"走出去"就已经陷入了制度陷阱；另一方面则包括了严格监管中国企业对法律标准的达成度，加大执法力度，进一步规范中国企业的国际化行为。

最后，对于国际组织的合规性，我们应当加强中国在国际组织规则制定中的话语权，规范企业行为对国际组织的合规性。一方面，我们应当积极参与国际规则的制定，主动提出国际规则的中国方案，在国际规则设计过程中就考虑到中国企业国际化进程中的国际制度风险问题；另一方面，我们应当积极在国内宣传和执行国际组织的规则，引导企业遵从国际组织的法律与制度体系，为中国企业国际化过程中的合规性提供坚实保障。

本章习题及答案

第4章　国际商务的文化差异

4.1　文　　化

4.1.1　文化的定义

文化是一个广泛的概念，它是一个社会或群体所共同创造、传承和共享的一系列价值观、信仰、行为模式、语言、艺术、习俗和物质产品的集合体。在学术界，对于文化的定义并没有一个统一的标准，不同学科领域的学者可能会从不同的角度和层面来解释。例如，在社会学层面，文化是一个社会群体所共同学习、传承和创造的符号系统，包括语言、价值观、规范、习俗、艺术等；在人类学领域，文化是人类社会的非生物遗传资产，包括人们所相信的、思考的、感受的、实践的一切；在心理学领域，文化是塑造个体认知、情感和行为的一系列共享经验与学习路径；在文化研究层面，文化是人类社会的整体生活方式，是人们对于自身存在和环境的理解与表达。

文化是动态的，它随着时间的推移和社会变迁而不断演变。文化可以通过教育、社交、媒体、艺术创作和技术进步等途径进行传播，并在这个过程中塑造人们的认知、行为和社会交往方式。

4.1.2　文化的作用

文化是社会发展和人类进步的基石，文化对于个体和社会的认同、价值观、行为规范、社会组织和艺术创造等方面都具有重要影响。不同地区、民族、宗教、历史时期和社会群体都有其独特的文化特征与表达方式。具体而言，文化的作用主要体现在以下六个方面。

第一，身份认同和归属感。文化是个体和社会认同的重要组成部分。它提供了一个人与特定群体、社区或国家之间的联系和认同感。个体通过接受和内化自己所属文化的价值观、信仰和行为模式，建立起自己的身份认同，并得到其在某一社会集体中的归属感。

第二，价值观和行为准则。文化为个体和社会提供了价值观与行为准则。它规定了对与错、好与坏的标准。文化的价值观和行为准则影响人们的道德观念、社会规范、行为模式和决策方式。通过这些共享的价值观和行为准则，文化促进了社会的稳定和经济的发展。

第三，社会凝聚力和社会秩序。文化在社会中起到凝聚人心的作用。共享文化的成员通过共同的价值观、习俗和传统形成了社会凝聚力，能够相互合作、共同努力和共享资源。文化也提供了社会秩序的基础，规定了社会成员之间的权利和责任，从而维护社会的稳定和公平。

第四，知识传承和学习。文化是知识和智慧的传承与积累，它包含了人类对世界的认知、科学知识、艺术技巧、历史记忆等方面的宝贵经验和学问。文化通过教育和传统承继的方式将这些知识代代相传，并为个体提供学习和成长的机会。

第五，创造力和创新。文化是创造力和创新的源泉。通过文化的表达和交流，个体和社会可以激发创造力，产生新的思想、艺术作品、技术变革。文化的多样性和相互影响也为社会制度和科技创新提供了丰富的土壤。

第六，文化交流和相互理解。文化促进了不同社群之间的交流、相互理解和和平共处。通过文化的交流和对话，人们可以了解和尊重其他文化的差异，推动跨文化的相互认知和合作。

4.1.3　文化差异与国际商务

随着全球化的不断深入，世界已经进入到了一个"地球村"的时代。而事实上，在全球化和现代化的外表下，不同国家和地区之间依然存在较大的文化差异。更重要的是，上述文化差异将会从多个维度对国际商务活动产生广泛而深远的影响。

第一，不同国家和地区之间的文化差异会对跨文化商务交流与沟通产生影响。语言是文化的核心组成部分，不同的语言沟通、非语言沟通、沟通风格和观念等方面的差异可能导致沟通障碍与误解。理解和尊重不同文化的语言，采用适当的沟通方式和沟通策略，对于建立良好的商业关系、有效开展国际商务活动至关重要。

第二，不同国家和地区有着自身独特的商务礼仪与行为准则。例如，商务会议的举办方式、商务谈判的方式、礼物的赠送等都可能存在文化方面的差异。了解和遵守目标国家的商务礼仪和行为准则是国际商务合作伙伴之间建立信任与有效沟通的关键。

第三，不同国家和地区的文化差异会对跨国企业的商业价值观和商业实践产生重大影响，具体体现在对时间的看法、合作与竞争的态度、决策方式、工作习惯等方面。了解目标国家的商业价值观和实践，适应和调整商业策略与运营方式，对于成功进入国际市场至关重要。

第四，不同国家和地区的文化差异会深刻影响目标国的市场需求和消费偏好。尽管全球化带来了世界范围内消费偏好趋同的趋势，但是，不同国家和地区的消费者在产品和服务的需求、品位、偏好等方面仍然存在一定的差异。了解目标市场的文化特征和消费习惯，调整产品设计、市场营销和销售策略，有助于满足目标国的客户需求并取得市场竞争优势，进而迅速抢占市场份额。

第五，不同国家和地区的文化差异会对跨国企业的商业合作与谈判方式产生影响。具体来说，文化会影响一个企业的商业合作、谈判风格、决策方式、信任建立等方面。因此，提前了解对方文化的商业价值观、沟通风格和决策方式，采用适当的合作和谈判策略，将有助于建立互信并达成有效的商业合作关系。

第六，不同国家和地区之间的文化差异也会影响商务法律和法规的制定与实施。不同国家和地区对于合同解释、知识产权保护、商业伦理等问题可能有不同的观念和实践。在跨国企业进行国际商务活动时，必须遵守目标国家的法律和法规，并了解文化背景对商业法律实施的影响。

4.2　文化的决定因素

任何一个国家或地区的文化并不是与生俱来的，而是受到许多因素长期作用而逐渐形成的产物，其中包括历史和传统、地理和环境、宗教和信仰体系、经济和技术发展、教育等因素。

4.2.1　历史和传统

历史事件、过去的经验和传统习俗对于文化的形成与传承起着重要作用。历史上的事件、国家的建立、战争、迁徙以及特定群体的经验都会影响到文化的发展。首先，历史和传统在塑造社会的价值观和信仰方面起着关键作用。历史上的事件、故事和传说会影响人们对于道德、正义和人类存在意义的理解。传统的宗教、哲学和伦理观念也会在文化中扮演重要角色，塑造人们的信仰体系和行为准则。其次，历史和传统形成了一系列的社会习俗、仪式和庆典活动，这些习俗和仪式反映了社会的共同记忆与文化传统，如婚礼、葬礼、节日庆典等。与此同时，这些社会习俗和仪式在人类社会发展过程中扮演着社交、凝聚力和身份认同的重要角色。再次，历史和传统对艺术和文学的发展产生深远影响。文化的历史和传统故事被艺术家、作家等用来创作艺术作品与文学作品。艺术和文学作品反映了文化的价值观、历史记忆和身份认同，通过艺术形式传递文化的内涵和情感。与此同时，历史和传统也会对语言的演变和使用方式产生影响。语言中的词汇、习惯用语、俚语等都受到历史和传统的塑造，特定历史时期的事件和文化经验可以通过语言的使用方式与表达形式得到体现。最后，历史和传统塑造了社会的组织结构和社会角色的分配。一个国家的社会等级、家庭结构、性别角色等方面都受到历史和传统的影响。这些因素在文化中体现了权力关系、社会秩序和社会身份。

历史和传统是文化的基石，它们通过承载和传递社会群体的共同记忆、经验和价值观，形成了文化的核心要素。然而，值得注意的是，历史和传统并非静止不变的，它们也会随着时间的推移和社会变革而演变。因此，历史和传统的影响在不同文化和不同时期可能存在差异。

4.2.2　地理和环境

地理位置、气候条件、自然资源和环境特点会影响到文化的形成与特征。

首先，地理和环境条件对人们的生活方式和经济活动产生直接影响。例如，沿海地区的文化可能与海洋相关，渔业和海上贸易可能是其经济活动的核心。相比之下，山区的文化可能与农业和畜牧业有关。地理和环境的差异也因此导致了不同地区的文化特征和习俗的差异。

其次，地理和环境条件通过影响资源的分布和可利用性，从而影响经济的发展和技术的创新。例如，沙漠地区的文化可能发展出适应干旱环境的灌溉系统和沙漠生活技巧。富饶的农田和水源可能会促进农业文化与相关技术的发展。因此，地理和环境条件塑造了特定地区的资源利用模式和技术水平，进而影响了文化的特征和发展。

再次，地理和环境条件对人们之间的交流和接触产生影响。自然障碍（如山脉、河流、海洋等）和地理距离可能阻碍不同地区之间的交流，导致文化的相对封闭和独立发展。相反，地理位置接近和便利的交通网络可能促进不同文化之间的交流与文化融合，促进了文化的多样性和混合。

最后，地理和环境条件塑造了人们的环境意识和价值观。不同地理环境的人们可能对环境保护、资源管理和可持续发展有不同的看法与行动。例如，居住在海边的社群可能更关注海洋生态系统的保护，而居住在干旱地区的社群可能更关注水资源的合理利用。因此，地理和环境条件影响了人们对环境的认识、态度和行为，并反映在他们的文化中。

4.2.3 宗教和信仰体系

宗教信仰和哲学体系对于塑造文化价值观、道德观念、行为准则和仪式习俗有深远影响。不同宗教和信仰体系会产生不同的文化特征。

第一，宗教和信仰体系塑造了社会的价值观和道德观念。宗教信仰提供了关于人类行为、正义和善恶的指导原则，对个体和社会的道德行为、家庭关系、社会公德等方面产生影响，形成了文化中的道德准则和规范。巴罗和麦克利里对 59 个国家在 20 世纪八九十年代的宗教信仰和经济增长率进行了研究，他们的推论是宗教信仰促进了经济增长，因为它们会提升个人的忍受力，这将有助于提高生产力。

第二，宗教和信仰体系对社会组织与社会角色的分配起着重要作用。世界上的很多伦理体系都是宗教的产物，因为宗教往往提供了一套关于生活意义、人类存在和道德行为的框架。这些宗教伦理体系影响着个人在社会中的角色和职责，以及个人与他人之间的关系。

第三，宗教和信仰体系对艺术与文化表达产生重要影响。宗教仪式、宗教建筑、宗教音乐、宗教绘画等艺术形式是宗教信仰的表达和展示，同时也成为文化中的重要艺术和文化遗产。

第四，宗教和信仰体系渗透到日常生活和习俗中。宗教仪式、节日和庆典等是人们日常生活中的重要组成部分，塑造了文化中的传统习俗和社会行为。

第五，宗教和信仰体系在教育与思想传承中起着重要作用。宗教机构和信仰系统通过宗教教育和传统的方式，传承宗教的知识、价值观和道德准则。这些知识和价值观在教育中传递给新一代，并塑造了该社会群体文化中的传统认知和思维方式。

第六，宗教和信仰体系提供了社会凝聚力和身份认同的基础。宗教共同体和信仰共同体通过共享的信仰与仪式建立起互信和共同体感，宗教信仰也可以塑造个体和社会的身份认同，使人们感到归属于特定的宗教或信仰群体。

宗教和信仰体系对文化的影响是复杂而多样的。它们在不同地区和不同历史时期可能表现出差异，甚至在同一宗教内部也可能存在多样性。因此，宗教和信仰体系的影响与文化的其他因素相互作用，共同塑造了一个国家或地区的文化特征和表达形式。

4.2.4　经济和技术发展

经济和技术发展与文化相互作用，共同塑造一个国家或地区的文化特征和表现形式。它们改变了人们的生活方式、价值观念、社会结构和角色分配，同时也推动了文化创新、知识传播和国际商务活动。

第一，经济和技术发展改变了人们的生活方式和生活条件，进而对一国的文化价值观产生影响。例如，工业化和现代化进程带来的经济繁荣与物质富足可能导致价值观念的变化，如对个人成就、团队意识、物质和精神层面的追求。

第二，经济和技术发展对社会结构与社会角色的分配产生影响。例如，工业革命带来的城市化和工业化改变了社会的组织形式，人们从农村迁往城市，社会角色发生了变化。技术发展和新兴行业的兴起可能导致新的社会角色的产生。这些变化影响着文化中的社会角色和身份认同。

第三，经济和技术发展改变了媒体与文化产业的格局，进而影响文化的表达和传播方式。新技术的出现（如互联网和社交媒体）使得文化产品的创作、传播和消费更加多样化与普及化，这也促进了文化的全球化和多元化，同时也带来了对文化产业的商业化和市场竞争。

第四，经济和技术发展对教育体系与知识传播方式产生重要影响。教育的普及和技术的应用改变了知识的获取与传播方式。新的教育模式、在线学习和开放式教育资源的出现提供了更多的学习机会和知识获取途径，进一步塑造了文化中的知识传承和学习方式。

第五，经济和技术发展促进了文化的创新与创造力的发展。经济发展为艺术、文学、音乐、电影等文化创作提供了更多的机会和资源。技术的进步为文化创新提供了新的工具和表达方式，推动了文化产业的繁荣和文化多样性的发展。

第六，经济和技术发展加强了国际交流和跨文化融合，进一步促进了文化的交流和相互影响。全球化和国际贸易、国际投资的推动使不同国家和文化之间的接触更加频繁、紧密，这种跨文化交流和融合对文化的多样性和创新产生了广泛的影响。

4.2.5　教育

教育在塑造国家文化中具有重要作用，它通过知识传承、价值观培育、社会角色塑造、思维方式培养和跨文化理解等方式对文化产生广泛而深远的影响，推动文化的传承、发展和创新。

第一，教育是知识传承和文化价值观传递的主要途径之一。教育系统通过教授学科知识、历史、文学、艺术和哲学等内容，将国家的文化、价值观和传统传承给下一代。

教育机构可以促使学生了解和理解本国的历史、文化遗产和社会价值观，从而对文化产生深入的影响。

第二，教育对价值观培育和道德观念塑造起着重要作用。教育系统不仅传授学科知识，还传播正确的道德观念、社会责任感和公民意识，帮助树立起共同的价值观念和道德准则，进而塑造文化中的行为准则和道德规范，并使其与国家文化和社会价值体系产生联系。

第三，教育对个体的创造力和思维方式产生影响。良好的教育系统注重个体的创造性思维、批判性思维和问题解决能力的培养。这种培养对于文化的创新、知识的传承和社会的进步至关重要。

第四，教育对于促进跨文化理解和尊重起着重要作用。个体可以通过教育了解不同文化的存在和多样性，学习、尊重并欣赏其他文化的观点和价值观。这种跨文化教育有助于促进文化交流，增强国际交往的能力，培养全球意识。

第五，教育对社会的变革和发展起着重要作用。优质的教育可以提高一国人力资源的素质，提升创新和领导力，促进经济和社会的发展。教育的改革和创新能够引领社会文化的变革与进步。

4.3　霍夫斯泰德的文化维度理论

霍夫斯泰德的文化维度理论是一种用于比较和分析不同国家文化差异的框架。该理论由荷兰社会心理学家吉尔特·霍夫斯泰德（Geert Hofstede）在 20 世纪 70 年代末和 80 年代初开发，这项研究最初是建立在一项 IBM 公司大规模全球范围内问卷调查的数据的基础上。通过对不同国家的研究，霍夫斯泰德将不同文化的价值观取向分为四个基本维度，用于描述和解释不同国家文化之间的差异：权力距离、个人主义和集体主义、不确定性规避、男性气质和女性气质。1991 年，根据香港中文大学迈克尔·邦德（Michael Bond）教授对东西方文化对比的研究成果，霍夫斯泰德增加了体现儒家文化价值观的第五个维度：长期导向和短期导向。而在 2010 年，根据迈克尔·明科夫（Michael Minkov）教授对世界价值观调查数据的分析结果，霍夫斯泰德又为这一理论框架增加了第六个维度：放任与约束。

4.3.1　权力距离

权力距离描述了在一个社会中人们对于不平等权力分配的接受程度。较高的权力距离意味着人们对于权威和权力差距的接受程度较高，较低的权力距离则表示人们更倾向于追求平等和缩小权力差距。不同水平的权力距离能够对商务环境和组织管理产生重要影响。

在高权力距离的社会中，人们普遍接受和认可权力差距和社会等级的存在。这意味着权力被视为正当且不可置疑的，少数人士享有更高的地位和特权。高权力距离的社会通常具有强烈的等级观念和社会秩序，人们更加依赖权威的指导和决策。在组织和商务环境中，高权力距离可能表现为明确的领导权威、垂直的组织结构和集中式的决策过程，员工更倾向于在工作环境中尊重权威、接受指令和遵守规则。

在低权力距离的社会中，人们倾向于追求平等和缩小权力差距。低权力距离的社会强调平等、合作和开放的决策过程。权威被视为是与个人能力和贡献相关的，而不是基于其地位或权力。在组织和商务环境中，低权力距离可能表现为参与式的、支持性的领导风格，扁平的组织结构，开放的沟通渠道和团队合作，员工也更倾向于参与决策和表达个人意见。

4.3.2　个人主义和集体主义

个人主义与集体主义指的是社会组织和人际关系的倾向，描述了个人和群体之间的关联程度以及对个人和集体利益的重视程度。个人主义强调个体的自由和自主性，鼓励个体追求个人目标和利益；集体主义强调群体的利益和集体责任感，重视群体的团结和互助合作。个人主义和集体主义这一文化维度能够对商务环境和组织管理主要产生以下四个方面的影响。

（1）决策和沟通方式。在个人主义的环境中，决策通常由个人自主做出，个人的权利和自由受到重视。沟通通常是直接的、明确的，并强调个人表达和个人权益。相比之下，集体主义的环境中更注重群体共识和合作，决策通常经过讨论和达成共识。沟通更倾向于团队合作和集体目标。

（2）领导风格。在个人主义的环境中，领导者通常鼓励员工的自主性和创造力，注重个人的发展和成就。在集体主义的环境中，领导者通常更强调团队合作和群体的利益，注重团队协作和群体的成就。

（3）组织文化。在个人主义的环境中，组织文化可能更加强调个体的独立和竞争，注重个人的成就和激励机制。在集体主义的环境中，组织文化可能更注重团队合作、互助和共同目标的实现。

（4）社会关系。在个人主义的环境中，人们更注重个人的权利和私人空间，个人的人际关系可能相对较松散。在集体主义的环境中，人们更注重社会关系和群体的互动，个人的人际关系通常更为紧密和亲密。

4.3.3　不确定性规避

不确定性规避是指一个社会对不确定性和风险的容忍程度，它描述了人们对未知情况、模糊性和风险的态度与行为。

在高不确定性规避的社会中，人们普遍对于不确定性和风险感到不安，更倾向于规避不确定性。这意味着社会更加注重安全和稳定，更偏好用明确的规则和规范来指导行为。高不确定性规避的社会通常具有较强的控制欲望和规划倾向，追求确定性和可预测性。

在低不确定性规避的社会中，人们对于不确定性更加容忍，更能接受模糊性和风险。这意味着社会更加开放和灵活，更倾向于应对变化和挑战。低不确定性规避的社会通常具有较强的适应性和创新能力，乐于尝试新的方式和解决方案。不确定性规避对商务环境和组织管理产生的影响如下。

（1）决策和风险态度。在高不确定性规避的环境中，人们通常更谨慎和保守，更倾向于采取安全和可预测的决策。风险管理和风险规避是重要的考虑因素。相比之下，在低不确定性规避的环境中，人们更愿意接受不确定性和风险，更倾向于创新和冒险。

（2）组织和管理风格。在高不确定性规避的环境中，组织可能更加注重规章制度、规则和程序，更强调层级和控制。管理者通常更加注重计划、预测和风险管理。而在低不确定性规避的环境中，组织可能更加灵活、开放和自由，注重适应性和创新。

（3）安全和稳定需求。在高不确定性规避的环境中，人们更注重安全和稳定，更倾向于寻求安全感和稳定性。这反映在商务环境中，可能表现为更注重合同、保障和稳定的商业伙伴关系。而在低不确定性规避的环境中，人们更容易接受变化和不确定性，更注重灵活性和创新能力。

4.3.4　男性气质和女性气质

男性气质和女性气质这一文化维度用于描述社会对于男性特质和女性特质的重视程度，男性气质强调竞争、成功和权力，女性气质强调关怀、平等和品质。不同水平的男性气质和女性气质文化维度对商务环境与组织管理的影响主要包含以下四个方面。

（1）领导风格。在男性气质的环境中，领导者通常被期望展现权威、自信和决断力，注重竞争和成就。在女性气质的环境中，领导者通常具有合作和参与式的领导风格，注重团队合作和关怀他人。

（2）性别平等和职业机会。在男性气质的环境中，男性在职场中通常具有更多的机会和权力，占据更多的领导和高层职位。在女性气质的环境中，更注重性别平等和消除职业机会上的歧视，促进女性工作参与和职位晋升。

（3）工作价值观。在男性气质的环境中，工作价值观可能更强调竞争、成就和个人目标。在女性气质的环境中，工作价值观可能更注重工作与生活的平衡、关怀他人和贡献社会。

（4）性别角色和期望。在男性气质的环境中，男性和女性通常被期望扮演传统的性别角色，男性强调竞争和支配，女性强调关怀和亲和力。在女性气质的环境中，更倾向于突破传统性别角色和期望，强调性别的平等和灵活性。

4.3.5　长期导向和短期导向

长期导向和短期导向是指一个社会对未来和过去的关注程度，它描述了人们对时间、价值观和行为的长期性或短期性的态度。

长期导向强调坚持和耐力，注重未来回报和长期目标的实现。在长期导向的文化中，人们倾向于关注未来的成果和结果，注重长期规划和持续的努力。人们更加注重长期的利益、自我控制和自我牺牲，追求持久的成功。短期导向强调即时满足和传统价值观，注重眼前的享乐和满足。在短期导向的文化中，人们更倾向于关注当前的需求和快速的结果，注重眼前的满足和即时利益。人们更加注重即时的快乐、个人享受和传统习俗。

该文化维度对商务环境和组织管理产生的影响如下。

（1）时间观念和目标设定。在长期导向的环境中，人们更注重长期的目标设定和规划，强调未来的回报和可持续的发展。在短期导向的环境中，人们更注重即时的目标和快速的结果，强调即时的满足和即时的利益。

（2）投资和回报。在长期导向的环境中，人们更愿意进行长期投资和耐心等待回报。在短期导向的环境中，人们更倾向于寻求即时的投资回报和快速的利润。

（3）人际关系。在长期导向的环境中，人际关系更加注重长期的互惠和信任，注重建立稳固的合作关系。在短期导向的环境中，人际关系更注重即时的利益和个人关系。

（4）价值观和行为规范。在长期导向的环境中，价值观和行为规范更注重长期的影响和可持续的发展，强调个人责任和社会责任。在短期导向的环境中，价值观和行为规范更注重传统的价值观和即时的满足。

4.3.6　放任与约束

放任度与约束度描述了社会对个体欲望满足的接受或控制程度。

高放任度的文化倾向于鼓励个人追求享乐、自我表达和个人欲望的满足。在这样的文化中，人们更加自由地追求个人兴趣爱好，注重个人满足和享受。个体对于自我表达、情感表达和个人欲望的表现具有较高的自由度。高约束度的文化更强调自我控制、克制和社会规范的遵守。在这样的文化中，人们更注重自我约束、忍耐和遵循社会规则。社会的期望和规范被看作控制和指导行为的重要因素。个体对于情感表达和个人欲望的表现受到一定的限制。这一维度将对商务环境和组织管理产生以下三个方面的影响。

（1）创新和风险承担。高放任度的文化更容易促进创新和培育冒险精神，鼓励个人表达和追求新的想法。相比之下，高约束度的文化可能更加注重稳定性和遵守规则，对创新和风险承担持保守态度。

（2）情感和个性表达。高放任度的文化更鼓励个体表达情感、个性和个人欲望，注重个体满足和快乐。高约束度的文化可能更强调自我控制、克制和遵循社会规范，对个体情感表达和个性的要求较高。

（3）社会规范和行为准则。高放任度的文化可能更容忍多样性、个体差异和非传统行为，对社会规范和行为准则的要求较宽松。高约束度的文化更注重社会规范和行为准则的遵守，对个体行为和期望的约束较大。

4.4　中国儒家文化与国际商务

对中国社会而言，儒家文化是影响最为广泛的文化符号。国内外学者普遍认为在中国的哲学体系及社会价值观念中，儒家文化是影响力最持久、影响范围广泛的传统文化，是人们普遍认同并自觉遵循的行为规范和价值准则，作为一项重要的非正式制度会影响我国社会、经济、生活的各个方面，其本身所蕴含的理念也必然会对企业管理发挥重要作用。

儒家文化是中国传统文化的重要组成部分，以孔子、孟子等为代表。儒家文化强调人际关系、道德伦理、家庭价值、尊重长辈、社会秩序等方面的价值观和行为准则。特别地，儒家文化对中国以及其他东亚国家的国际商务活动产生了深远的影响。

第一，儒家文化强调人际关系的重要性。在国际商务活动中，特别是在中国和东亚地区，人际关系和信任是建立商务合作关系的基础，因此，建立稳固的关系网络至关重要。儒家文化强调亲密的合作和关系建立，注重建立长期的合作伙伴关系，这在国际商务活动中体现为重视长期合作、注重信任和关系维护。在儒家文化的影响下，建立良好的长期合作伙伴关系可以促进商务合作的顺利进行。例如，2010 年 2 月 27 日凌晨，智利的康塞普西翁市发生里氏 8.8 级强烈地震，造成华为当地客户 Nextel 公司的一个微波站点建筑坍塌，经过该站点的业务全部中断，客户向华为发来紧急求助。华为智利代表处工程师与两名本地员工接到客户的求助后，迅速向灾区进发。尽管当时情况十分危急，华为员工回忆起这段刻骨铭心的经历时充满了自豪感："这样的时刻，每一个华为人都会拿出实际行动，让客户知道，华为是最值得信赖的伙伴。"

第二，儒家文化强调对他人的尊重和谦逊。在国际商务活动中，尊重他人的文化、价值观和做事方式是非常重要的，在合作过程中，倾听对方的需求和观点，尊重彼此的权益，追求共赢的合作关系，以实现长期的合作。对于长期受儒家文化熏陶的商务伙伴，尊重对方的观点和意见，尽量避免过于直接或冲突性的言辞，采用温和的沟通方式，将有助于建立良好的商业关系。例如，一家秉持儒家文化的中国公司在国际商务谈判中，会倾向于尊重对方的文化差异和需求。他们会以平和、谦逊的态度进行沟通，倾听对方的意见，而不是强行主导。如果涉及合作，他们会注重共同利益，努力打造一个双方受益的合作模式。

第三，儒家文化强调社会责任和可持续发展的价值观。在国际商务活动中，受儒家文化的影响，企业通常承担着更广泛的社会责任，注重社会和环境的可持续性。企业在开展商务活动时，注重社会责任、环境保护和公益事业，有助于树立良好的企业形象和声誉。例如，泰国华商著名的蚁光炎先生家族，不仅是业界的翘楚，还经常助捐兴办泰国华侨报德善堂、华侨医院、大学等一系列慈善事业。在泰国，像这样热心公益的华商非常多，他们在积极推动泰国经济发展的同时，愿意积极、无私地回馈社会。因此，泰国华商能够与泰国主流社会深度融合，受到主流社会认可和尊重。

第四，儒家文化强调长期规划和稳定的价值观。在国际商务活动中，儒家文化的影响使得企业更加注重长远的发展规划和稳定的运营。企业不追求短期利益，而更加注重长期战略目标的实现和持续的发展，以确保商业关系的稳定和可持续。例如，20 世纪90 年代中期，华为的大部分管理层人员对公司的发展前景持乐观态度，而华为首席执行官任正非却意识到华为有着严重的发展局限性，特别是缺乏专业、高效的组织架构和可行的长期发展战略。他开始着手把公司转变成一个解决方案提供商。至 2000 年，通信业增长明显放缓时，华为已经在重组转型的过程之中，也因此为公司带来了能够与同行对手抗衡的竞争优势。

第五，儒家文化重视教育和人才培养。在国际商务活动中，教育被视为提升个人和企业竞争力的重要途径，儒家文化的影响使得企业更加注重员工的教育和培训，以提高员工的素质和专业能力。例如，美的集团创始人何享健先生十分重视人才，其"宁可放弃一百万的利润，也不放弃一个对企业有用的人才"的理念为企业的发展培养了大批人才。

　　需要注意的是，儒家文化的影响在不同的国家和地区可能会有所差异，并且儒家文化并不是唯一影响国际商务活动的因素。其他因素，如法律法规、经济环境、市场需求等也对国际商务活动产生重要影响。在进行国际商务活动时，了解和尊重目标文化的特点与价值观是非常重要的，能够帮助企业更好地推动商务合作的顺利进行。

本章习题及答案

第三篇　中国企业的国际商务战略

第5章 谁在投资？（Who）：跨国投资主体

5.1 跨国投资主体

5.1.1 跨国投资主体分类

跨国投资主体是指从事跨国投资活动的法人或自然人，他们具备独立的投资决策权并对投资结果负责（吕岩峰等，2005）。跨国投资主体必须具备从事跨国投资活动的权利能力和行为能力。由于投资主体的差异，不同的跨国投资主体在从事跨国投资活动时的能力范围也存在差异。跨国投资主体具有多样性，包括跨国公司、跨国金融机构、官方与半官方机构及个人投资者等。

1. 跨国公司

跨国公司是指由两个或两个以上经济实体组成的国际性企业，他们跨越国界从事生产、销售和其他各项经营活动。跨国公司在跨国投资，尤其是国际直接投资活动中扮演着最重要的角色。根据不同的分析角度，对跨国公司进行的分类也各有不同（赵春明等，2012）。

1）按经营项目的性质分类

根据跨国公司经营项目的性质，可分为资源开发型、加工制造型和服务提供型三种类型。

资源开发型跨国公司是指以获取东道国丰富资源和稀有原材料为目标进行跨国投资的企业。在国际投资早期资本积累阶段，资源开发型跨国公司最为常见，英国、法国等资本主义国家通过对经济落后国家的资本输出进行直接投资，以获取资源和原材料。资源开发型跨国公司的活动主要涉及种植业、采矿业、石油和铁路运输等领域。

加工制造型跨国公司是指以巩固和扩大市场份额为目标，在海外从事机械设备制造和零部件加工的跨国公司。这类公司通常会进口大量原材料或者在东道国进行加工生产后再出口。除了提高跨国公司在市场上的份额，采取这种形式还有助于东道国，尤其是经济较为落后的发展中国家的工业化进程。这类跨国公司主要集中在金属制品、钢材、机械等产品领域，是当代重要的跨国公司形式之一。

服务提供型跨国公司是指在国际市场上提供技术、管理、信息、咨询等无形产品的跨国企业，包括跨国银行、保险公司、律师事务所及会计师事务所等。随着20世纪80年代服务行业的迅猛发展，服务提供型跨国公司的重要性逐渐凸显。

2）按经营结构分类

根据跨国公司经营结构和产品种类，可分为横向型、垂直型和混合型跨国公司。

　　横向型跨国公司是指母公司和子公司从事相同产品的生产经营活动的跨国企业。这种公司内部专业化分工程度较低，主要通过母公司与各子公司之间互相转移生产技术、商标专利等无形资产，以增强整体竞争优势并形成规模经济。横向型跨国公司能够在不同的国家和地区设立子公司，在当地进行生产经营活动，有利于克服东道国的贸易壁垒。

　　垂直型跨国公司是指母公司与子公司之间实行纵向一体化专业分工的跨国企业。这种类型的跨国企业可以具体分为两种形式：一是指母公司与子公司经营不同行业但相互关联的产品；二是指母公司与子公司在同一行业但经营不同加工程序和工艺阶段的产品。垂直型跨国公司内部的生产经营活动环环相扣，全球生产的专业化分工与协作程度高，更有利于实现标准化，获取规模经济效益。

　　混合型跨国公司是指母公司和子公司生产互不关联的产品的跨国企业。这种企业是全球范围内多样化经营的结果，将互不关联的产品和行业组合起来，加强了生产与资本的集中，同时有效地分散了经营风险。

　　3）按决策行为分类

　　根据跨国公司的决策行为，可以分为民族中心型、多元中心型和全球中心型跨国公司。

　　（1）民族中心型跨国公司。民族中心型跨国公司以本民族为核心，决策权高度集中于母公司，采取集权管理的方式。该类型的公司强调目标的一致性，决策体现了母国与母公司的利益。在跨国公司国际化发展初期，这种决策模式较为常见。

　　（2）多元中心型跨国公司。多元中心型跨国公司拥有多个决策中心，采用分权的管理体制，管理权力较为分散。其决策倾向于体现子公司与所在东道国的利益，因此在东道国受到欢迎。随着跨国公司的发展，东道国子公司逐渐培养起民族意识，多数跨国公司的决策管理体系会从民族中心型向多元中心型转变。

　　（3）全球中心型跨国公司。全球中心型跨国公司既不以母公司为中心也不以子公司为中心，其决策核心目标是实现全球利益最大化。该类型的公司采用集权与分权相结合的管理体制，母公司掌握重大事务的关键决策权，而子公司在整体经营目标下实施多样化的具体决策，拥有较大的自主权。这种决策结构能够平衡全球利益，并充分发挥各个子公司的潜力。

2. 跨国金融机构

　　国际金融机构包括跨国银行及非银行跨国金融机构，是由会员国认购股份组成的专门从事某些特殊国际金融业务的机构。国际金融机构在国际证券投资和金融服务业的直接投资中扮演着重要角色。

　　1）跨国银行

　　跨国银行是以国内银行为基础，在海外拥有或设立分支机构，通过这些机构从事国际业务，实现其全球经营战略目标的银行。跨国银行的特点包括机构设置的跨国性、国际业务的非本土性及全球化的经营战略。

　　跨国银行是一种具有特殊经营对象的跨国公司。首先，跨国银行通过在海外设立分支机构进行国际直接投资。其次，跨国银行还可以通过参与跨国公司的股权投资，将银行资本与工业资本相结合，推动金融资本的国际化。然而，跨国银行在跨国投资中与一般跨国公司的作用存在显著差异。

首先，跨国银行充当国际投资者融资的中介机构。跨国银行的出现使国际投资者与提供短期信贷的资金供应者之间实现了资金的有效配置。其次，跨国银行在跨国支付方面提供中介服务。通过广泛的分支机构和网络，跨国银行为国际业务提供全球范围内的结算和现金收付服务，提高了资金周转效率。最后，跨国银行还提供全方位的信息咨询服务，利用其全球机构网络和广泛的客户群体，成为重要的信息中心，为国际投资者提供政治、经济信息。

2）非银行跨国金融机构

非银行跨国金融机构是指除商业银行以外的其他跨国金融机构，包括跨国投资银行、共同基金和对冲基金等。

（1）跨国投资银行。跨国投资银行是指在全球各地设立分支机构，从事国际业务经营的投资银行，其业务范围包括国际性证券承销、经纪业务，以及兼并与收购策划、咨询顾问、基金管理等金融业务。

（2）共同基金。共同基金通过信托、契约或公司的形式，向社会投资者公开募集资金，形成一定规模的信托资产。专业人员会进行投资操作，并根据投资比例来分担损益。

（3）对冲基金。对冲基金最初指通过使用期货、期权等金融衍生品，以及对冲相关联的不同股票来规避风险的操作技术。后来，对冲基金发展出基于投资理论和金融市场操作技巧，利用各种金融衍生产品的杠杆效应，追求高收益并承担较高风险的投资模式。

3. 官方与半官方机构

官方跨国投资机构通常由国家设立，指的是国家动用国库资金对特定国家或地区进行国际性投资的行为。这种投资行为具有明显的政治内涵，往往是中长期性质的投资，营利性较低。官方跨国投资机构的主要投资内容包括政府贷款、出口信贷及国际储备资产等。

半官方跨国投资机构是指一些超国家的国际性组织，如世界银行、国际货币基金组织、区域性开发银行等。这些机构主要承担具有国际经济援助性质的基础性、公益性的国际投资，通过提供长期贷款或技术援助等方式，促进全球或区域经济的发展。

4. 个人投资者

个人投资者是指在国际市场上以自然人身份从事国际投资的投资者。

5.1.2　跨国投资主体变化趋势

跨国投资的起源可以追溯到 19 世纪上半叶的英国工业革命时期。跨国银行的出现标志着国际货币资本运动（即跨国间接投资）的重要发展。跨国投资的历史形成过程主要包括国际贸易、跨国间接投资和跨国直接投资三种形式。这些形式在发展过程中相互联系、相互促进。杨大楷（2010）认为跨国投资的发展大致经历了以下几个阶段，并且不同阶段的投资主体有所变化。

1. 阶段一：初始阶段（1914 年以前）

在 19 世纪上半叶，随着第二次科技革命的兴起，国际资本开始迅速扩张。发达国家如英国、法国和德国，将投资目标瞄准了欧洲大陆和资源丰富的国家。这一阶段主要通过向外国政府和殖民地政府提供贷款，购买外国和殖民地的私人铁路公司及其他企业发行的证券等方式进行投资。各国政府成为主要的投资主体。此时，跨国间接投资成为主要形式，借贷资本和证券投资占据主导地位，约占国际投资总额的 90%（杨大楷，2010）。

2. 阶段二：低迷阶段（1914～1945 年）

由于战争的爆发，跨国投资的发展几乎陷入停滞状态。虽然跨国投资总额有所增长，但增幅有限，跨国间接投资仍然是主要的投资形式。值得一提的是，在战争期间，美国鼓励本国企业增加工业产品的生产，并通过本国银行向参战国提供贷款，这给跨国公司和跨国金融机构带来了一定的发展机遇。

3. 阶段三：恢复阶段（第二次世界大战后至 20 世纪 70 年代末）

第二次世界大战结束后的恢复阶段，跨国投资得到了快速发展。除了发达国家，一些发展中国家和地区也逐渐开始进行跨国投资。跨国公司逐渐成为国际投资的主要推动者。

4. 阶段四：迅猛发展阶段（20 世纪 80 年代至今）

在科技进步和全球化的推动下，跨国直接投资规模迅速扩大。跨国公司成为最重要的跨国投资主体，在跨国投资中扮演着日益突出的角色。与此同时，金融创新不断涌现，跨国金融机构成为重要的投资主体之一。

5.2　中国跨国投资主体

5.2.1　中国跨国投资主体及其变化趋势

根据《2021 年度中国对外直接投资统计公报》，2021 年中国对外直接投资流量规模达1788.2 亿美元，中国对外直接投资存量 2.79 万亿美元，分别位列全球国家（地区）的第二位和第三位。并且，在共建"一带一路"倡议持续稳定地推进过程中，中国与世界的联系越来越紧密，相关的政策措施越来越完善，从而创造出了越来越友好的对外投资环境，由此促进了越来越多的中国跨国企业积极地"走出去"，中国跨国投资的主体规模越来越庞大。中国的跨国投资主体包括了各种所有制结构、各个行业、各个地区和各种规模的企业，大量的企业积极迈出国门，加入到海外投资的队伍中去，并且部分中国跨国企业在全球跨国公司中占有重要地位，跨国投资主体逐渐形成多元化的格局。具体而言，中国不同类型的跨国投资主体在对外直接投资中呈现出不同的特点和趋势。由于国有企业资源丰富，可以以国家资本作为支持，再加上长期以来的国际化经验积累，在对外直接投资的战略选择上也更加成熟，因此国有企业一直以来在中国跨国投资主体中占据领导地位。但与此同时，以华为和中兴通讯为代表的民营企业逐渐发展起来，在中国"走出去"战略支持下，越来越频繁地开展对外直接投资活动，成为中国的跨国投资中不可或缺的力量。

根据《2021 年度中国对外直接投资统计公报》，在 2021 年中国对外非金融类投资流量中，非公有经济对外投资 699 亿美元，比上年增长 4.1%，占比 46%，较上年下降 4.1 个百分点，公有经济对外投资 821.2 亿美元，占比 54%，比上年增长 22.8%。由此可以推测，未来在中国对外直接投资中，国有企业依然会起到主导作用，而民营企业的对外投资将保持不错的增速增长，并继续占据非常重要的地位。在中国经济飞速发展的背景下，会有更多优秀的企业凭借其独特且灵活的经营策略，在日益激烈的国际市场创造自身的竞争优势，特别是对新兴产业的民营企业来说，"走出去"既能满足多元化投资的需要，又能开拓海外市场，因此，企业对外直接投资的意愿逐渐强烈。

5.2.2　中国国有企业跨国投资

1）中国国有企业跨国投资的现状

改革开放以后，中国跨国企业开始被世界所认识，国有企业规模较大，率先进入国际视野。随着中国加入 WTO，积累了一定国际化经验的国有企业进一步加大了海外投资的力度。近年来，在中国对外投资存量中，国有企业占有较大比重（图 5-1）。根据商务部发布的《2006 年度中国对外直接投资统计公报》，2006 年末中国对外投资存量中，国有企业占 81%，私营企业占 1%。全球金融危机爆发后，中国国有企业跨国投资在国际上的表现依然亮眼，尤其在实行混合所有制改革的背景下，国有企业对外投资额保持相对稳定的增长。直至共建"一带一路"倡议的推行，中国企业对外投资到达高潮，2016 年中国对外直接投资创下 1961.5 亿美元的历史最高值，蝉联全球第二，其中公有经济控股投资主体占非金融类投资流量的 32%。

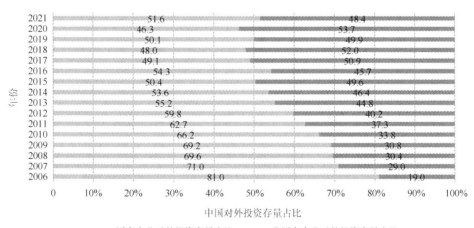

图 5-1　2006～2021 年中国国有企业和非国有企业存量占比情况

2）中国国有企业跨国投资的优势

（1）国有企业往往规模较大，且具有充足的资源和政策支持。企业融资难是跨国经营的首要难题，在中国提供对外投资融资支持的机构较少，且企业信用评级机制不完善，这使得国内金融机构难以准确评估企业对外投资风险，再加之信贷资源有限，所以金融机构会更偏向于为有政府兜底的国有企业提供资金支持。国有企业具有融资便利性，且能以国家资本作为支撑，因此可以为跨国投资提供有力的经济基础。

（2）国有企业国际化经营能力较强。在中国经济与世界经济接轨之初，就有一大批国有企业开始扩展海外市场，经过长期的经验积累，已经形成了可与他国跨国企业相竞争的实力，甚至在国际标准和规则的制定中拥有了一定的影响力和话语权，如高铁、核电等都已经成为中国亮丽的名片。

3）中国国有企业跨国投资的劣势

（1）在拥有资源和政策优势的同时，国有企业也肩负着完成更多社会目标的责任，国有企业会将社会目标融入经营决策中，以获取合法性（张吉鹏和衣长军，2020）。对社会目标的倾向性会相应减少在经济目标上的投入。

（2）个别国家对国有企业实施不公平待遇。由于受到意识形态和"中国威胁论"误导等原因，部分国家制定歧视性政策和规则，甚至政府直接出面干预，来限制中国国有企业在本国的投资。2005年美国国会干涉中国海洋石油集团有限公司收购美国优尼科石油公司一案，就是其中一个典型案例。

（3）投资行业特点导致受限制较多。参与海外投资的国有企业以资源型企业为主，如矿产资源开发、基础工程建设等行业，对东道国的环境可能会造成不利影响，因此国有企业对外直接投资受到法律法规的限制日益增多（刘建丽，2017）。

【案例阅读】

中国国有企业跨国投资——中国化工并购先正达

先正达集团（简称先正达）是全球领先的农业科技创新企业。2015年，受欧洲市场低迷、汇率等因素的影响，先正达在资本市场的估值偏低，这对于其他农业巨头来说是一个抄底的好机会，孟山都、拜耳、巴斯夫等多家农化巨头均都对先正达虎视眈眈。中国化工集团有限公司（简称中国化工）自2004年5月9日开始上市运行，直属国务院国有资产监督管理委员会监督管理，是目前我国领先的基础化工生产公司，并已经连续多年名列在世界500强排行榜中。

然而，在2016年以前，农化产业和种子产业长时间被海外六大跨国企业稳霸，分别是巴斯夫、先正达、拜耳、陶氏、杜邦和孟山都，他们占领了全球75%的农药市场、60%以上的商业种子市场，他们在这两个市场的总销售额分别约为510亿美元和360亿美元。这些公司早已不是传统意义上的农药生产企业，而是以作物品种为中心，前端研发作物化合物，后端提供植物营养、保护等一体化解决方案的综合性农业服务企业。长久以来，中国企业进入不了这个领域的前十，直到一场价值430亿美元的并购后，中国化工一跃跻身全球农化第一梯队。

然而，这次收购的过程并非一帆风顺。当中国化工提出收购先正达时，就备受争议。

一方面，农化行业难以带来高利润的回报。报告数据显示，先正达的年净利润率仅有 6% 左右，加上 2015 年全球农化行业受气候变化、农作物价格下跌、汇率等影响，行业利润整体下滑，再加上收购所需资金规模庞大，可能带来严重的财务危机。另一方面，并购先正达的审批流程复杂。此次并购案规模巨大，且涉及全球食品与粮食安全，不可避免地将面临国内外多个国家和地区的多重审批，并购结果存在诸多不确定性。尽管收购先正达的决策受到不少的质疑，但是还是有诸多积极因素推动了这次并购的实现。首先，中国人口众多，粮食问题一直受国家高度重视，在农化行业掌握足够的技术实力，可以保障粮食的产量和质量。中国虽然是农药大国，但对农药成分的认识不足，可能会造成食品安全隐患，收购先正达可以有效地弥补这一不足。其次，当时农化行业寡头凸显，孟山都此前欲收购先正达，但之后拜耳以 660 亿美元收购孟山都，进而拜耳成为全球最大的农化企业，倘若中国化工还不参与其中，恐怕之后再想进入这一领域会难上加难。最后，在融资方面，由于中国经济长期向好，有大量的国内外金融机构很看重中国企业，尤其是国企、央企的并购案。例如，以中信银行为代表的中国财团就提出能为中国化工提供极低利率的贷款，以汇丰银行为代表的国际财团多次到中国来为这次并购提供融资便利。

在多方的努力和推动下，2017 年 6 月，中国化工斥资 430 亿美元正式收购瑞士先正达，这是中国历史上最大规模的一场海外并购。自此，美国、欧盟和中国"三足鼎立"的全球农化行业格局形成。

5.2.3　中国民营企业跨国投资

1）中国民营企业跨国投资现状

改革开放之初，民营企业由于实力较弱等原因，参与跨国投资的时间较晚，但近年来在中国"走出去"战略提出的背景下，民营企业快速发展，海外投资规模不断扩大，涉及的范围不断拓宽，在跨国投资中的地位逐渐提升。民营企业的跨国投资为我国经济全球化注入了新的活力，尤其是在共建"一带一路"倡议提出以来，民营企业积极参与国家战略和区域协调发展战略的实施行动中，投资动能非常活跃，投资的行业布局十分宽广，投资韧性尤其强劲。

2）中国民营企业跨国投资的优势

（1）民营企业产权结构清晰、明确。长久以来，中国国有企业的国有背景让国外许多政客和企业家产生抵触心理，以至于一些中国企业的海外投资计划以失败告终。而民营企业的产权关系明确，在进入海外市场时会更容易被接受和认可（周旻，2010）。

（2）民营企业在技术研发、管理效率等方面具有竞争优势。民营企业相较于国有企业而言，需要承担的社会责任较少，因而更愿意加大技术升级的投入，也更有动力降低管理成本，提高经营效率。并且，民营企业的所有权结构较为集中，能较快地传递和处理市场信息，因此经营决策的效率较高。

（3）产业集聚效应。因为民营企业往往规模较小，抗风险能力较弱，所以常常以产业链为纽带、以地域为载体，形成了产业集聚，进而开展跨国投资。产业集聚会形成规模效应，能有效降低成本，充分发挥技术外溢效应，从而降低民营企业的跨国投资风险。

3）中国民营企业跨国投资的劣势

（1）资金链断裂风险较大。虽然中国已有部分实力突出的民营企业进军海外市场，但目前大部分中国民营企业仍然属于中小企业，融资能力较弱，再加上中国资本市场不成熟，民营企业长期以来面临融资难的困境，跨国投资缺少足够的资金支持，民营企业常常会因此错失对外投资的良机。

（2）缺少相应的保障机制。民营企业相较于国有企业规模较小，资金相对不足，当进行海外投资这样高风险活动时，自身抗风险能力较差，需要完善的保障机制，帮助其减少损失，渡过难关。然而，中国缺少能给民营企业提供担保的保险公司，这会导致民营企业降低跨国投资的意愿。

（3）缺少跨国管理经验和跨国经营人才。大多数民营企业国际化进程还处于起步阶段，国际化经验不足，没有制订完整的跨国经营战略和规划，没有明确的投资目标；部分民营企业还因为无法准确获取海外市场的信息，出价过高，难以在投资中获利；有的民营企业由于缺少对投资东道国的了解，如风俗习惯、宗教文化的差异，以至于在经营管理中出现诸多困难。

【案例阅读】

中国民营企业跨国投资——万丰集团收购加拿大镁瑞丁

镁瑞丁（Meridian）公司（简称镁瑞丁）曾经是世界范围内镁合金行业的领导者，早年间就已建立全球顶级的镁合金研发中心，拥有全球领先的行业尖端核心技术，是奥迪、奔驰、宝马、沃尔沃等世界知名品牌的长期战略合作伙伴，生产基地遍布世界多个国家和地区，且在国际市场上占有可观的市场份额。而万丰奥特控股集团（简称万丰集团）是一家民营股份制的大型工业企业，经营业务主要涉及汽车部件、机械装备、金融投资等三大产业，其中铝合金轮毂和新材料镁合金产业已经进入世界第一梯队。

2013 年，万丰集团由其下属子公司山西天硕项目投资管理有限公司（现更名新昌县天硕投资管理有限公司）以 1.88 亿加元（约 11 亿元人民币）收购加拿大镁瑞丁的全部股权。关于这一收购案，当时的质疑声不断，业界普遍认为这笔交易并不划算，然而，万丰集团创始人陈爱莲却坚信镁瑞丁的产业价值远高于市场预期，收购镁瑞丁可以为公司发展提供强有力的支持，并且这样的支持是可以持续发挥作用的。[1]最终，事实的确证明了万丰镁瑞丁收购案的成功。万丰集团在完成对镁瑞丁的收购之后，公司的主营业务得到一定的丰富和增强。并且其市场竞争力、经营管理能力和溢价能力等都有了很大程度的提高。除此之外，这次收购还帮助万丰集团加快了迈向国际的步伐，首先实现了资本的国际化。并且镁瑞丁在镁合金产业的领导地位有效地填补了中国国内镁合金深加工应用领域的空白，让中国在国际市场上具备了在镁资源方面的竞争力和话语权，进一步推动从中国制造向中国创造转变的历史进程。[2]

报告称，万丰镁瑞丁控股有限公司目前已成为全球领先的创新型镁合金铸造部件供

---

① 《陈爱莲："匠心"万丰》，https://www.sohu.com/a/321062481_100226218。

② 《万丰奥特收购加拿大镁瑞丁》，https://www.zjscdb.com/detail.php?newsid=186856。

应商，其多种产品曾斩获国际金奖。上千名高水平、国际化的专业技术团队及先进的机器设备，使得公司可以为客户提供从产品设计到大规模生产的全流程服务，还有二次车加工、涂覆和装配等配套服务。此外，公司还专注于大交通领域、5G 和国防等高技术行业，市场占有率在北美占有相当大的比重。①可以说，万丰集团收购镁瑞丁一案取得了非常理想的效果。

5.2.4　中国中小企业跨国投资

1）中国中小企业跨国投资现状

改革开放初期，由于中小企业自身资金实力有限，并且国内外竞争激烈，参与跨国投资的中国中小企业数量很少，只有个别实力强劲的中小企业有能力成为对外直接投资的参与者。而后随着众多中小企业实行改革，东南沿海的中小企业开始参与到贸易型跨国投资中，从而开拓了海外市场，将产品带出国门，将营销体系拓展至国外。另外，部分中小企业开展了生产性跨国投资活动，将一部分生产工厂转移到国外，较为深入地与海外市场接轨。

直至 20 世纪末 21 世纪初，中国正式提出"走出去"战略，由此国家对企业对外直接投资的支持力度加大，尤其在 2001 年中国加入 WTO 之后，企业海外投资的便利性大大提高，再加之中国中小企业实力逐渐增强，中小企业的跨国投资规模因而不断扩大。根据商务部公布的数据，2021 年中国对外直接投资流量为 1788.2 亿美元，是 2002 年的60 多倍（图 5-2），由此可见中国海外投资的影响力在不断扩大，因此中小企业对外投资的步伐随之加快。截至 2021 年，中国共有 13 000 多家企业参与跨国投资，其中，中小企业数量占了近 70%。

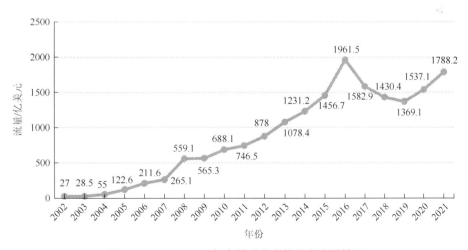

图 5-2　2002～2021 年中国对外直接投资流量情况

2）中国中小企业跨国投资的优势

（1）中国加入 WTO，为中小企业提供了更多的投资机会。自中国成为 WTO 成员方

---

① 资料来源：http://www.wfaw.com.cn/meihejinlingbujian/。

以来，中国中小企业对外投资获得了大量的机遇，创造了更加公平公正的投资环境，为中小企业提供了更多的可能性。与此同时，WTO 的其他成员方也大力支持中小企业的投资（夏思懿，2022）。

（2）政府政策扶持中小企业对外直接投资。中小企业的发展为中国经济地位的提升起到了积极作用，因而中国政府加大了对中小企业海外投资的扶持力度，出台了一系列政策措施，帮助中小企业降低海外投资的门槛，使他们能更好地参与到世界经济一体化中。

3）中国中小企业跨国投资的劣势

（1）投资东道国市场制约中小企业的发展。相较于东道国企业拥有较为成熟、完善的营销和管理资源，中小企业资源储备较为欠缺，并且国际化经验不足，面对激烈的国际竞争环境，难以建立起竞争优势。

（2）中国相关政策不够完善。虽然中国政府已推行一系列政策措施支持中小企业"走出去"，但是整体来看依然有待完善，相关优惠政策并未完全落实，中小企业的部分投资需求还没有得到满足，对外投资环境有待进一步优化。

【案例阅读】

甘肃大漠行文化产业发展有限公司（简称大漠行公司）是一家专门从事麻编工艺制品研制开发和生产的出口型小微企业，其产品主要有麻凉鞋、麻拖鞋、休闲鞋和各种帽、包、坐垫等 1000 多个品种，形成了以大青麻为主要原材料的系列化产品。麻鞋从 1996 年开始出口，现已远销意大利、美国、西班牙、日本等多个国家和地区。和大部分位于东南沿海的出口企业不同，大漠行公司位于甘肃省天水市甘谷县，地理位置相对偏远，其成功与中国乡村振兴政策息息相关。

大漠行公司董事长张维林曾在 2021 年被授予"全国脱贫攻坚先进个人"称号，曾经从事的劳务输出工作让其产生了"扶贫车间"的想法，让村民在家门口就能实现就业。2018 年，甘肃首个扶贫车间在甘谷挂牌启动。麻鞋等麻编产品制作属于劳动密集型产业，可以安排贫困地区剩余劳动力就业上岗，同时，麻鞋半成品的生产技术简单，可以分散进行，为农村剩余劳动力尤其是贫困山区的农村妇女提供了就业方向。在此背景下，大漠行公司得到了当地政府的大力支持。

当地县委、县政府积极实施"出城入园"战略，助力公司进一步扩大生产规模；同时，先后在深圳设立技术研发中心，在日本、法国、意大利分别聘请了专业设计师对从业人员进行技能培训，当地政府也给予了大力的资金扶持，除了贷款支持，对其技术创新等项目也进行了一定比例的贴息补助。近年来，在天水市商务局的帮助下，大漠行公司开始将产品以跨境电商的方式进行交易，但外贸出口渠道仍然有限，还需要与外贸公司合作，进一步扩大国际市场。

逐渐完善的政策支持，日益畅通的国际贸易渠道，让西部特色产品，特别是乡村产品能够进入到国际市场，从而带动当地就业，助力乡村振兴。①

本章习题及答案

---

① 《一双麻鞋连起乡村振兴和国际市场》，https://www.chinatradenews.com.cn/epaper/content/2022-09/27/content_80130.htm。

第6章 为何投资？（Why）：跨国投资动因

6.1 跨国投资动因

近年来，全球跨国投资呈现出动态的现状和新的趋势。经历了金融危机和新冠疫情的冲击后，随着全球经济的复苏，跨国投资逐渐恢复增长。不同国家和地区之间存在明显的差异，发达经济体仍然是主要的投资来源国，而新兴市场和发展中国家逐渐崛起。行业变革推动了投资关注的重点转向数字化、人工智能、新能源等领域。政策和法规的调整吸引了更多的跨国投资，一些国家放宽了外资准入限制，提供更开放的投资环境。跨国合作和并购成为扩大国际业务的重要方式。可持续发展在跨国投资中的重要性日益凸显，投资者越来越注重环境、社会和治理问题。总的来说，全球跨国投资正处于不断变化的环境中。

跨国投资可以被定义为跨越国家或地区边界进行的直接投资行为，涉及一个国家或地区的企业将资本、技术、资源、管理技能投入到另一个国家或地区的企业或项目中，以获得长期经济利益和控制权。跨国投资的形式包括跨国并购、跨国绿地投资和跨国合资等。这种投资形式通常涉及投资者与目标国之间的财务、经营和战略关系，并对投资者和目标国的经济、社会和政治产生重要影响。

跨国投资的定义包含了以下几点要素。

（1）跨越国家边界。跨国投资涉及投资者和目标国（地区）之间的国际界限，跨越国家（地区）边界的直接投资行为是其本质特征。

（2）直接投资。跨国投资是指通过直接在目标国（地区）企业或项目中投资资本、技术、资源或管理技能，以获取实际控制权和经济利益的投资行为。

（3）长期经济利益和控制权。跨国投资的目标是获得在目标国或地区长期的经济利益，并对目标企业或项目行使实际控制权。

（4）财务、经营和战略关系。跨国投资涉及投资者与目标国（地区）之间的财务关系（如投资资金的流动和资本结构）、经营关系（如管理和运营决策）和战略关系（如合作、竞争和市场定位）。

（5）对经济、社会和政治的影响。跨国投资不仅仅是经济活动，它还可以对目标国的经济发展、社会变迁和政治格局产生广泛且深远的影响。

6.1.1 跨国投资动因分类

对于跨国投资动因的研究，一直都是国际商务领域的重点话题。早期的跨国公司理论聚焦于企业对外直接投资的理论基础，其中，Hymer（1960）最早提出了垄断优势理论，认为企业通过对外直接投资来利用市场不完全导致的垄断优势。Buckley 和 Casson（1976）强调中间产品市场的不完善，促使企业选择对外直接投资来利用其知识优势。Vernon（1966）的产品生命周期理论认为，企业进行国际投资的动因是基于产品生命周期的发展规律，即企业为了保持竞争优势和占领国外市场，必须进行对外直接投资。然而，随着跨国公司理论的发展，邓宁的折衷范式逐渐成为主导的分析框架。

1. 国际投资理论

1）垄断优势理论

（1）理论简述。垄断优势理论最早由海默提出，认为国际直接投资不同于金融资本的国际流动，而是企业资源的转移和重组。该理论着重强调市场的不完全性和企业的垄断优势。在不完全竞争的市场环境下，企业通过规模经济、知识优势、销售网络、产品多样化及信誉等垄断优势来提升市场实力。垄断优势使得企业能够在国外进行生产，并通过资源的移动和重新配置来获得更多的利润。

（2）理论主要内容。垄断优势理论的主要内容如下。

市场的不完全性。垄断优势理论认为，国际直接投资的出现是因为市场存在不完全竞争的情况。市场的不完全主要体现在产品和要素市场的不完全性、规模经济造成的不完全性以及政府干预经济造成的不完全性。这些不完全性为企业提供了进行对外直接投资的机会和动力。

厂商的垄断优势。该理论将企业的对外直接投资归因于其具有的垄断优势。这种垄断优势主要分为两类：知识资产优势和规模经济优势。知识资产优势包括生产技术、管理与组织技能、销售技巧等，使得企业能够在国外市场获取垄断利润。规模经济优势则是指企业通过扩大规模降低平均生产成本，从而获得竞争优势。

跨国公司的优势。垄断优势理论认为，跨国公司作为外来者在东道国面临着政治、经济、文化和社会环境等方面的挑战，只有凭借强大的垄断优势才能在国际经营中取得成功。这种优势包括资金优势、技术优势、规模优势、组织管理优势以及信誉和商标优势。

（3）理论评价。垄断优势理论在解释国际直接投资现象方面具有一定的理论价值。它强调了企业资源的转移和重组，提出了企业在国际市场中获取竞争优势的途径。然而，该理论也存在一些批评和争议。有人认为垄断优势理论过于强调企业内部因素，忽视了外部环境的影响，如政府政策和市场竞争等因素（Knickerbocker，1973）。此外，该理论对于新兴经济体和发展中国家的情况适用性有限，因为这些国家在市场和技术方面可能存在不同的特点。

2）内部化理论

20 世纪 70 年代，Buckley 和 Casson（1976）提出了内部化理论。内部化理论基于交易成本经济学的理论基础，旨在解释企业在市场不完全的情况下为了解决交易成本问题而建立内部市场的过程。

（1）理论简述。内部化理论，也称为市场内部化理论，起源于巴克利和卡森的研究，并得到克鲁格曼的进一步发展。该理论认为，当市场存在不完全性导致交易成本较高时，企业为了最大化利润，会通过建立内部市场来替代外部市场。内部化理论主要关注企业内部的交易和组织形式，并强调企业为解决市场不完全性问题而进行的内部转让。

（2）理论主要内容。内部化理论建立在三个假设基础上：首先，企业在不完全竞争市场中追求利润最大化；其次，当市场存在不完全性时，企业可以通过内部市场来统一经营管理活动，特别是对于生产要素中的"中间产品"；最后，内部化能够超越国界，形成跨国公司。

内部化理论认为市场不完全性的主要表现包括：在寡占市场中难以进行有效的议价交易；缺少期货市场，难以签订不同期限的期货合同；存在可对"中间产品"实行地区差别定价的市场；"中间产品"缺乏可比性，难以定价成交；新产品的研发周期较长，需要差别定价等。内部化过程受到产业特定因素和企业特定因素的影响。产业特定因素包括产品性质、外部市场结构和规模经济等，而企业特定因素则包括企业内部市场的管理能力等。

市场内部化的成本和收益主要体现在以下几个方面：通过消除外部市场的时滞性获得经济效益；通过差别定价或转移定价获取利润；利用技术优势控制企业获取经济效益；消除外部市场垄断带来的经济损失；避免东道国政府干预给企业带来的损失并获取优惠政策带来的经济利益。然而，市场内部化也伴随着一些成本，如资源成本、通信成本、管理成本和国家风险成本。

（3）理论评价。内部化理论通过交易成本的视角，对国际直接投资问题进行了深入研究。相较于垄断优势理论，内部化理论能够解释发达国家对外直接投资、发达国家之间的相互投资以及发展中国家对外直接投资的动因。此外，对于低收入国家中的小规模、低技术的非传统跨国公司，内部化理论也能解释其通过技术模仿战略和市场内部化来追求经济利益的现象。

然而，内部化理论并非没有争议。一些批评者认为，该理论忽视了其他因素对跨国公司决策的影响，如政府政策、资源获取和市场扩张等。此外，理论在具体应用时也存在局限性，难以解释某些情况下企业选择外包或合作的决策。

总体而言，内部化理论为我们理解企业的国际化行为提供了有价值的分析框架，但在实践中仍需综合考虑其他因素，并与其他理论和观点相结合，以更全面地解释企业的跨国投资动因。

3）产品生命周期理论

（1）理论简述。产品生命周期理论是由美国经济学家 Vernon（1966）提出的，旨在解释厂商的国际贸易和国际投资行为。该理论结合了垄断优势、产品生命周期和区位因素，认为产品的生命周期发展规律决定了企业进行对外直接投资的动机、时机和区位选择。

（2）理论主要内容。产品生命周期理论认为，一个产品的生命周期包括创新、成熟、标准化和衰减四个阶段。在不同阶段，产品具有不同的特征，生产成本、生产区位和贸易策略也会有所不同。理论假设了四个条件：消费者偏好因收入差异而异、企业与市场之间的沟通成本随空间距离增加而增加、技术和市场营销方法会发生可预测的变化，以及国际技术转让市场存在不完全性。

根据产品生命周期理论，创新阶段主要由发达国家的创新企业主导，他们拥有技术优势并垄断新产品的市场。产品在创新国内生产，主要满足创新国需求并通过出口满足类似创新国的其他国家需求。在成熟阶段，市场需求迅速增加，创新国面临来自非创新国的技术模仿和竞争。为了继续占领市场并阻止竞争者进入，创新国的企业开始进行对外直接投资，在国外建立分公司或子公司，逐渐转移生产。此时的投资区位选择通常是劳动力成本略低、消费水平类似创新国且生产条件较好的地区。在标准化阶段，产品的技术和工艺已经标准化，创新国的技术优势逐渐消失，企业通过对外直接投资选择生产成本更低的地区。最后，产品进入衰减阶段，市场逐渐萎缩，产品最终被淘汰。

（3）理论评价。产品生命周期理论将垄断优势与产品生命周期相结合，对企业的国际经营提供了一种有价值的分析框架。它强调了时间因素和动态分析，对解释发达国家对外直接投资的动因和区位选择具有较好的解释能力。该理论在解释第二次世界大战后美国对外直接投资方面取得了一定的成功。

然而，随着全球化进程加快，发达国家之间以及发达国家与发展中国家之间的市场要求和偏好差异越来越小。新产品不再总是首先出现在发达国家市场上，并且被发达国家淘汰的产品也不一定在发展中国家畅销。因此，产品生命周期理论在当前环境下的适用性存在一定的限制。

另外，一些学者尝试将产品生命周期理论应用于解释发展中国家对外直接投资的行为。他们认为发展中国家的企业通过技术和经验积累，从创新到成熟阶段为国内市场进行创新活动，然后在产品成熟期后进行对外直接投资以绕过贸易壁垒并保持市场份额（Gao and Tisdell，2005）。

总的来说，产品生命周期理论提供了一种分析企业跨国经营行为的有用视角，但需要结合实际情况和其他因素进行综合考虑。

4）国际生产折衷理论

国际生产折衷理论又被称为国际生产综合论，是由英国经济学家邓宁在1977年提出的理论框架。该理论旨在解释跨国公司进行国际直接投资的动机和决策过程。下面将从跨国投资的动因角度对国际生产折衷理论进行论述，主要分为三个部分：理论简述、理论主要内容和理论评价。

（1）理论简述。国际生产折衷理论综合了产业组织理论、金融理论和内部化理论的观点，以及区位理论的解释。邓宁认为传统理论没有很好地将国际生产与贸易或其他资源转移形式结合起来分析，因此提出了国际生产折衷理论。该理论通过三个核心因素解释跨国公司的行为选择和对外直接投资决策，即厂商特定的所有权优势、内部化优势和区位优势。

（2）理论主要内容。所有权优势：企业拥有或能够获取的其他企业难以得到的生产要素、技术、知识产权和管理技能等。所有权优势是企业参与国际经济活动的基础和必要条件。

内部化优势：企业为避免市场不完全性而将优势保持在企业内部的能力。通过将外部市场交易内部化，企业能够最大程度地发挥优势。内部化优势是实现所有权优势的载体。

区位优势：东道国为外国企业提供的有利条件，包括要素禀赋优势和制度政策优势。区位优势是企业选择对外直接投资的充分条件。

这三个因素的不同组合决定了企业参与国际经济活动的方式。只有当企业同时具备所有权优势、内部化优势和区位优势时，才会将对外直接投资作为参与国际市场的方式。

（3）理论评价。国际生产折衷理论综合了以往理论的精华，将直接投资、国际贸易和区位选择等因素综合考虑。它具有高度概括性和广泛的涵盖性，被广泛认可为对外直接投资和跨国公司研究中最有影响力的理论之一。该理论的优点包括弥补了传统理论只注重资本流动的不足，对发展中国家的对外直接投资做出了解释，并且得到了理论界的广泛认同。

然而，对国际生产折衷理论的评价也指出了一些局限性。有人认为该理论在解释企业的动机和优势方面仍存在一定的模糊性和主观性，难以量化和具体操作。此外，该理论没有考虑到全球价值链的发展和跨国公司的演化过程，有待进一步完善和扩展（Narula and Guimon，2010）。

总的来说，国际生产折衷理论是一种重要的理论框架，能够解释跨国公司的国际直接投资决策。然而，它仍需要进一步发展和完善，以适应不断变化的国际经济环境和企业行为的演变。

2. 国际投资的动因分类

邓宁将跨国投资动因归结为三个要素：所有权优势、区位优势和内部化优势。根据这一范式，企业通过跨国投资来获取并整合资源、市场和技术，以实现国际化和提高竞争力。此外，邓宁还将对外直接投资的动因概括为四种类型：市场寻求型、自然资源寻求型、效率寻求型和战略资产寻求型。

（1）市场寻求型动因。市场寻求型的跨国投资动因是企业为了进入新的市场，扩大销售和增加收入而进行的对外直接投资。

市场规模：企业希望通过进入新市场，利用该市场的规模和潜在消费需求来扩大销售规模和市场份额。

市场潜力：企业寻求投资于具有高增长潜力的市场，这些市场可能是由于人口增长、中产阶级扩大、消费习惯转变等因素而具有吸引力。

市场接近度：企业希望通过在目标市场设立子公司、合资企业或并购当地企业来获得市场接近度，以更好地理解和满足当地消费者的需求。

逆周期市场：有些企业会通过对外直接投资来进入逆周期市场，以分散风险和平衡业绩。

【案例阅读】

回望我国汽车行业的发展历程，外资车企为了获得我国广阔的汽车市场，多选择合资模式。1978 年，美国福特汽车成为第一家在中国开拓业务的美国汽车制造商。1983 年，北京汽车制造厂和美国汽车公司合资成立了中国汽车工业史上的第一家合资企业——北京吉普汽车有限公司，中方持股 68.65%，美方持股 31.35%。1984 年，上海汽车集团和德国大众汽车集团合资成立上汽大众汽车有限公司，其中德国大众汽车集团持股 50%，中方持股 50%。从 1985 年开始，全球各大汽车企业都前来中国寻求合作机会，包括戴姆勒、丰田、日产、雪铁龙、菲亚特–依维柯和标致等知名车企。1985年，中法双方成立了广州标致公司。法国标致雪铁龙集团以技术转让和生产设备入股，占 22%，同时广汽集团持股 46%，其余股份则由金融机构持有。

案例参考材料：

1.《汽车行业报告：复盘合资兴衰，展望自主崛起》，国海证券。

2.《中国汽车合资 40 年：启示与反思》，https://zhuanlan.zhihu.com/p/519461836。

3.《中国汽车产业 40 年：合资车的浪潮与退潮》，https://www.thepaper.cn/newsDetail_forward_23907797。

（2）自然资源寻求型动因。自然资源寻求型的跨国投资动因是企业为了获取和确保特定自然资源的可持续供应而进行的对外直接投资。

资源依赖度：企业对特定自然资源的依赖程度提高，使其寻求在资源丰富的地区进行投资，以确保供应链的稳定性和成本的控制。

资源稀缺性：如果企业所需的自然资源在本国稀缺或成本过高，他们会寻求在其他国家进行投资以获得更便宜、更可靠的资源供应。

资源控制：通过对外直接投资，企业可以获得对目标国家的特定自然资源的控制权，从而确保其供应，并减少对其他国家的依赖。

（3）效率寻求型动因。效率寻求型的跨国投资动因是企业为了降低生产成本、提高效率而进行的对外直接投资。

劳动力成本：企业寻求在劳动力成本较低的国家进行投资，以降低生产成本。

资源成本：企业可能寻求在资源成本较低的地区进行投资，以节约原材料、能源等资源的成本。

税收和政策环境：企业可能通过对外直接投资来利用目标国家的税收和政策优惠，从而降低生产成本和经营成本。

（4）战略资产寻求型动因。战略资产寻求型的跨国投资动因是企业为了获取新的资源和能力基础，提升竞争力和创新能力而进行的对外直接投资。

技术和创新能力：企业可能通过对外直接投资来获取目标国家的专有技术、创新能力和研发实力，以提升自身的技术水平和创新能力。

品牌和知名度：企业可能通过对外直接投资来获取目标国家的知名品牌和广泛的分销网络，以扩大市场份额和提高品牌影响力。

资源整合和合作：企业可能通过对外直接投资来与目标国家的优势企业进行资源整合与合作，以实现互利共赢的战略目标。

综上所述，市场寻求型、自然资源寻求型、效率寻求型和战略资产寻求型是跨国投资的主要动因类型。此外，在众多新兴经济体跨国企业对外投资的行为背后，还存在着其他的投资动机，如品牌寻求型、标准寻求型、话语权寻求型等。近年来，部分国家增强了对外资准入的行业限制和审查，中国跨国企业积极参与对外直接投资，不仅能够进一步提高我国对外直接投资的规模和质量，也能够提高我国企业在特定领域的话语权和行业标准的制定能力。企业在决策过程中通常会综合考虑这些动因，并根据自身的战略目标和需求来确定最适合的投资方向。

6.1.2 跨国投资动因变化趋势

1）全球跨国投资最新动态

根据联合国贸易和发展会议（简称联合国贸发会议）发布的《2023 年世界投资报告》，国际投资在 2022 年面临了全球多重危机的挑战，导致全球外国直接投资流量下降了 12%。然而，在这一总体下降的背景下，发展中国家的外国直接投资显示出增长迹象，尤其是大型新兴经济体吸引了更多的投资。同时，可持续能源领域的投资增长显著，尽管这种增长主要集中在发达国家，而最不发达国家则面临较大的吸引外资的难题。在政策层面，多数国家采取了有利于投资的措施，尤其是投资便利化和激励措施。联合国贸发会议提出的为人人享有可持续能源投资的全球行动契约旨在通过一系列行动方案促进可持续能源投资，以支持全球可持续发展目标的实现。这些趋势和措施共同描绘了一个在挑战中寻求转型和可持续发展的国际投资图景。

2）发展中国家对外直接投资

根据《2023 年世界投资报告》，在 2022 年全球外国直接投资流量总体下降 12% 的背景下，发展中国家的对外投资表现出不同程度的弹性和活力。具体来看，发展中经济体的海外投资活动金额下降了 5%，达到 4590 亿美元，其中亚洲发展中国家的投资虽然下降了 11%，但仍占全球外国直接投资的 1/4。中国的对外直接投资减少了 18%，为 1470 亿美元，但依然稳居世界第三大投资国的位置。此外，发展中国家在基础设施和全球价值链密集型行业的投资项目数量持续增长，绿地项目数量增长了 37%，国际项目融资交易量增长了 5%，这些数据反映出发展中国家在全球经济中的积极参与和对可持续能源及基础设施建设的重视，尽管他们在吸引外资和应对投资保护主义方面仍面临挑战。

3）投资的区域趋势

在 2022 年，全球外国直接投资流量遭遇了 12% 的下滑，这一变化主要受到了发达国家资金流动减少的显著影响。然而，在此全球背景下，发展中国家的外国直接投资表现出了一种独特的韧性，尤其是那些大型新兴经济体，他们成功地吸引了更多的外资流入，从而在一定程度上减缓了全球下降的趋势。

在区域层面，亚洲发展中国家继续作为全球外国直接投资的重要来源，尽管投资流量有所下降。非洲的外国直接投资流入量在 2022 年经历了显著的下降，但与此同时，新宣布的绿地项目和国际项目融资交易额却达到了历史新高，这表明投资者对非洲市场的长期投资兴趣依然存在。另外，拉丁美洲和加勒比地区的外国直接投资由于大宗商品价格的持续高企而实现了激增。

对于最不发达国家和小型经济体而言，吸引外国直接投资的过程中仍然面临着重重挑战。尽管流向这些国家的外国直接投资在 2022 年有所下降，但小岛屿发展中国家通过可再生能源和旅游业的项目成功地实现了外国直接投资的增长。这种情况强调了针对这些国家提供技术援助和能力建设的重要性，以便他们能够更好地利用外国直接投资来推动经济增长和可持续发展。

总体而言，尽管全球外国直接投资面临诸多挑战，但部分发展中国家在对外直接投资和吸引外资方面的发展趋势依然十分乐观，尤其是在可持续能源和基础设施投资领域。这些趋势不仅凸显了发展中国家在全球经济中日益增长的作用，也凸显了国际社会在促进这些国家投资环境改善方面所面临的机遇和挑战。

【案例阅读】

外国投资进入中国的案例——特斯拉上海超级工厂

2018 年，特斯拉与上海市政府、上海市临港地区开发建设管理委员会共同签署纯电动车项目投资协议，在临港地区独资建设集研发、制造、销售等功能于一体的特斯拉超级工厂。为了引进特斯拉，上海市政府提供了诸多优惠待遇，如极低的土地价款（每平方米不到 1200 元），最优惠的贷款利率（90 亿元贷款，利率低至 3.9%），以及无担保循环贷款。在这份对赌协议中，特斯拉需要满足三项主要条件。首先，从 2023 年开始，每年向上海纳税 22.3 亿元，一旦这个条件特斯拉没有达到，那么土地就必须归还。其次，特斯拉要在未来五年在上海工厂投入人民币 140.8 亿元的资本支出。最后，特斯拉所有零部件必须实现国产化。

特斯拉上海超级工厂于 2018 年 7 月正式签约落地。2019 年 1 月项目正式开工建设，同年年底第一辆特斯拉 Model 3 上市销售。2022 年，特斯拉对上海超级工厂进行了升级改造，年产能超过了 75 万辆，是目前特斯拉全球产能最大的超级工厂（加利福尼亚工厂年产能为 65 万辆，柏林工厂和得克萨斯州工厂年产能均超 25 万辆）。2022 年 8 月，特斯拉上海超级工厂实现了第 100 万辆整车下线，只用了不到 3 年的时间，这是在世界工业史上从未有过的先例。特斯拉上海工厂人员规模已超过 2.4 万人，超过 99%都是中国员工，而且生产运营和研发创新团队持续扩张。

作为中国第一家外商独资新能源汽车企业，特斯拉上海超级工厂从签约到拿地仅用时三个月；从签约到开工，仅用半年时间；不到一年，完成从签约到投产。2022 年，特斯拉上海超级工厂全年交付新车超 71 万辆，同比增长 48%。2022 年特斯拉全球共交付 131 万辆，上海超级工厂占比高达 54.2%。2023 年 9 月，特斯拉宣布上海超级工厂第 200 万辆整车下线。值得注意的是，第一次完成 100 万辆车的目标，上海超级工厂用了 33 个月。从 100 万辆到 200 万辆，上海超级工厂只用了 13 个月，平均不到 40 秒即可生产一辆特斯拉。

案例参考材料：

1.《特斯拉 9.7 亿元临港拿地：上海超级工厂规模将超 1200 亩》，https://www.thepaper.cn/newsDetail_forward_2537490。

2.《特斯拉宣布获中资银行百亿贷款，用于上海工厂建设生产和还债》，https://www.thepaper.cn/newsDetail_forward_5357410。

3.《特斯拉：2023 年实现向上海每年纳税 22.3 亿元的目标》，https://www.guancha.cn/economy/2019_07_30_511577.shtml。

4.《特斯拉上海超级工厂第 100 万辆整车下线！》，https://www.thepaper.cn/newsDetail_forward_19476149。

5.《造一辆车不到 40 秒！特斯拉上海工厂第 200 万辆车下线》，https://www.thepaper.cn/newsDetail_forward_24506171。

4）跨国投资的行业趋势

在 2022 年，跨国投资的行业趋势显示出明显的变化，特别是在可持续能源和基础设施领域。根据联合国贸发会议发布的《2023 年世界投资报告》，基础设施和全球价值链密集型行业的投资项目数量不断增加，这反映了全球投资者对于长期、稳定回报的投资机会的追求。具体来说，绿地投资趋势部分抵消了全球外国直接投资的下行趋势，其中 2022 年宣布的新项目数量增长了 15%，显示出投资者对于新兴市场和发展中国家基础设施建设的高度兴趣。

在能源领域，尽管面临全球能源价格上涨和供应链重组的压力，但投资项目数量保持稳定，这暂时缓解了人们对能源危机可能导致化石燃料投资下降趋势出现逆转的担忧。特别是，半导体部门由于全球芯片短缺的问题，吸引了大量国际投资，2022 年宣布的五个最大的投资项目中有三个是在半导体领域，这表明了高科技和关键技术领域的投资热度。

然而，报告也指出，尽管可持续金融投资有所增长，但可持续发展目标的投资缺口仍在扩大。例如，农粮系统等对发展中国家生产能力建设至关重要的行业却表现疲软，外国直接投资流入量低于 2015 年可持续发展目标通过时的水平。这一现象强调了需要进一步的政策支持和激励措施，以促进对这些关键领域的投资。

综上所述，跨国投资的行业趋势表明，尽管全球经济面临不确定性，但基础设施、能源和高科技领域的投资仍然受到青睐，特别是那些与可持续发展目标相关的项目。同时，这也提示政策制定者和投资者需要更多关注那些投资不足但对社会和经济发展至关重要的行业。

6.2 中国企业跨国投资动因

6.2.1 中国企业跨国投资动因分类

中国的对外直接投资可以根据 Dunning（1993）的定义归纳为四个主要动机：市场寻求、效率寻求、资源寻求和战略资产寻求。不同的动机会激励不同的投资行为和决策。研究发现，中国企业跨国投资的动机与不同国家和行业发展水平相关。

第一，区域市场和自然资源。中国早期对外投资以市场寻求和资源合作为主，因此更倾向于对市场广阔或者资源丰富的国家或地区进行投资。

　　第二，网络联系和战略资源。针对发达经济体的研究发现，中国的对外直接投资动机更多与利用网络联系和获取战略资源有关。这可能是因为中国企业希望通过与发达国家企业建立合作关系和获取技术、品牌和市场准入等资源来提升其竞争力。2022 年，中国紫金矿业完成了对加拿大新锂公司的并购，并由此获得了全球第四大锂生产国——阿根廷的 Tres Quebradas 盐湖项目，中国紫金矿业还通过当地子公司莱克斯（Liex）投资 3.8 亿美元，在阿根廷建造碳酸锂工厂。

　　第三，竞争和研发强度。一些研究发现，行业的竞争程度和研发强度也会影响中国企业的投资动机。高竞争的行业倾向于寻求市场的对外直接投资，而研发强度高的行业倾向于寻求战略资产的对外直接投资。2010 年中国汽车品牌吉利汽车收购了瑞典汽车品牌沃尔沃，通过这次并购，吉利汽车利用沃尔沃技术授权的方式实现了在发动机、变速箱等关键领域的突破，并为此后并购路特斯、入股戴姆勒奠定了基础。

　　第四，以寻求国际标准为动机的对外直接投资行为在中国和新兴经济体的跨国公司中也十分常见。例如，中国港口技术不断升级和进行海外投资，推动了中国的建设标准、技术的国际化进程。随着中国经济从投资、出口驱动向消费驱动转型，海外投资也从能源类投资向高端制造、品牌和技术类投资转换。在中国企业"走出去"的同时，开始注重推进中国标准"走出去"。另外，华为、中兴等企业也开始参与国际标准制定，提高了中国企业在国际上的话语权。

　　第五，特定行业的动机差异。一些研究还发现，中国在特定行业的对外直接投资动机存在明显差异。例如，在可再生能源领域的投资动机可能与其他行业不同，这可能与可持续发展目标和能源安全有关。

　　综上所述，中国对外直接投资的动机是多样化的，并受到不同国家和行业特征的影响。市场寻求、资源合作、网络联系、战略资源（品牌）、行业标准、话语权等因素在中国的对外直接投资决策中起着重要作用。

6.2.2　中国企业跨国投资动因变化趋势及其影响因素

　　根据商务部、国家统计局和国家外汇管理局联合发布的《2022 年度中国对外直接投资统计公报》，中国企业跨国投资的动因正经历着显著的变化。首先，在资源合作方面，尽管面临全球能源和原材料价格的波动，但是中国企业对采矿业的投资在 2022 年达到了 151 亿美元，同比增长 79.5%，凸显了资源保障依然是中国企业海外投资的关键动机。这一动向不仅反映了对国内资源需求的响应，也显示了在全球经济中寻求稳定供应的策略。

　　其次，市场多元化的策略在中国企业的跨国投资中占据了重要位置。2022 年租赁和商务服务业的投资流量高达 444.8 亿美元，这一数据强调了中国企业在全球市场中寻求扩张的决心。通过服务输出，中国企业不仅能够进入新的市场，还能够提升自身的品牌价值和国际竞争力。

　　技术获取和创新能力的提升也是中国企业跨国投资的重要动因之一。尽管科学研究和技术服务业的投资流量有所下降，但 48.2 亿美元的投资额仍然表明中国企业对于通过国际合作加速技术进步和产业升级的重视。这种投资不仅有助于企业吸收外部的先进技术，还能够促进国内创新体系的发展。

政策引导在塑造中国企业跨国投资的方向上起到了决定性作用。"一带一路"倡议的推进，为中国企业的海外投资提供了政策支持和资金帮助。2022 年，中国对"一带一路"共建国家的投资流量占总流量的比重依然显著，这表明国家政策对于引导企业"走出去"发挥了积极作用。

最后，国际经济政治环境的变化对企业的投资决策产生了深远影响。2022 年全球政治经济形势的复杂性，包括地缘政治紧张和全球通胀压力上升等因素，都对中国企业的跨国投资构成了挑战。然而，中国企业对外直接投资的全球份额保持在 10.9%，显示出企业对国际市场的信心和对外投资的韧性。

综上所述，中国企业跨国投资的动因正变得更加多元化和复杂。资源合作、市场扩张、技术创新、政策引导以及对国际经济政治环境的适应，共同塑造了中国企业在全球舞台上的投资行为。随着全球经济一体化的深入和中国经济的持续发展，预计这些动因和趋势将继续演变，推动中国企业在国际投资领域扮演更加重要的角色。

本章习题及答案

第7章 如何投资？（How）：跨国投资策略

7.1 跨国投资策略选择

7.1.1 跨国投资进入模式选择：合资还是独资

跨国投资进入模式可大致分为六类，分别为出口、交钥匙工程、技术授权、特许经营、合资企业及全资子公司。本书将重点探讨合资与独资（即全资子公司）的模式选择。

独资是指由单个个人或实体在另一个国家拥有和运营的业务。这种进入模式将完全控制权、自治权和管理权交给投资者。独资投资模式使得决策过程更加简单快捷，能够更灵活地应对市场变化，同时拥有利润归属和技术保密的优势，而在风险控制上，也无须考虑其他合作伙伴可能带来的不确定性。

合资指的是两个或更多的国际商业实体之间签订商业协议，创建一个新的业务实体或参与现有业务开发，共同分享利润、风险。合资有多种好处，如分享知识、技术和专业知识，降低风险，以及获得合作伙伴在所在国已建立的市场准入权。

最终，选择哪种进入模式取决于投资者的目标、资源和风险承受能力。独资模式在商业环境不稳定的国家很常见，而合资模式则常见于投资者需要共享技术、专业知识和风险的地方。没有通用的方法，应谨慎考虑选择适当的投资进入模式。

1）何为跨国合资企业

合资是一种商业安排，是指两个或多个独立实体联合创立一个新的企业实体或合作一项现有业务。合资的股东被称为合作伙伴，他们分享企业的所有权、利润、风险和控制权。

合资常被跨国公司用于进入外国市场，因为有以下几个优势。首先，合资使企业能够进入可能因监管、文化或经济壁垒而难以渗透的市场。其次，合资允许企业共享风险、知识和资源，从而降低经营成本。最后，合资使企业获得了新的市场、技术和技能，而这些可能是自己不具备的。

在合资模式中，涉及的合作伙伴必须就新实体的目标、结构和管理达成一致意见。合资可以通过不同的方式进行结构化，如通过单独的法律实体（如公司或合伙企业）或通过合约合资。合资的法律结构将取决于各种因素，如投资所在国的法律、业务性质和合作伙伴的偏好。

总的来说，合资是进入外国市场并以互惠方式与其他公司共享风险和资源的一种高度有效的方式。

2）合资企业的优点及缺点

合资企业的优点如下。①成本和风险共担：合资使企业能够共享项目或商业企业的风险和成本。这减轻了每个合作伙伴的财务负担，使其更容易实现规模经济。②进入新市场：合资可以让企业获得进入新市场的机会，特别是那些难以进入或需要大量投资的市场。③共享知识和专业知识：合资使合作伙伴能够分享知识和技术，这可以提高生产率和效率。④改善竞争优势：合资可以帮助企业通过合并其优势和资源来获得竞争优势。⑤满足政治考量：在许多国家，出于政治上的考虑，合资企业往往是唯一可行的进入模式。

合资企业的缺点如下。①可能存在合并冲突：不同的合作伙伴可能有不同的目标和优先事项，这可能导致冲突和意见不合。②控制问题：合资需要精心管理，以确保所有参与方拥有平等的控制权和决策权。③利润分配问题：合资的合作伙伴必须分享利润，如果一个合作伙伴比另一个合作伙伴做出更大的贡献，可能会带来一些不利的影响。④文化差异：合资可能涉及不同国家或文化背景的合作伙伴，这可能会导致沟通障碍和误解。

总的来说，合资可以是分享成本、风险和专业知识，以及进入新市场的一种高度有效的方式。然而，就像任何商业企业一样，合资企业需要在所有参与方之间进行认真的规划、管理和清晰的沟通。

3）何为跨国独资企业

独资企业是一种企业实体，由单个个人拥有和经营该企业。在跨国公司使用独资模式进入另一个国家的情况下，通常涉及跨国公司在目标国家选择一个个人代表公司运营独资企业。该个人将负责根据目标国家的法律法规建立和运营企业。跨国公司将为独资企业提供必要的资源，如产品、服务、技术，以便独资企业运营。

独资企业将保留对企业日常运营的完全控制，并将负责业务的各个方面，包括财务、法律、税务、决策过程。该独资企业也将对所有业务债务和义务负有个人责任。

通过独资模式进入外国市场可以使跨国公司在新市场建立业务而无须建立更复杂的组织结构。但是，在外国运营独资企业存在一些限制，包括需要遵守当地法律和法规以及解决文化差异和语言问题。

4）独资企业优缺点

独资企业的优点如下。

灵活性：独资模式为跨国企业提供了一种简单的组织结构来进入新市场。该模式允许企业在新市场快速、简单地建立业务，而无须建立复杂的组织结构。

较低的运营成本：相比其他跨国企业组织结构，独资模式运营成本可能会更低。例如，合资企业可能需要在每个相关的地区都设立独立的法律实体，并承担与之相关的费用，如注册、合规、税务等。而在独资企业中，因为只有一个所有者，所以可以避免在不同地区设置多个法律实体所带来的成本。

保护技术：当一家企业的竞争优势建立在技术能力基础上时，全资子公司常常是最合适的进入模式，因为它可以降低对这种能力失去控制的风险。

实现区位和经验曲线经济：若跨国公司旨在通过投资实现区位和经验曲线经济，则必须设立全资子公司（如同那些追逐全球和跨国战略的企业所做的那样）。

跨国独资企业的缺点如下。

无限责任：在外国市场运营跨国独资企业，其所有人会对业务债务和义务承担无限责任。这意味着如果企业拥有重大债务或法律义务，则企业所有人的个人财产可能处于风险中。

资源有限：相较于合资企业多个伙伴进行资源共享，独资企业可能会限制分配给跨国公司的业务资源，比如资金、人力资源、技术支持等方面，也可能会限制公司扩展业务或投资研发的能力。

合资企业与独资企业模式的优缺点对比见表7-1。

表7-1　合资与独资模式优缺点

模式	优点	缺点
合资企业	成本和风险共担	可能存在合并冲突
	进入新市场	控制问题
	共享知识和专业知识	利润分配问题
	改善竞争优势	文化差异
	满足政治考量	
独资企业	灵活性	无限责任
	较低的运营成本	资源有限
	保护技术	
	能够实现区位和经验曲线经济	

5）选择合资还是独资模式时需考虑的因素

a. 国家层面

确定国家层面的关键因素时，国际企业考虑与东道国的经济环境、政治环境、市场环境、社会文化差异、外汇和当地货币等相关的各个方面。

东道国经济环境：企业需要评估东道国的经济发展水平、市场成熟度、基础设施开发和物价稳定等多个因素。经济发展水平的高低明显影响市场结构和投资需求，从而导致外国资本利用的范围和结构的变化，同时也影响跨国公司的市场策略和产品政策。高度发达和开放的市场通常能够提供良好的投资环境，这往往使企业更倾向于采用高控制进入模式。此外，健全的基础设施有助于直接投资东道国的市场。同样，稳定的经济条件和稳定的物价是支撑企业运营的基本条件，因此这些国家层面的因素对于海外企业进入市场和取得预期的经济效益与利润至关重要。

东道国政治环境：企业需要考虑东道国政府的政策、法规和法律变化等方面的政治因素，这些因素有可能扰乱国际投资活动。政治因素可以分为国家主权、征用或国有化、战争和政策等四类。东道国土地、税收、市场和工业规划政策的变化会影响投资者的决策。此外，东道国市场的开放程度以及在投资领域和行业等方面实行的限制、鼓励政策等也可能会对投资者的收益产生重大影响。政府对国际贸易的限制性进口政策可能会妨碍企业的出口模式。

东道国市场环境：投资者需要确定适当的进入模式，这反映了目标市场的规模、竞争强度和需求的不确定性程度。一般而言，大规模的目标市场适合进行直接投资，而在投资竞争过度的情况下，合同进入模式或跨国战略联盟可能是有益的替代方案。相比之下，市场潜力较低且需求不确定性较高的市场，企业通常会选择低资源、低承诺的进入模式，如合同进入方式。

社会文化差异：文化差异程度影响国际企业的首选进入模式。文化差异加大会增加管理和组织成本，并导致市场不确定性增加。因此，高文化距离往往促使公司选择高控制进入模式。此外，从交易成本理论的视角来看，文化差异加剧了低控制进入模式的不确定性，并导致了巨额的交易成本，最终使企业采用集中化和一体化的组织方式来规避交易成本和机会主义。

外汇和当地货币：企业在跨国经营中会遇到外汇风险，即汇率风险。企业十分重视接受国的外汇和外资政策，因为这关系到资本能否自由进出，利润和其他收益能否汇回的问题。因此，企业在进入国际市场时，一方面要注意对外汇风险进行预测，洞察汇率的变化趋势；另一方面，企业要对外汇风险进行可控管理，适当运用外汇风险管理方法，如远期外汇市场套期保值、利用货币市场套期保值、利用货币互换、利用提前或延后支付、选择计价货币等。

b. 行业层面

行业层面的因素主要考虑在目标国跨国企业所在行业产业增长率或市场潜力、产业组织特征（包括产业的市场集中度和规模经济）、资产专用性、母国市场规模与竞争程度等。

产业增长率：一般来说，产业增长率高表明该产业的市场规模或增长潜力大，更可能以高控制模式进入。

产业组织特征：研究产业组织特征与进入模式关联性的重点是东道国产业的市场集中度和规模经济程度。根据产业组织理论得出，高市场集中度意味着存在寡头垄断行为，市场进入存在障碍，因此，外来企业可能会进行市场的内部化来应对市场的不完全性。

资产专用性：支持交易的资产的可转移性或支持交易的专用性投资的程度。据传统的交易成本理论，资产专用性较高时，跨国公司偏好于采取独资这样的高控制模式。拥有专用性资产的公司具备投资外国市场的优势并试图建立外国子公司。该公司通过将自己有价值的资源转移到相对于本土竞争者来说资源匮乏的外方市场，这些转移性的资源可以在没有沉没成本的情况下在国外运营，外国的子公司也从与投资公司分享的资源中获得竞争优势。同时，针对所拥有的知识来说，绿地进入的风险要小些，所以相对于收购，跨国市场进入更偏好绿地进入模式。

母国市场规模与竞争程度：如果国内市场规模巨大而且潜力无限，可以促使企业在国际市场上更具创新性和竞争力；如果国内市场规模受到限制，则不利于企业经营能力的提高，企业则侧重于外向发展。20世纪末，国内局部市场和传统产业部门出现饱和状态，这使得一些企业采取外贸方式进入国际市场。随着国内经济的发展、国内市场经济利益关系的多元化、国内市场竞争与国际市场竞争相互交织，竞争态势更为错综复杂。激烈竞争促进企业提高技术、管理技能、生产能力等，此时企业更倾向于直接投资进入方式。

c. 公司层面

公司层面的因素主要考虑公司规模、公司经验（分为国际经验、东道国经验和进入模式经验）、公司技术知识和资本密集度等。

公司规模：跨国公司的规模影响国际市场进入模式的选择。小规模企业在国际化战略中往往采取合资和联盟方式以减少风险；大规模企业具有更多资源优势，因而偏好于独资模式。因此，在其他条件相同时，公司规模越大越偏好于采取高控制模式进入国际市场，反之，应以合同、联盟的方式进入国际市场。

公司经验：企业往往倾向于利用过去成功的经验模式来指导和分析将来的国际化战略，因此企业在考虑进入新市场的时候需要慎重分析以往经验的适用性与可行性。具有一定国际经营经验、实力较强的企业往往以取得海外投资的高控制权以及投资的高收益为进入模式，以此来发挥母公司的资金与技术优势。

公司技术知识：面对激烈的竞争，公司的技术知识是赢得市场空间的关键，公司在进入外国市场时必须保持对这些资源的控制权。从出口进入、合同式进入到投资进入模式，其公司的控制程度是依次增强的；相对出口进入模式而言，合同式和投资式模式对技术实力与资本要求较高；在知识产权比较突出的直接投资中，采用独资的形式更易于加强母公司对自身知识产权的控制，避免先进的生产技术或管理技术的泄露。

资本密集度：企业资本是指企业利用和部署资产的能力，并且使它们拥有可持续的价值。资本密集度反映了跨国公司海外市场进入的有形资本投入的大小。合资方提供的资金可以减少企业跨国经营的资本投入；投资式进入往往需要投入较多的资本，增加了投资的商业和政治风险。因此，出于风险考虑，面对大规模项目，外国投资者倾向于以小股权模式进入。

【案例阅读】

1. 中国市场上最知名的汽车合资企业之一：第一汽车集团公司、德国大众汽车股份公司和德国奥迪汽车股份公司合资成立的一汽–大众汽车有限公司

一汽–大众汽车有限公司（简称一汽–大众）是由第一汽车集团公司、德国大众汽车股份公司和德国奥迪汽车股份公司三方共同出资建立的大型轿车合资企业，公司于1991年2月6日在长春成立[①]。作为一家合资企业，一汽–大众既享有中国政府的支持和优惠政策，也受到德国大众汽车股份公司的技术支持和品牌影响。一汽–大众的成功离不开两家母公司的共同努力和支持，也体现了中德两国在汽车产业领域的合作和交流。

一汽–大众是一家合资企业，主要考虑到国家层面因素。在中国，早年外国汽车公司需要与中国的合作伙伴合资经营才能在我国进行生产和销售。这有助于在政策、市场洞察和资源等方面获得更好的支持，同时也有助于降低市场风险。通过与第一汽车集团公

---

① 资料来源：一汽大众汽车有限公司官网。https://www.volkswagengroupchina.com.cn/zh-cn/partner/faw-volkswagen。

司合资，德国大众汽车集团能够借助当地合作伙伴的经验和资源，更好地适应中国市场的需求，共同发展壮大。当然，近年来国家层面对汽车行业合资限制逐步放宽。例如，2018 年新能源汽车放开了对外国资本的限制，允许外国投资者独资拥有 100%的股权或控制权，如特斯拉即为外企独资企业；而在经历 4 年多的过渡期后，我国乘用车制造外资股比限制在 2022 年 1 月 1 日如约放开[①]。例如，从 2022 年 2 月 11 日起，宝马集团在华晨宝马中所持股份变更为 75%。

2. 日本最大软件公司日本电气股份有限公司与中国联想公司合谋出路：中国联想公司与日本电气股份有限公司合资成立 NEC 联想日本集团

NEC 联想日本集团是由中国联想公司与日本电气股份有限公司合资成立，注册于北京中关村，总部位于荷兰。NEC 联想日本集团成立于 2011 年，旨在全面拓展全球市场，为消费者和企业客户提供更多元化的产品和解决方案，中国联想公司在合资企业中持股51%，日本电气股份有限公司持股 49%。彼时，日本电气股份有限公司面临业务瓶颈，亟须转型升级，与中国联想公司的合作打开了其产品的铺设广度和深度[②]。

对于中国联想公司而言，选择与日本电气股份有限公司合资主要出于以下原因。

（1）为获得本地市场洞察力。日本电气股份有限公司作为日本本土企业，对当地市场有深入的了解。与本土企业合作可以获得更准确的市场洞察力，有助于更好地满足当地消费者的需求。

（2）做到资源共享。合资可以实现资源共享，包括技术、人才、品牌等。这有助于在竞争激烈的市场中更快地实现规模扩张。

（3）降低风险。进入新市场存在一定的风险，特别是跨国市场。通过合资，企业可以分担风险，共同应对市场波动和不确定性。

7.1.2　跨国投资建立模式选择：绿地投资还是收购兼并

新创企业又称绿地投资[③]，是指跨国公司等投资主体在东道国境内依照东道国的法律设置的部分或全部资产所有权归外国投资者所有的企业。跨国并购包括跨国兼并和跨国收购两种。跨国兼并就是两个或更多不同国家的企业将其资产、经营活动等合并成一个新的法人实体的过程。跨国兼并分为跨国合并（$A+B=C$）和跨国吸收兼并（$A+B=A$ 或 B）两种。跨国收购是指东道国当地企业资产和经营的控制权从当地企业转移到外国企业。跨国收购可以分为少数股权收购（10%～49%）、多数股权收购（50%～99%）、全资收购（100%）。跨国兼并和跨国收购的区别在于，前者至少有一方的法律实体地位不复存在，后者则都保持原法律实体地位。

1）绿地投资介绍

绿地投资是外国直接投资的一种形式，它是指在外国重新建立一个新的子公司。"绿

---

① 《发改委：今年取消专用车、新能源车外资股比限制》，https://baijiahao.baidu.com/s?id=1597980878131743047&wfr=spider&for=pc。

② https://news.lenovo.com/。

③ 本书所称绿地投资即新创企业。

地"一词源于这样一个事实，即投资项目类似于一块尚未建设的空地，而投资人需要翻新或重新利用现有设施进行建设。

绿地投资可以包括建设新的生产设施，购买新的设备，雇用和培训员工，以及建立供应链和销售网络。这种类型的投资通常比其他形式的外国投资更耗费时间和资本，但好处是投资人一开始就能完全控制项目。绿地投资者有机会创建一个适合新子公司当地和国家环境的商业模式，而不必对现有的文化习俗或业务内容做出妥协。

绿地投资所需的支出和开发所需的时间可能因投资的地点而异。例如，新兴市场的基础设施不如成熟市场发达，市场也较为薄弱，特别是在制造业和其他工业领域中。相比之下，成熟市场拥有成熟的产业集群，已经存在竞争对手，需要一个独特的商业策略以获得成功。

绿地投资可以促进技术转移和创造就业机会，进而促进技术和劳动力发展所需的技能转移。总之，绿地投资是一种需要承担更大风险和投资的外国直接投资类型，但这是为寻求在海外建立全面适应性业务运营的公司所必需的一项有价值的长期投资策略。

2）绿地投资优点及缺点

绿地投资的优点如下。

全面控制：绿地投资的主要优势之一是公司可以对业务运营拥有全面控制权，并可以自定义设施以满足特定的业务需求和标准。这可以提高效率、质量和长期可持续性。

强本地存在感：绿地投资使公司能够在当地建立强有力的本地存在感，并与目标国家的客户、供应商和其他利益相关者建立长期关系。这有助于提高公司在市场上的声誉和竞争力。

获取本地人才：绿地投资在目标国家创造了新的就业机会，使公司能够挖掘当地人才，培养技能人才。这不仅使公司受益，而且也对当地社区产生积极影响。

可以获得政府激励政策的优惠：一些国家为吸引外资提供政府激励政策优惠，如减免税或补贴等。绿地投资可以使一家公司有资格获得这些激励政策优惠，减少商业运营的总体成本。

绿地投资的缺点如下。

成本高：绿地投资可能成本高，因为需要建造新设施和购买土地。公司需要进行长期投资，才能获得令人满意的投资回报。

建设周期长：绿地投资可能是一项耗时的过程，特别是在涉及法规批准、建筑和招聘方面。这可能会延迟业务开展，潜在地导致错失机会。

市场风险较大：绿地投资涉及一定程度的风险，特别是当公司的产品或服务市场需求不确定或波动较大时。公司需要进行严格的市场研究，并制订周密的业务计划来减少风险。

政治和法律风险较大：绿地投资需要遵守当地的法律法规。这包括政治不稳定性或政府政策变化的风险，这可能会影响投资的可行性，最终导致失败。

3）跨国并购介绍

跨国兼并与收购是指不同国家的两个或多个公司通过兼并或收购的方式合并为一个单一实体的过程。跨国兼并与收购近年来越来越受欢迎，因为它为公司提供了进入新市场、提高竞争力和实现规模经济的机会。

跨国兼并又分为两种类型：跨国合并和跨国吸收兼并。

跨国合并，或者译为跨国新设兼并或跨国平等合并，是指两个公司并为一体，既不存在谁吃掉谁的问题，也没有被并方和兼并方的区别。并购后，双方的法律实体地位都不存在，而以新的名称取而代之。这种并购一般采取换股收购的方式进行，且往往属于友好并购。

英国石油公司和美国阿莫科公司平等并购后，双方的法律实体地位都不存在，而以新的公司名称英国石油–阿莫科公司取而代之。德国戴姆勒–奔驰和美国的克莱斯勒公司的合并也是这样，双方实行平等合并，合并后的公司名称为戴姆勒–克莱斯勒公司。采取这种形式对那些特大型的双方实力相当的跨国合并具有很大的吸引力。如果一方为兼并方，另一方为被并方，很可能受到来自各方的压力，尤其是被并方国家的压力。当民族主义的情绪泛滥时，这种交易很可能失败。

在跨国吸收兼并中，有主并公司和被并公司，并购方公司存续下来，被并方则丧失了法律上的实体地位。并购后，并购方承担被并方的债权和债务。这种并购多出现在实力相差悬殊的并购交易中。

跨国收购是指在已经存在的当地和外国附属企业获得占有控制权的份额。10%以上股权的跨国并购包括三种类型：全面收购（100%）、少数股权收购（10%～49%）、多数股权收购（50%～99%）。全面收购与跨国吸收兼并是十分相似的，唯一的区别在于全面收购还保存着被收购公司的法律实体，而跨国吸收兼并则消灭了被收购公司的法律实体。全面收购后的被并企业成为母公司的全资子公司。

多数股权收购的主要做法是：在已经存在的外国合资企业中，外方的母公司增加资本。通过增加资本来稀释另一方的股权，从而获得了更大的控制权。经常发生的情况是，外方由合资参股变为合资控股。由过去的少数股权收购变为多数股权收购。少数股权收购所占的比例在10%左右，少数股权收购主要是为了达成一些战略性联盟而进行的。

4）跨国并购的优缺点

跨国并购的优势如下。

进入新市场：跨国并购的主要优势之一是为公司提供在新市场中获得机会的可能性。这可以帮助公司多元化其收入来源并扩大其客户群。

提高规模和竞争力：跨国并购还可以为公司提供规模经济，有助于降低成本并提高运营效率。合并的公司可以将资源和专业知识汇集起来，在市场上打造一个更具竞争力的实体。

获得新的技术和专业知识：通过收购来自不同国家的公司，收购公司可以获得其本身难以获得的新技术和专业知识。

提高品牌声誉：成功的跨国并购可以提高收购公司的声誉，在本地和国际上都有积极的影响。成功的收购可以传达一个积极的信息，表明公司能够推动增长并在全球扩张。

跨国并购的劣势如下。

文化差异：公司之间的文化差异可能会影响跨国并购。这些文化差异可能会影响沟通、管理风格和决策流程。

监管要求：跨国并购可能会产生复杂的监管要求，这些要求必须满足才能成功完成该过程。这可能涉及知识产权、劳动法和税法等问题。

整合挑战：成功整合来自不同国家的两家公司可能是一个复杂且具有挑战性的过程。管理变革、公司文化和政策的变化可能会引起两个实体之间的摩擦。

财务挑战：跨国并购高度依赖外汇汇率，可能会给公司带来财务方面的挑战。整合成本可能很高，尽职调查成本可能也非常高。

总之，跨国并购可以为公司提供显著的增长机会。然而，仔细考虑这种类型投资所伴随的各种优势和劣势至关重要。适当的尽职调查，包括关注文化和监管问题，对于成功至关重要。

绿地投资与跨国并购的优缺点对比见表 7-2。

表 7-2　绿地投资与跨国并购优缺点对比

模式	优点	缺点
绿地投资	全面控制	投资成本高
	强本地存在感	建设周期长
	获取本地人才	市场风险较大
	获得政府激励政策优惠	政治和法律风险较大
跨国并购	进入新市场	文化差异
	提高规模和竞争力	监管要求
	获得新的技术和专业知识	整合挑战
	提高品牌声誉	财务挑战

5）选择绿地投资还是跨国并购

两种模式各有优缺点，必须根据企业面临的环境做出选择。如果企业试图进入一个已经充满优质企业的良好运作市场，或进入一个全球竞争对手也有兴趣去谋取地位的市场，那么并购可能是比较好的进入模式。但是，相比一项不良的并购，新创企业这种缓慢路径可能是一种比较好的进入方式。

【案例阅读】

1. 丰田在美国亚拉巴马州的绿地投资

丰田的绿地投资旨在建立一家新工厂，生产每年约 30 万辆汽车，并创造大约 4000 个就业岗位。该投资是扩大丰田制造能力和提高其在美国市场份额的整体战略的一部分。公司指出，亚拉巴马州的良好商业环境、较高的劳动力素质和完善的基础设施是其决定在该州投资的关键因素。

该工厂生产丰田的热门车型丰田卡罗拉，并且是从头开始建造的，这意味着丰田完全控制着该工厂的设计和建设，能够根据自己的具体需求和标准进行定制。此外，该工厂使用最新的技术和生产技巧以保证效率和质量。总体而言，丰田在亚拉巴马州的绿地投资说明了外国企业如何战略性地投资一个新工厂来提升其生产能力，扩大其在一个新地区的市场份额。

2. 百事公司在印度阿萨姆邦的绿地投资

2023 年 9 月，印度阿萨姆邦首席部长希曼塔·比斯瓦·萨尔马表示，百事公司计划在印度阿萨姆邦建造一家耗资 77 亿卢比（约 9300 万美元）的工厂，该工厂预计将创造超过 450 个本地就业岗位[①]。

百事公司看重印度市场的增长潜力，印度是一个人口众多、经济增长迅速的市场，拥有巨大的消费者基础和增长潜力。在印度进行本地化生产可以降低生产成本，并更好地适应当地市场的需求和口味偏好。这有助于提高产品的竞争力和市场反应速度。从战略上来看，印度政府提供的政策优惠和激励政策，如减税、土地优惠和补贴等进一步激励百事公司在阿萨姆邦设厂，同时，印度可被视为一个重要的区域市场，百事公司希望通过在该地区建设工厂，巩固其在亚洲市场的份额与地位，并进一步辐射到周边国家。

3. 中国化工收购先正达

2016 年 2 月，中国化工提出以 430 亿美元价格收购瑞士农业化学企业先正达，这是中资企业在海外的最大一笔收购，也在全球农业领域位居第二位[②]。

中国化工与先正达具有很强的互补性，收购先正达可以弥补中国化工在化工基础研究领域的劣势，完善中国化工的产业布局。收购先正达也能填补中国化工的业务空白，比如先正达的种子业务就是中国化工所不具备的，这将有助于中国化工的业务内容更加多元化，减少对于核心业务如石油和石油产品等的依赖。

2023 年 6 月 16 日，先正达上市申请获上海证券交易所审核通过，A 股迎来十多年来募资规模最大的 IPO（initial public offering，首次公开发行）。中国化工推动先正达上市，除了完成收购瑞士先正达时的再上市承诺，更重要的目标在于帮其卸掉历史债务包袱，使其倾注更多资源在研发和创新业务上，进而保持全球竞争优势。

7.2　中国跨国投资策略概况及其变化趋势

7.2.1　中国跨国投资策略概况

近年来，随着"走出去"战略的实施，中国企业海外投资发展迅猛，出现了一大批中国跨国公司。截至 2019 年，中国海外投资覆盖了全球大部分地区，2018 年全年总对外直接投资金额为 1298 亿美元，有 26 638 家中国企业在 188 个国家和地区投资。主要的投资领域包括能源和资源、基础设施和技术。此外，中国通过其共建"一带一路"倡议发起并投资了多个重要项目，旨在增强与世界各国的贸易和经济联系。

中国的跨国投资战略是中国经济增长和全球扩张的重要组成部分。近年来，中国政府采取了多项措施促进对外直接投资，包括支持国内企业投资并扩大海外业务，建立新

---

① 《百事斥资 9300 万美元在印度阿萨姆邦建厂》，https://www.jiemian.com/article/10054617.html。

② 《中化收购先正达获批彰显中企"表外"优势》，https://www.yidaiyilu.gov.cn/p/524.html。

的投资渠道，增强与其他国家的合作，投资战略性行业等。

中国跨国投资战略的主要策略之一是共建"一带一路"倡议，该倡议自 2013 年开始实施。这一倡议旨在通过投资基础设施、交通和通信项目增强中国与其他国家之间的贸易和经济联系。通过这一倡议，中国已在包括中亚、非洲和东南亚在内的多个地区投资。

除共建"一带一路"倡议外，中国还着重投资技术、能源和资源等战略性领域。包括华为和中兴等多家中国科技公司在内的若干企业已拓展海外业务，建立研发机构，与国际伙伴合作，将创新产品和服务带给全球市场。

此外，中国日益成为可再生能源的重要投资者，尤其是在风能和太阳能方面。中国企业积极寻找在拥有可再生能源的国家的投资机会，其技术和可再生能源方面的经验可以帮助其可持续发展。

中国的跨国投资战略强调其扩张与合作的承诺，为国内和外国企业提供机会。伴随着强劲的增长势头，中国的跨国投资无疑将继续在塑造未来经济格局中发挥重要作用，这证明了中国在国际商业领域中积极作为的决心。

从投资理论角度来看，邓宁的对外直接投资周期理论、技术地方化理论及小规模技术理论比较符合中国的投资国情。

1) 对外直接投资周期理论

a. 理论背景

邓宁的国际生产折衷理论框架是一个广泛使用的外商生产投资和跨国企业理论模型。它强调了三个优势的相互作用——所有权优势、地理位置优势和内部化优势。同时，邓宁的对外直接投资周期理论将这个模型扩展到解释公司外国投资的动态性。

b. 理论核心要点

邓宁把对外直接投资周期分为四个阶段。

处于第一阶段的国家，此时人均国民生产总值≤400 美元时，较少吸收外资，没有对外直接投资，净对外投资为零或较小的负数额。这些国家之所以没有对外投资是因为该国的企业没有所有权优势；之所以只有较少的外资进入，是因为国内缺乏投资国满意的区位优势。

处于第二阶段的国家，人均国民生产总值为 400～1500 美元，吸收外资增加，但对外直接投资为零或较少，净对外投资额为负数额，并且负数额日益增大，意味着吸收外资大于对外投资。在这一阶段，随着国内市场扩大，国内投资环境改善，外国投资增加，这些国家吸收外资效果日益明显，经济实力逐渐增强。除东道国政府政策限制的行业外，外资继续流入资源尚未被充分利用的领域。与吸收外资相比，对外直接投资仍然较少。虽然这些国家的企业还未建立自己的所有权优势，但企业对外投资开始上升，因为当地企业发现通过对外直接投资可以更好地发挥自己特有的所有权优势。

进入第三阶段的国家，人均国民生产总值为 2000～4750 美元，这些国家的对外直接投资流出正在稳定发展，资本流出快于资本流入，虽然资本流出的净值仍是负的，但缺口逐渐缩小。在这一阶段，国内经济发展水平有了新的提高，逐渐具有所有权优势，而原来的外国投资者的优势逐渐消失。当一个国家吸收外资时，主要将外资投在本国比较区位优势最强的部门，而不投在本国比较所有权优势最弱的部门；相反，当一个国家对外投资时，主要将本国资金投在国外区位优势可能不好，但能充分发挥本国企业所有权优势的部门和行业。

进入第四阶段的国家，人均国民生产总值为 2600～5600 美元，这些国家已成为净对外投资国，也就是对外投资总额大于吸收外资总额，这反映了这些国家企业具有强大的所有权优势或者正逐渐削弱外国企业在本国的区位优势。对外投资规模日益扩大的原因在于这些国家随着经济发展水平的提高，本国劳动力成本上涨，其积极参与国际市场的竞争，或者由于外国对该国大量出口导致的贸易壁垒日益增加。

c. 理论意义

该理论将一国的吸收外资和对外投资能力与经济发展水平结合起来，认为一国的国际投资地位与其人均国民生产总值成正比关系。就这一发展规律而言，世界上发达国家和发展中国家国际投资地位的变化大体上符合这一发展趋势。

该理论动态地描述了跨国公司对外投资与经济发展的辩证关系，同时沿袭了邓宁关于国际生产的政治经济分析框架。他认为一国吸引外资和对外投资的数量不能仅仅用经济指标衡量，还取决于一国的政治经济制度、法律体系、市场机制、教育水平、科技水平及政府的经济政策等。

我们从该理论的分析中可以发现，在一定的经济发展条件下，一国的外国对本国直接投资和本国跨国公司对外投资是紧密相关的两个发展过程。如何吸收好外资并使其成为提高本国国际竞争力的基础，是发展中国家所面临的共同课题。

d. 理论缺陷

批评者认为，该理论没有考虑政治因素，并忽略了投资的非经济动机，如社会和环境因素。

批评者还指出，对内部化的强调可能会鼓励垂直整合，这可能并不总是最有效的策略。此外，该理论在跨行业和跨文化环境中的适用性可能有限。人均国民生产总值是一动态数列，仅用一个指标难以准确衡量各国对外投资变动的规律性。

2）技术地方化理论

a. 理论背景

拉奥 1983 年提出了技术地方化理论，在拉奥看来，发展中国家跨国公司的技术特征虽表现为规模小、使用标准技术和劳动密集型技术，但这种技术的形成却包含着企业内在的创新活动。他认为以下几点是发展中国家企业能够形成地方化技术和发展自己特有优势的条件。

b. 理论核心点

第一，在发展中国家，技术和知识的当地化是在不同于发达国家环境的条件下进行的。这种新的环境往往与一国的要素价格及其质量相联系。

第二，发展中国家生产的产品适合于他们自身的经济条件和需求。只要这些企业对引进的技术和产品进行一定的改造，使之能够更好地满足当地或邻国市场需求，这种创新活动就会形成竞争优势。

第三，发展中国家企业竞争优势不仅来自其生产过程、产品与当地的供给条件和需求条件的紧密结合，而且来自新的创新活动中所产生的技术在小规模生产条件下所带来的更高的经济效益。

第四，第三世界企业仍然能够开发出与名牌产品不同的消费品，特别是当输入国国内市场较大，消费者的喜好和购买能力有很大差别时，来自第三世界国家的产品仍有一定的竞争力。

c. 理论意义

以上的几种优势还会由于民族语言的联系而得到加强。他不仅分析了发展中国家跨国公司的国际竞争优势，而且更强调了形成竞争优势所特有的企业创新活动。发展中国家对外国技术的改进、消化和吸收不应该是一种被动的模仿和复制，而应是对技术的消化、改进和创新，正是这种创新活动给引进的技术赋予了新的活力，才给引进技术的企业带来新的竞争优势。

d. 理论缺陷

首先，该理论过于乐观，认为在技术本土化过程中，当地能够充分利用外国技术，但实际上，由于知识产权和文化障碍等问题，技术转移和本土化可能并不容易实现。其次，技术本土化理论忽略了技术的复杂性和困难度，以及对人才和资源的需求，这可能导致技术本土化的困难或失败。最后，由于新兴市场国家和发展中国家的经济、制度环境与西方国家存在显著不同，技术本土化理论的适用性可能会受到限制。

3）小规模技术理论

a. 理论背景

该理论是威尔斯1977年提出的，威尔斯认为，发展中国家跨国公司的竞争优势来自低生产成本，这种生产成本是与其母国的市场特征紧密相关的。他从以下几个方面分析发展中国家跨国公司的比较优势。

b. 理论核心点

第一，拥有为小市场需求服务的小规模生产技术。低收入国家制成品市场的一个普遍特征是需求量较小，大规模生产技术无法从这种小市场需求中获得规模效益，而许多发展中国家正是开发了满足小市场需求的生产技术而获得竞争优势。而这种小规模技术特征往往是劳动密集型的，生产有很大的灵活性，适合小批量生产。根据威尔斯的调查，在泰国的外国公司中，发达国家公司的生产规模比发展中国家公司的生产规模大两倍以上。例如，印度尼西亚估计年需求干电池 1200 万节，而美国在印度尼西亚拥有的干电池企业年产量达 6500 万节。在生产能力的使用上两者也出现了明显差别。

第二，威尔斯认为发展中国家在民族产品的海外生产上颇具优势。发展中国家对外投资的另一特征表现在鲜明的民族文化特点上，这些海外投资主要是为服务于海外同一种团体的需要而建立的。一个突出的例子是华人社团在食品加工、餐饮等方面的需求，带动了一部分东亚、东南亚国家和地区的海外投资。而这些民族产品的生产往往利用母国的当地资源，在生产成本上享有优势。

第三，低价位产品营销策略。物美价廉是发展中国家跨国公司抢夺市场份额的秘密武器。发达国家跨国公司的产品营销策略往往是投入大量广告费，树立产品形象，以创造名牌产品效应。而发展中国家跨国公司则花费较少的广告支出，采取低价位产品营销策略。

c. 理论意义

威尔斯关于发展中国家对外投资的研究是把发展中国家对外直接投资竞争优势的产生与这些国家自身的市场特征结合起来，在理论上提供了一个充分的分析空间。人们需进一步思考的问题是，作为经济落后国家怎样将现有的技术与自身特点结合起来，形成比较竞争优势。该理论对于分析指导我国企业在国际化的进程中如何争得一席之地是颇有启发的。世界市场是多元化、多层次的，即使对于那些技术不够先进、经营范围和生产规模不够庞大的发展中国家企业来说，参与国际竞争仍有很强的经济动力。例如，我国企业在纺织、轻工、一般机械、食品加工、金属冶炼、医药等传统工业领域，仍具有较强的竞争优势。

d. 理论缺陷

从本质上看，小规模技术理论是技术被动论。威尔斯显然继承了弗农的产品生命周期理论，认为发展中国家所生产的产品主要是使用降级技术生产在西方国家早已成熟的产品。再有，该理论将发展中国家跨国公司的竞争优势仅仅局限于小规模生产技术的使用，可能会导致这些国家在国际生产体系中的位置永远处于边缘地带和产品生命周期的最后阶段。同时该理论很难解释一些发展中国家的高新技术企业的对外投资行为，也无法解释当今发展中国家对发达国家的直接投资日趋增长的现象。

【案例阅读】

1. 对外直接投资周期理论：宝洁公司的国际化过程

宝洁是美国一家著名的消费品公司，其国际化过程与邓宁的理论相符。

在出口阶段：宝洁最初主要从事产品的出口业务，将美国生产的产品销售到其他国家。在成熟市场阶段：随着市场的成熟和竞争的加剧，宝洁开始在一些国家建立分销渠道，以更好地服务当地消费者。在国际化阶段：宝洁逐步开始在一些国家设立子公司，以更深入地渗透当地市场[①]。例如，在中国，宝洁逐步建立了生产基地，推动了其在中国的市场份额增长。在多国化阶段：宝洁在不同国家的业务逐渐扩展，形成了多国化的经营格局。例如，宝洁在各国推出了不同品牌和产品线，以满足当地市场需求。

2. 技术地方化理论：华为公司的海外扩张

华为作为中国的跨国科技企业，在全球范围内都展现出了技术地方化理论的特点。

本土化创新：华为在不同国家和地区建立研发中心，以便更好地适应当地市场的需求。例如，华为的海外研发中心会根据各个国家和地区市场的特点，进行本地化的技术创新和研发。不仅包括技术的定制，而且涉及解决当地网络基础设施和通信环境的特定问题[②]。

合作与融合：华为与当地政府、大学和合作伙伴紧密合作，以推动技术地方化。例如，华为在一些国家与当地的高等院校合作，开展技术培训和合作研究，以促进当地人才的培养和技术创新。

---

① 资料来源：宝洁官网，https://www.pg.com.cn/pg-history/。

② 资料来源：华为官网，https://www.huawei.com/cn/news。

华为在不同国家和地区的产品线与解决方案会有所调整，以满足不同市场的需求。这种本地化的产品和服务策略使得华为在全球范围内具备竞争优势，因为它能够更好地满足当地市场的特定要求。

此外，华为也关注技术共享与转移：华为积极与合作伙伴进行技术共享和技术转移，从而在不同地区共同推进创新。这种合作有助于各方共同解决技术难题，实现技术地方化。

3. 小规模技术理论：海尔集团从小家电赛道走向世界

海尔集团是一家总部位于中国的家电制造企业。海尔集团在早期主要从事家电制造，通过适应小市场需求，采用小规模生产技术，生产出多样化的家电产品。这些产品包括洗衣机、冰箱、空调等，并且根据不同国家和地区的需求进行了定制化[①]。

海尔集团在海外市场的成功，部分得益于其本土化战略。海尔集团在不同国家建立当地化的生产基地，采用适应当地需求的生产方式。这使得海尔能够更好地满足不同市场的特定要求，而不仅仅是简单地复制全球的标准化产品。

海尔集团采用小规模生产技术，注重小批量生产，以更好地满足市场需求。这种灵活性使得海尔集团能够更迅速地调整产品线，并迎合不同地区和市场的变化。

7.2.2　中国跨国投资策略模式：发展与变化趋势

1）中国对外直接投资的历程

中国对外直接投资的历史可以追溯到 20 世纪 70 年代末和 80 年代初，中国采取了改革开放政策之后，开始向外部开放其经济。早期，中国的对外直接投资主要是在发展中国家进行资源合作，特别是在非洲地区的农业、采矿和石油勘探行业。

然而，直到 20 世纪 90 年代末和 21 世纪初，中国对外直接投资才开始显著增长。这种增长的驱动力是中国政府进行的几项政策变化，包括"走出去"政策和将对外直接投资纳入中国"十一五"规划中。这些政策鼓励中国企业在海外投资，特别是在发达国家，以获得技术、市场和资源的准入。

结果，中国对外直接投资开始从资源合作向市场寻求转变，集中于电信、能源、基础设施和房地产等行业。中国对外直接投资也开始拓展至非传统目的地，包括欧洲、美洲和澳大利亚。

近年来，中国对外直接投资继续增长，但也发生了重大变化。中国政府引入更严格的对境外投资的监管和监督，以应对资本外逃和国家安全的担忧，这导致中国对外直接投资在某些行业和地区出现下降。同时，中国企业在海外投资方面变得更具战略性和选择性，专注于与共建"一带一路"倡议相符的行业，以及机器人、人工智能和生物技术等先进技术领域。

总的来说，中国对外直接投资的历史反映了中国经济的腾飞与演变，以及其融入全球经济的过程。

---

① 资料来源：海尔官网，https://www.haier.com/about-haier/global/?spm=net.about-haier_pc.header_128848_20200630.7。

2）中国对外直接投资的现状

根据国家外汇管理局统计，2023 年中国全行业对外直接投资 1478.5 亿美元，同比增长 0.9%（以人民币计为 10 418.5 亿元人民币，同比增长 5.7%）；其中非金融类对外直接投资 1301.3 亿美元，同比增长 11.4%（以人民币计为 9169.9 亿元人民币，同比增长 16.7%），对"一带一路"共建国家非金融类直接投资 318 亿美元，同比增长 22.6%（以人民币计为 2240.9 亿元人民币，同比增长 28.4%），占同期总额近 1/4。

从 2022 年我国对外投资完整公报数据来看，我国对外投资规模保持世界前列。2022 年，中国对外直接投资流量 1631.2 亿美元，为全球第二位，连续 11 年位列全球前三，连续七年占全球份额超过一成。境外企业覆盖全球超过 80% 的国家和地区：2022 年末，中国境内投资者共在全球 190 个国家和地区设立境外企业 4.7 万家，近 60% 分布在亚洲，北美洲占 13%，欧洲占 10.2%，拉丁美洲占 7.9%，非洲占 7.1%，大洋洲占 2.6%。其中，在共建"一带一路"国家设立境外企业 1.6 万家。我国投资领域广泛：2022 年，中国对外直接投资涵盖了国民经济的 18 个行业大类，其中流向租赁和商务服务、制造、金融、批发零售、采矿、交通运输等领域的投资均超过百亿美元。同时地方企业对外投资持续活跃：2022 年中国对外非金融类投资流量中，地方企业对外投资总额达 860.5 亿美元，占 61%，较上年提升 3.3 个百分点。其中，东部地区占比 77.3%，浙江、广东、上海位列前三位。中国企业与目标所在国互利共赢助力经济发展：2022 年，境外企业向投资所在地纳税 750 亿美元，增长 35.1%。年末境外企业员工总数超 410 万人，其中雇用外方员工近 250 万人。当年对外投资带动货物进出口 2566 亿美元。非金融类境外企业实现销售收入 3.5 万亿美元，增长 14.4%。

中国对外投资规模常年占国际对外投资总额的 11% 左右，2022 年占比达 10.9%，其存量相当于美国对外投资存量的 1/3 左右（36.5%）。虽然中国对外投资规模与美国之间的差距较大，但从投资增长率的角度分析，美国企业自 2008 年金融危机发生以来，除 2011 年外，对外投资增长率均为负值，呈明显的负增长趋势。与之相比，中国企业对外投资在 2007~2015 年以年均 30% 的速度持续大幅增长，预计到 2025 年将达到 3000 亿美元以上的对外投资规模。中国企业对外投资的特点如下。

投资流向：以制造业为主，积极参与全球基础设施建设，带动高新技术输出。2022 年中国对外直接投资涵盖了国民经济 18 个行业大类，流向制造业的投资达 271.5 亿美元，占比最高，达 16.6%，比上年同比增长 1 个百分点，其中流向装备制造业的投资达 146.1 亿美元，占制造业投资的 53.8%。这里的制造业主要是指加工产业，如服装制造、医药制造、食品制造和专业设备制造等。随着区域经济一体化的发展，基础设施建设在区域内及跨区域互联互通上的重要性凸显，全球基础设施建设正迎来新一轮发展机遇。我国提出的共建"一带一路"倡议的推进实施依赖于交通网、信息网、金融网等网络的互联互通，而参与网络的建设不仅提升中国在全球治理和发展中的作用，同时由于投资空间很大，更多的中国企业积极参与全球基础设施建设。

根据商务部数据，2014 年中国企业在铁路领域的海外累计签订合同额为 247 亿美元，其中中国铁道建筑集团有限公司同尼日利亚签署的铁路建设合同金额高达 119.7 亿美元，这是中国企业签署的最大金额的单笔合同。2014 年中国中车股份有限公司和中国北车股份有限公司（简称中国北车）海外总合同金额达 60 亿美元，其中中国北车获得波士顿 284 辆地铁车辆装备的订单，金额为 5.67 亿美元，是中国轨道交通设备首次进入美国市场。此外，中国中铁股份有限公司参与俄罗斯的高铁建设，合同金额高达 24 亿元，意味着中国高铁技术真正地走出国门。同时，中国核工业集团有限公司自主三代核电技术再次出海，与阿根廷核电公司合作建设压水堆核电站。

投资地区地理分布：中国的对外直接投资逐渐从亚洲市场向全球市场拓展，其中很大一部分流向了发展中国家。受疫情影响，中国对外投资不减反增，说明了中国对外开放的决心。2020 年中国企业对其中 58 个共建"一带一路"国家的非金融类直接投资为 177.9 亿美元，同比增长 18.3%，占同期总额的 16.2%，较上年提升 2.6 个百分点。2021 年，中国对共建"一带一路"国家非金融类直接投资 203 亿美元，同比增长 14%。2022 年，中国对外直接投资流量 1631.2 亿美元，与上年历史次高值相比，下降 8.8%，但从全球份额来看，达到 10.9%，较上年提升 0.4 个百分点，表明在外部环境不稳定、不确定性增多的当下，中国对外投资在全球外国直接投资中的影响力仍在不断扩大。

中国向许多国家和地区进行了数亿美元的对外直接投资。以下是一些主要国家和地区的列表。

美国：2022 年中国在美国的对外直接投资约为 72.9 亿美元，与上一年相比增长 30.6%。

澳大利亚：2022 年中国在澳大利亚的对外直接投资约为 27.9 亿美元，与上一年相比增加。澳大利亚对外国投资的严格监管有所缓和。

英国：2022 年中国在英国的对外直接投资约为 28.2 亿美元，主要投资于能源、技术和房地产等行业。

德国：2022 年中国在德国的对外直接投资约为 19.8 亿美元，主要投资于汽车、机械和化工等行业。

东盟国家：中国在东盟国家的对外直接投资近年来增长迅速。2020 年，中国在东盟国家的对外直接投资总额约为 186.5 亿美元，同比下降 5.5%，主要流向印度尼西亚、新加坡和越南。

共建"一带一路"国家：作为中国对外直接投资政策的重要组成部分，共建"一带一路"国家接受到了中国的大量投资。2022 年，我国企业在"一带一路"共建国家非金融类直接投资 1410.5 亿元人民币，较上年增长 7.7%（折合 209.7 亿美元，增长 3.3%），占同期总额的 17.9%。

投资主体：国有企业作为压舱石，民营企业已成最大、最活跃群体。国有企业一直掌握着国家经济的命脉。但随着国内经济的发展，以及经济格局的改变，受国内劳动力价格上升、环境压力等因素影响，中国民营企业近年来积极拓展海外市场，不断寻求技术突破，塑造国际品牌形象，国有企业所占的比例有所下降。同时，相关部门修改了对外投资审批办法，放宽了对外投资的限制，调动了民营企业的海外投资积极性。民营企业充分发挥自身优势，利用自有品牌、自主知识产权和自主营销渠道，进行全球采购、生产、销售，积极建立国际产业价值链。到 2014 年，中国民营企业对外投资呈现爆炸式增长，同比增长 295%，相当于 2013 年的三倍，占当年总投资案例数的 69%。

2022～2023 年最新数据表明，中国对外直接投资者超 3 万家，从其在中国市场监督管理部门登记注册情况来看，私营企业占 33.6%，国有企业仅占 5.6%。

投资形式：跨国并购是中国对外直接投资的主要形式。对外投资的方式多种多样，其中跨国并购是最常见的形式之一。我国对外直接投资的过程中跨国并购是主要的形式，这与世界的主流发展也是一致的。在中国加入 WTO 后，企业的国际竞争随之加剧，企业为了更好地适应世界经济的环境，逐渐转变对外投资的方式。由以前的在外设立子公司转变为跨国并购，并逐渐成为一种主要的方式。在 2002 年我国的跨国并购总金额是 2 亿美元，到了 2008 年，这一数字上升到了 205 亿美元，到 2012 年对外直接投资的并购金额达到了 434 亿美元，增长了一倍多，并购涉及的产业多种多样，其中包括采矿业、制造业、电力生产、供应业、文化娱乐、交通运输和金融等，真正实现了我国对外直接投资的转型。

2023 年，中企宣布的海外并购总额为 398.3 亿美元，同比增长 20.3%，已连续三个季度实现环比增长；宣布的并购数量为 457 宗，同比下降 16.3%。值得注意的是，2023 年大额交易较上年明显增多，2023 年交易金额超过 5 亿美元的海外并购达 21 笔，比 2022 年多13 笔。中企在"一带一路"共建国家宣布的并购总额为 173.4 亿美元，同比增长 32.4%，高于整体增速；宣布的并购数量为 185 笔，同比下降 2.6%，降幅低于整体降幅。中企在"一带一路"共建国家并购的占比较上年同期增长 4 个百分点，达 44%。

3）中国对外直接投资的未来趋势

近年来，中国的对外直接投资受到地缘政治、监管控制和经济不确定性等各种因素的挑战。然而，中国政府仍致力于促进和推动对外投资，特别是在战略性和高科技产业领域。

以下是未来几年可能影响中国对外直接投资的一些趋势。

更加重视高科技产业：在中国政府关注技术创新和升级的背景下，中国企业可能会增加对人工智能、5G 和生物技术等高科技产业的投资。这些产业预计将提供巨大的增长潜力，并为中国企业在全球竞争中提供战略优势。

在共建"一带一路"国家增加投资：共建"一带一路"国家仍是中国对外投资的重点，中国有望增加对共建"一带一路"国家的投资和基础设施建设。这些投资将支持中国的经济扩张并深化其在共建"一带一路"国家的影响力。

更加审慎关注投资风险：近年来，中国对外直接投资面临更多的监管审查和风险管理挑战。因此，中国企业可能会更加谨慎和战略性地进行投资决策，聚焦于高质量项目，并减少对风险产业或地区的投资。

投资目的地多样化程度增加：虽然美国和欧洲仍是中国企业的重要投资目的地，但越来越多的企业开始向东南亚、非洲和拉丁美洲等新兴市场进行多元化投资。这些地区有巨大的增长潜力，并在基础设施、资源和消费市场等领域为中国企业提供了有吸引力的机会。

更加重视可持续发展和社会责任：中国企业越来越意识到可持续性和环境保护的重要性，并可能会投资更多的项目和技术来促进可持续发展与环境保护。此外，他们还会在投资活动中遵守社会规范和文化差异，并与当地社区和利益相关者建立伙伴关系。

【案例阅读】

近年来，中企海外投资嬗变，从"走出去"到"走进去"

近年来，在诸多不确定因素的扰动下，海外并购占比消减，绿地投资的数量增加。为推进高水平对外开放，中企出海模式进阶前行。越来越多的中企有自信、有能力、有技术走向包括老牌工业国家在内的国际市场，改变着以往简单的产品和技术输出模式，展现出强劲的合作与整合能力。

2022年4月，宁德时代位于德国图林根州的首个海外工厂正式获得电芯生产许可，该工厂是德国第一家电池工厂，公司全球布局迈出重要一步。8月，宁德时代再次公告称，拟在匈牙利德布勒森市投资建设新能源电池产业基地，项目总投资超500亿元。这个投资项目不仅对于宁德时代来说具有里程碑意义，而且说明中国企业走进了老牌工业国家进行先进制造，一方面给当地提供增量就业岗位，另一方面为德国主要汽车厂商提供优质产品和服务，助力欧洲全面电动化和能源转型[①]。

从上市公司公告来看，对共建"一带一路"国家的投资是中企出海的重要方向。共建"一带一路"国家之所以具有持续吸引力，既是基于政策的推动，也有人力成本、生产成本端的经济考量，同时随着全球化进程的推进，有利于中资企业面向东道国和周边国家的广阔市场进行市场化布局。

此前中资企业的海外投资目的多为通过整合目标企业的全球资源、前沿技术与高端设备，以此提高企业自身的综合竞争力；而从宁德时代、亚钾国际等案例来看，中国的企业如今已经有自信、有能力、有技术走向国际，甚至是老牌工业国家去做相应的投资及配套，推动当地的产业转型。

中企出海实现了从"走出去"到"走进去"的战略升级。"走进去"一方面指向技术，带着比较好的技术和经营管理经验，走进对方，与当地融合。另一方面指向提升当地企业研发能力，给当地带来更好的技术支持，这是中资企业高质量"走出去"的体现。

7.3　中国跨国投资战略选择影响因素

影响中国跨国投资战略选择的因素包括经济、政治、社会和文化等多种因素。以下是影响中国跨国投资战略选择的几个主要因素。

市场准入和战略重点：中国跨国投资战略往往受其特定行业或地区的战略优先事项和喜好所驱动。中国企业可能会在提供有吸引力的市场准入机会、战略上具有优势或具有经济增长潜力的国家投资。

政府政策与法规：中国跨国投资战略也受到鼓励投资或对某些类型的投资或行业施加限制的政府政策和法规的影响。中国企业可能会重视符合国家重点或获得政府支持的投资，比如与共建"一带一路"倡议或高科技产业有关的投资。

竞争和全球经济趋势：中国企业可能会根据全球经济趋势的变化和其他国家或竞争

[①] 《宁德时代首座海外工厂投产》，https://baijiahao.baidu.com/s?id=1756514514297116494&wfr=spider&for=pc。

对手的压力调整其跨国投资战略。例如，中国企业可能会增加对新兴市场的投资或多样化其投资目的地，以降低对特定市场或地区的依赖。

文化和社会规范：中国企业在跨国投资战略中也会考虑文化和社会规范，包括语言、历史联系和声誉等因素。这些因素可能影响他们的投资，也会对其与当地利益相关者的长期关系产生影响。

风险评估和尽职调查：中国企业可能会进行风险评估和尽职调查，以评估潜在的投资机会并降低投资风险。这些评估可能包括法律、金融、政治和运营风险，这些风险可能影响他们的投资。

总的来说，中国的跨国投资战略是各种因素的复杂组合，中国企业需要在全球市场中做出投资决策时认真考虑这些因素。

本章习题及答案

第 8 章　去哪儿投资？（Where）：跨国投资区位

8.1　区位与区位理论

8.1.1　什么是区位

区位是指某个事物所占据的场所，包含事物的位置、位置关系、布局、分布等方面的意义。经济区位则指地理意义上的经济增长带或经济增长点及其辐射范围，是资本、技术和其他经济要素高度集中的地区，也是经济快速发展的地区。例如，中关村国家自主创新示范区、硅谷高新技术产业区等就是国内和国际知名的经济区位。在现实生活中，区位人口分布、市场约束、资源分布等条件不同，这些区位因素的差异决定了各区位的优劣，形成了区位差异。区位差异的存在使得企业在不同区位进行经济活动时形成的成本与费用、能够获得的利益不同。因此，为追逐最大化的经济利益，跨国公司在进行跨国投资前，会根据自身的需求和相应的约束条件选择最佳区位。

8.1.2　区位理论

区位理论是关于人类活动的空间分布及其空间中的相互关系的学说，是研究人类经济行为的空间区位选择及空间区位经济活动优化组合的理论。

1）农业区位论

农业区位论由德国农业经济学家杜能提出，是最早的区位理论。杜能根据影响产品运输的不同因素（包括产品的体积、重量、易腐蚀性等）进行分类研究，得出市场上产品的销售价格决定了经营的产品种类和经营方式，而运输费用决定生产成本。按照其假设，利润加运费等于一个常数，只有把运费支出降到最低，才能把利润增至最大。

农业生产者的预期利润可以用下面的公式来表示：

$$P = V - (E + t)$$

其中，P 为利润；V 为销售的商品价格；E 为总生产费用；t 为运输费用。

当农产品的运输距离增加时，运输费用也会跟着增加，使得经营者的利润下降。经营者利润为零时的距离就是经营某种农产品的极限距离，超过极限距离经营者就无利可图，甚至赔本。农产品经营者只能改变经营品种来降低产品的运输费用获利。因此，随着距离的增加，形成了以城市为核心的同心圆带，在同一同心圆带上经营相同的产品，在不同的同心圆带上经营不同的产品。同心圆带中的每一种耕作制度形成的环形区域被称为"杜能环"，由内至外，分别为自由农作区、林业区、轮作农业区、谷草区、三圃农作区、畜牧区。同样地，杜能认为，由于工业区的选择与农业没有本质的区别，所以工业经营者也应选择运费和市场费用低的区位。

农业区位理论虽然较为明确地提出了农业区位本质，指出农产品经营发生分化的原因取决于消费市场与产地之间的距离所导致的运输费用差异。但该理论的研究仅仅基于马车这一种运输工具，如今现代化的运输工具出现后，运输成本在产品价格中的比例逐渐变小。除了运输费用，该理论几乎没有考虑其他的影响因素。尽管杜能的农业区位理论的假设过于理想化，但是也蕴含着市场距离和运费的关系及最优化布局的思想，对后续区位理论的发展有着重要的影响。

2）工业区位论

1909 年，阿尔弗雷德·韦伯（Aifred Weber）提出了工业区位理论。该理论认为影响工业区位的一般因素只有运输费用、劳动力费用和集聚三项，工业配置的核心问题就是要尽可能地降低成本。他以简单的区位三角对区位的定向做了说明：R_1，R_2，R_m 分别表示从 P 点到 M_1，M_2 和 M 三个地点的距离，现在把原料运到 P 点，把成品从 P 运到 M，则每单位所需的总费用 F 为

$$F = (R_1 M_1 + R_2 M_2 + R_m M) f$$

其中，f 为单位成品的运输费用；使 F 的数值最小的地点 P，就是企业的最佳区位。仅就运输和工业区位的关系而言，运费大小取决于运输距离和货物重量，由于原料的分布是不均匀的，因此只有在原料、燃料与市场间找到最小运费点才能找到工业的理想区位。

从劳工成本的角度来看，当工资在特定区位对工厂配置有利时，就可能使得工厂放弃运输成本最小的区位转向劳动力廉价的地区。在此基础上，集聚与分散因素也会影响工业区位，通过企业内部因素引起的生产或技术集聚以及企业外部因素引起的社会集聚可使得运费和工资定向的工业区位产生偏离。分散因素主要指房地产价格上涨带来的不利于工业集中到一定区位的因素，企业在搬迁或新建时会考虑到这一因素从而产生分散的布局。

韦伯在理论中首次提到了集聚因素这一区位论的核心问题。但该理论没有考虑社会、文化等与经济因素紧密相关的因素对区位的影响；同时，对一些特殊工业产品如易腐、易碎等行业的产品来说，往往不遵守上述原则。

3）现代区位论

1990 年后，随着一系列新技术、新产业的产生，现代区位理论应运而生，其中以克鲁格曼和波特为主要代表人。现代区位理论的共同核心论点包括以下几个方面。第一，规模经济会促使产业集聚。当数量可观的企业集聚在一起时会产生规模经济，通过降低水电交通等基础设施成本和增强加工环节的互补性等方式提高生产效率，形成相关产业的核心竞争优势。第二，外部性影响后续企业布局。最先进入集聚地点的企业给后续企业创造了基础设施、劳动力市场、中间产品、原材料的供应渠道等正外部性，会促使后续企业进入。第三，向心力或离心力会综合作用于产业集聚。一般来说，产业越集聚，规模经济越大，但如果超过限度，企业过多、过密就会使投资环境恶化，产生交通堵塞、环境污染和恶性竞争等问题，使得企业向外围边缘扩散。第四，区位竞争会影响集聚性

投资行为。在没有价格竞争的情况下，企业追求利润最大化的结果就是每一家企业都倾向于聚集在市场中心。而地区主体也会力争本地区成为集聚性投资行为的高地而不断改善地区投资环境，与潜在对手进行区位竞争（郑春，2006）。

4）其他理论

在一些对外直接投资理论中，也有学者对区位选择进行了阐述。

a. 产品生命周期理论

产品生命周期理论中，美国经济学家弗农将产品生命周期分为三个阶段：创新阶段、成熟阶段、标准化阶段，并从美国的角度，分析了企业在不同阶段应该选择的国际市场进入方式和进入区位。该理论认为，在产品创新阶段，企业拥有研发及生产的垄断优势，国内需求有潜力、可开发，因而企业有在国内生产的倾向，并有部分产品出口到经济发展水平相当的发达国家；在产品成熟阶段，由于技术的扩散和竞争者的加入，成本因素变得越来越重要，同时由于国内需求饱和，市场竞争激烈，对外直接投资比产品出口更为有利，因而企业倾向于在海外需求类型相同的地区投资设厂，以增强产品的竞争力，同时将部分产品出口到发展中国家；在产品的标准化阶段，技术因素已退居次要地位，竞争的基础变成了价格竞争，因此企业倾向于将生产或装配业务转移到劳务成本低的发展中国家，原来的产品发明国逐渐变成了产品的进口国。产品生命周期理论将整个对外直接投资的产品周期和区位选择进行了动态分析与时间序列分析，为投资企业进行区位和市场选择及国际分工的阶梯分布提供了分析框架。

b. 国际生产折衷理论

国际生产折衷理论把区位优势作为企业进行对外直接投资所必须具备的三种特定优势之一。邓宁认为，决定跨国公司行为和对外直接投资的最基本因素有三，即所有权优势、内部化优势和区位优势；当企业同时具备了所有权优势、内部化优势和区位优势，便可在国际经济活动中选择对外直接投资方式。其中，区位优势指跨国公司在对外直接投资的区位选择上拥有特定优势，包括直接区位优势和间接区位优势。直接区位优势是指东道国某些有利的区位优势，比如廉价的劳动成本、广阔的销售市场、政府的优惠政策以及获得原材料的便利性等；间接区位优势是指东道国的某些不利因素形成的区位优势，比如出口运输成本过高、贸易壁垒等。如果说竞争优势是企业对外直接投资的内因，那么区位优势是跨国经营的外因。如果在国外生产比在国内生产能使跨国公司获得更大的利润，那么就会导致对外直接投资。拥有所有权优势和内部化优势的跨国公司在进行直接投资时，首先面临的是区位选择，即是在国内投资生产还是在国外投资生产；如果在国外投资生产，那么该在哪个国家投产。所以，对外直接投资的流向取决于区位禀赋的吸引力。此外，区位优势不仅影响企业跨国经营的意愿，也左右着企业跨国经营的方式和类型。

c. 技术创新产业升级理论

20 世纪 80 年代中期以后，发展中国家对外直接投资出现了加速增长的趋势，特别是一些新兴工业化国家和地区的对外直接投资投向了发达国家。技术创新产业升级理论解释了这种发展中国家对外直接投资的新趋势。坎特韦尔和托兰惕诺认为发展中国家和地区对外直接投资的产业分布和地理分布是随着时间的推移而逐渐变化的，并且是可以预测的。这是因为，发展中国家和地区产业结构的升级说明发展中国家企业技术能力的稳定提高和扩大，这是一个不断积累的过程；发展中国家和地区企业技术能力的提高是与其对外直接投资的增长直接相关的，现有的技术能力水平是影响其国际生产活动的决定因素，同时也影响发展中国家跨国公司对外投资的形式和增长速度。从海外经营的区位选择看，发展中国家跨国公司在很大程度上受心理距离的影响，其对外直接投资遵循以下的发展顺序：首先是在周边国家进行直接投资，充分利用种族联系；其次，随着海外投资经验的积累，种族因素的重要性下降，逐步从周边国家向其他发展中国家扩展直接投资；最后，在经验积累的基础上，随着工业化程度的提高，产业结构发生了明显变化，开始从事高科技领域的生产和开发活动。同时，为获得更先进、复杂的制造业技术，开始向发达国家投资。例如，新加坡的跨国公司在计算机、生物技术、基因工程、电子技术领域进行的投资；韩国企业在半导体、软件开发、电信技术等领域都占有一席之地。这些国家对发达国家的投资也表现出良好的竞争力。

8.2 跨国投资区位选择

8.2.1 跨国投资区位选择概况

当前跨国企业对外投资活动仍然集中在发达国家。《世界投资报告2021》显示，2021年全球跨境投资较2020年大幅增长64%，达到1.58万亿美元，但发达国家和发展中国家吸引外国直接投资出现明显分化，进一步加剧南北发展不平衡问题。发达国家吸引外资增长了200%，而发展中国家只增长了30%，最不发达国家、内陆发展中国家吸引外资较2020年减少3.5%。这是因为，发达国家相比发展中国家其基础设施、法律法规建设等更加完善，得益于强劲释放的需求、低廉的融资成本以及政府的有力支持，在发达国家经营的跨国企业利润增长更为迅速，同时，企业可以通过溢出效应获取发达国家先进的技术与经验，增强自身的创新能力，这些都将有力提升发达国家相较于发展中国家的外资吸引力。另外，由于全球对大宗商品和矿产的需求增加，对于资源寻求型跨国企业来说，拥有着丰富的矿产和能源资源而劳动力成本较低的拉丁美洲的吸引力不断增大。2021年，拉丁美洲的外国直接投资增长了74%，达到880亿美元。

8.2.2 跨国投资区位选择影响因素

世界上国家和地区众多，对于想要对外扩张的企业来说，这些国家和地区都有各自不同的特点与优劣势，这些差异导致企业在不同区位开展跨国投资活动会获得不同的利润。因此，在投资前进行区位的选择对于企业跨国投资十分重要，企业必须在对一个国家长远的获利潜力进行评估后才能做出决定，而这种潜力是许多要素共同作用的结果。

1）政治环境

政治环境主要指经济、政治和社会稳定，有关外资进入的相关法律规定、政府对外商直接投资的政策方针及政府机关的效率。稳定的政治、经济环境是外商直接投资的必要条件，政府的高效能给外资的进入提供很多便利，也能在一定程度上降低寻租成本。另外，一个国家如果对外足够开放，推出一系列税收以及融资优惠政策，主动吸引投资，那么企业在对该国投资时会更加轻松，企业投资成本也会相应降低，该国就更能吸引外资的进入。实行低税率政策的爱尔兰就成为谷歌、微软、推特、德勤等众多世界名企的青睐之地，爱尔兰的税率只有12.5%，而欧盟国家平均是21.68%。根据爱尔兰投资发展局统计，到2020年已有1200多家大中型海外企业在爱尔兰设立了机构，形成了信息通信技术、生物制药、金融服务、互联网、工程和商业服务及航空融资租赁等多个优势产业集群。

政治风险会影响市场的稳定性，从而影响在该国开展业务的跨国企业。政治环境的不稳定会导致政策、法律、经济环境和社会状况不稳定，甚至可能会面临财政和经济危机，对投资者的投资产生不利影响。在其他条件相同的情况下，有着自由市场体制，同时没有急剧上升的通货膨胀率和私营部门债务的政治稳定的发达国家与发展中国家对利润—成本—风险的平衡更有利。政治不稳定且采取计划经济的发展中国家，或那些由于投机性的金融泡沫而导致负债过高的发展中国家可能对这种平衡最不利。因此，在进行跨国投资时，应选择政治稳定、政府运作透明度高、政策持续性高的国家和地区。

东道国相关制度是否完善也决定了跨国公司能否在当地迅速获得市场份额和发展地位，影响了商业活动中交易和协调的成本。东道国市场经济制度越好，市场体制越完善，政府对微观经济活动的干预越少，越适合投资。而东道国政治制度越健全，腐败程度越低，营商环境越好。因此，跨国企业在进行跨国投资时应选择东道国法律环境相对稳定、政策法规透明、市场体制健全的国家和地区。

2）经济环境

这是进行外国直接投资最着重考虑的因素。投资地当地的市场潜力、购买力水平、工资水平和低成本投入品等都会对投资决定产生一定的影响。经济环境往往会产生溢出效应，企业可以从中受益。由于企业需要资本来支持扩张和融资新项目，故发展水平较高的经济制度吸引了更多的国际化投资。中央银行或私人金融中介等经济机构为资本市场提供了更高的效率，也给企业提供了更好的金融资源渠道。资本的可用性、成本效益和估值的稳定性都是比较重要的。此外，稳定的经济制度对居民的财富有积极的影响，企业也可以从中获益。

市场规模决定了投资者在该国和地区能够获得的市场潜力。如果市场规模大，则投资者可获得更多的商业机会，扩大其销售渠道。因此，在进行跨国投资时，投资者应考虑该国或地区的市场规模和市场需求，选择在具有市场潜力的国家和地区进行投资。

企业为了抢占自然资源用于产品制造研发，因此东道国的自然资源量也是企业考虑的重要因素。同理，东道国的人才劳动力成本是另一项考虑因素，劳动力成本的高低会对企业的成本和利润影响深远。自然资源量越多，劳动力越多，可以更加有效地降低资源运输、购买劳动力等成本，该国的投资价值越高。这些因素在企业经营过程中会影响其运营成本，因此，在区位选择时，企业会全面考虑这些因素与其他因素的结合。根据弗农的产品生命周期理论，当产品处于成熟期和标准化阶段时，投资者将会寻求能够降低产品生产成本的发展中国家和地区，将产品的生产进行转移。所以，东道国的原材料、劳动力等因素将是投资者直接考察的指标。

3）商务环境

集聚经济因素对外国直接投资决策的重要性已越来越受到关注。集聚经济是指因经济活动和相关生产设施的区域集中而形成的正外部性以及规模和范围经济。对于各个国家和地区来说，由自身的自然条件或政策条件所形成的产业集聚效应对吸引外商投资来说就像吸管一样，会把其他国家和地区的企业吸引到自己的周围。因此，产业集聚一旦形成就会产生一种集聚吸引集聚的循环。这种循环使产业集聚的规模不断扩大。在世界上的许多发达国家都存在多个不同产业的集聚地，如美国西部的"锈带"复兴、五大湖老工业区、硅谷电子产业中心、加利福尼亚多媒体产业区；英国以伦敦、曼彻斯特、利物浦为轴心的"夕阳"工业区；意大利中部和东北部（俗称第三意大利）的传统产业区，意大利皮革制品、服装、酿酒等名牌专业城镇。这些产业集聚地的形成有的是企业自发形成的结果，有的是政府扶持的结果，但不管是哪一种形成过程，其对后来进入者的吸引力都很大。这是因为，一个已经拥有大量跨国公司的市场必然比缺乏跨国公司的市场更加成熟和接近国际市场，跨国公司的进入成本较低。产业的空间集聚不仅会带来产业的自然优势，而且会带来技术溢出等外在优势。所以，在选择东道国区位时，投资者还会重点考虑地区的集聚效应。

东道国基础设施也是进行跨国投资时至关重要的经济环境因素。基础设施包括交通、通信等重要设施，是一个国家或地区的生产性和经济性发展的基础。良好的基础设施能够大大降低企业的生产和运营成本，提高企业的生产效率。因此，在进行跨国投资时，投资者应选择基础设施完善、交通便利、通信发达的国家或地区。

4）自然环境

地理距离是一个区位与另一个区位之间的物理距离，这种距离限制了来自东道国软信息的进入（Chakrabarti and Mitchell，2016）。尽管交通和信息技术的发展缩短了区位之间的实际距离，但地理距离对跨国投资的影响仍然很重要。地理距离的增加提高了贸易的时间和成本，进而降低了市场在销售额提升方面的吸引力。地理距离还增加了信息不对称性，影响了国际化经销商之间事前和事后的协商（Malhotra，2012）。地理距离越远，理解东道国规则制度的难度就越大。因此，跨国企业更愿意选择地理距离较近的区位开展投资活动。

5）社会环境

投资地当地的文化对投资的成功与否存在一定的影响，如果投资地当地文化与跨国企业文化相差太多，可能会导致投资的失败，因此文化融合性也是参考因素之一。社会环境可以概括为文化融合性。

文化环境包括区域内的人员文化素质和语言文化环境。若一个地区有较为丰富的高素质人才，将促进跨国公司的技术转移和生产扩张，降低培训成本，加快产品本地化的进程。例如，对于亚马逊这样的科技型企业来说，其选址的核心驱动力是人才。亚马逊的第一总部选在了拥有丰富软件人才的西雅图，第二总部则选在阿灵顿，这是美国受教育程度最高的地区，25 岁及以上的人中有 49%的人至少拥有学士学位，这里的计算机科学专业毕业生数量超过任何其他美国大都市区。同时，政府在这里加大学校投资的力度，为像亚马逊这样的科技公司提供更多的计算机科技人才。语言存在差异，意味着母国和东道国的社会思维方式不同，这可能会阻碍母国企业与东道国企业之间的交流。由于母国与东道国之间存在语言差异，故在国际化过程中，母国企业的经理人可能被迫使用口译员、招募国外雇员或寻找具有相关语言知识的合作伙伴（Kontinen and Ojala，2010），这无疑增加了投资时间和成本。另外，两国之间的文化差异给消费者带来了更多的选择，反而可以加强两国之间的经济联系。

8.3　中国企业跨国投资区位选择

8.3.1　中国企业跨国投资区位选择概况及变化趋势

如表 8-1 所示，目前，中国企业在除南极洲外的六大洲都有跨国投资活动的开展，但亚洲仍然是中国企业跨国投资的主要目标区位。如表 8-2 所示，2021 年我国对亚洲的投资共计 1281 亿美元，占当年对外直接投资流量的 71.6%，拉丁美洲占 14.6%，欧洲和北美洲分别为 6.1%和 3.7%。

表 8-1　2021 年中国对外直接投资流量地区构成情况

洲别	流量金额/亿美元	比上年增长/%	比重/%
亚洲	1281.0	14.0	71.6
拉丁美洲	261.6	57.0	14.6
欧洲	108.7	14.4	6.1
北美洲	65.8	3.8	3.7
非洲	49.9	18.0	2.8
大洋洲	21.2	16.2	1.2
合计	1788.2	16.3	100.0

资料来源：《2021 年度中国对外直接投资统计公报》

表 8-2　2021 年中国对外直接投资流量前九的国家

序号	国家	流量金额/亿美元	比重/%
1	英属维尔京群岛	139.7	7.8
2	开曼群岛	107.3	6.0
3	新加坡	84.1	4.7
4	美国	55.8	3.1
5	印度尼西亚	43.7	2.5

续表

序号	国家	流量金额/亿美元	比重/%
6	德国	27.1	1.5
7	越南	22.1	1.2
8	澳大利亚	19.2	1.1
9	英国	19.0	1.1

资料来源：《2021 年度中国对外直接投资统计公报》

　　亚洲国家与我国文化相近、资源互补性强，加之其经济的迅猛发展，促使亚洲投资市场一直是我国企业跨国投资的主要选择。另外，对拉丁美洲的投资也呈现不断扩大的趋势，这是因为拉丁美洲资源丰富，同我国经济有较强互补性。对欧洲和北美洲的投资重点是市场和技术。我国企业普遍缺乏核心竞争力的现状可能在短期内无法改善，所以对欧洲和北美洲的投资将长期处于低水平。同时可以看出，我国对发达国家或地区投资相对集中。这是因为，中国企业将发达国家或地区作为投资目的地，方便企业学习当地公司的国际经验，同时还有丰富的外部资金使用，有利于迅速提升中国企业在国际上的知名度和竞争力。但也存在投资成本太高，与当地企业竞争激烈等缺点。

8.3.2　中国企业跨国投资区位选择影响因素

　　中国企业跨国投资动机不同，其在进行投资前所考虑的因素也不同。

　　对于市场寻求型企业来说，他们更加关注东道国的市场规模、发展潜力及市场环境。考虑到经济环境与政治环境的影响，当前东亚及南亚周边国家和地区仍是我国在发展中国家投资的重点区域。这是因为：首先，我国与许多亚洲国家在历史、文化等方面有着紧密联系，地理距离较近，并与这些国家政府保持着良好的关系，有利于减少进入障碍，降低投资成本。其次，这一地区市场容量大，发展潜力大，投资机会较多，有利于我国不同层次的企业开展投资活动。发展中国家丰富的生产要素和劳动力资源，还为我国的产品、技术（尤其是成熟产品和技术、劳动密集型生产技术）和机器设备等提供了发挥相对优势的广阔市场。从而推动我国产业结构调整，并在广泛的南南合作中提高我国在国际政治经济事务中的地位和影响力。目前，发达的美国、日本、欧盟等国家和地区是中国工业产品的主要出口目标市场，通过直接投资的方式有效规避了贸易壁垒，扩大了在发达国家的市场份额。但这些国家和地区的劳动力成本较高，导致产品竞争力下降。相比发达国家，发展中国家具有劳动力成本优势，因此，对于市场寻求型的中国企业来说，理想的跨国投资路径选择是通过对发达国家周边发展中国家的投资，生产产品后再出口进入发达国家市场。

　　低成本寻求型跨国投资的目的是利用东道国的优势资源降低产品生产的综合成本，因此该类投资更多考虑自然资源与人力资源的丰裕度，这就决定了这类投资会以发展中国家为主。但单从劳动力成本和素质来看，目前中国在世界范围内具有一定的优势，因此对于劳动密集型的产品生产加工企业来说，不一定需要外国直接投资。但对于产品生产加工中需要大量初级原料和一定劳动力要素的企业来说，可以对自然资源丰富的发展中国家进行外国直接投资。

对于技术寻求型中国企业来说，需要通过外国直接投资获取先进的技术与经验，提升自身技术水平和自主创新能力，保持国际市场竞争力。由于世界先进技术特别是信息技术基本集中于美国、日本、欧盟等少数国家和地区，所以，技术寻求型企业跨国投资应以发达国家为目标市场，通过建立技术研究中心，充分利用发达国家技术研发的外溢效应和聚集效应，从而指导我国产品生产技术升级。

综上所述，我国企业在进行海外投资的区位选择中短期的战略规划是以巩固和扩大对发展中国家尤其是东亚和东南亚国家和地区的投资为基本取向，积极而稳妥地发展对发达国家技术、管理经验和市场寻求型直接投资，应充分分析东道国的区位优势，并按照产业的发展水平，向与本国产业发展存在梯度的国家进行投资。

本章习题及答案

第 9 章 何时投资？（When）：跨国投资时机与速度

9.1 跨国投资时机

9.1.1 跨国投资时机的选择

跨国公司怎样选择跨国投资时机，在传统理论中并未给出准确答案。国际商务学科发展以来，众多国内外学者也对国际投资的时间进行了探讨。

最初，学者从经济学的角度尝试找出跨国公司准确投资的时间点。Aliber（1970）基于成本转换理论，进行了定性分析，在各动态因素的综合影响下，跨国投资的最佳时间点是对外直接投资的成本低于出口或技术授权。此后，Buckley 和 Casson（1981）、覃广华（1991）分别建立了数学模型，进一步精确地分析跨国企业决定跨国直接投资的时间。此外，陈舜（1993）基于净现值（net profit value，NPV）准则构建模型，从另一角度对跨国投资时机进行了分析。随着国际商务和管理学领域的发展与结合，后续研究中经济学角度涉及较少，在此不再赘述。

如今对跨国投资时机研究，大多是指跨国公司或其他投资主体对不同市场、不同产业的先后选择与安排（李晓翔，1999）。Lieberman 和 Montgomery（1988）提出先发者优势理论，认为最初进入市场的先发者存在后发者无法得到的优势。先发者优势理论框架是学界广泛认可的投资时机研究依据，在后续发展中，学者将其发展至国际商务领域并进行了一系列分析，我们将在下文重点讨论。

9.1.2 先发者还是后发者？

先发者优势指最初进入一个市场中的早期投资者获得盈利的能力，这种优势主要来源于技术领先优势、稀有资产拥有权以及消费者的转换成本和不确定条件下的第一选择（Lieberman and Montgomery，1988）。然而，由于后发者的竞争行为，先发者优势似乎是难以维持的（Dykes and Kolev，2018），市场后发者可能受益于先发者对该市场的前期投资、对市场不确定性的消除而"搭便车"，同时各种"在位者惰性"使得最初进入市场的投资者难以适应环境变化，优势逐渐变小（Lieberman and Montgomery，1988）。在过去的 30 多年里，投资时机方面的研究仍旧选择以先发者优势理论框架为依据，足以说明其强大的逻辑性。随着国际商务领域的发展，学者在国际商务研究中引入了先发者优势理论框架，讨论在跨国公司选择何时进入一个新的海外市场时，是选择成为先发者还是后发者。

学者在国际商务领域的研究多集中于进入时间决策与绩效之间的影响关系。总的来说，学者都认可先发者优势，认为最早进入海外市场的先发者拥有较强的盈利能力

（Lambkin，1988；Frynas et al.，2006；Hilmersson et al.，2022）且能够占据较大的市场份额（Pan et al.，1999；Murray et al.，2012）。但是，这种优势并非绝对。Murray 等（2012）对在中国经营的跨国公司进行纵向分析发现虽然先发者能够抢占更大的市场份额，但是其经营时间却低于后发者。同时，进一步将市场进入顺序细分为最初进入者、早期追随者和后期进入者后，虽然前者绩效表现更好，但早期追随者的经营时间却低于后期进入者（Mascarenhas，1992）。此外，先发者优势和企业绩效的正相关关系也会被其他因素影响。例如，Frynas 等（2006）将政治资源因素纳入先发者优势理论框架中进行讨论，发现虽然先发者优势存在，但后发者可以运用政治资源将其抵消。

因此，虽然先发者优势被普遍认可，但并非意味后发者就毫无发展空间。内部化程度高、经济实力雄厚的大型企业往往会选择成为先发者，抢先占据市场（Gaba et al.，2002），对于中国、俄罗斯等国家的跨国公司，后发者劣势也可能成为后发者优势，能够充分利用先发者劣势，降低或规避其在跨国投资过程中可能遭遇的风险，超越先发者（Luo and Peng，1998）。

【案例阅读】

大众汽车总部位于德国沃尔夫斯堡，是世界四大汽车生产商之一，同时，大众汽车也是最早进入中国的跨国汽车企业。如今大众汽车进入中国市场已经近 40 年，其中国市场影响力甚至超过了在欧洲的大本营德国。对于大众汽车在中国的成果，其先发者战略功不可没。

20 世纪 70 年代，中国正处于经济转型的关键时期，汽车消费开始释放，但刚刚踏上改革开放道路的中国汽车工业缺少技术和资金，因此与国际上成熟的汽车品牌合作造车成为趋势。彼时欧洲汽车市场已接近饱和，大众汽车正在为了未来发展寻找新的市场，作为最早进入中国市场的跨国汽车企业，大众汽车在 1978 年便开始和中国接触。经过长达 6 年的谈判后，1984 年，中国第一个轿车合资企业上海大众汽车有限公司成立，标志着中国现代化轿车工业的开端。随后，大众汽车又与第一汽车集团公司一起合资成立了一汽大众。此后两家企业在汽车行业常被同时提及，简称南北大众。

中德合资在上海汽车厂生产的第一辆汽车——桑塔纳是许多中国人的记忆，1997 年，桑塔纳系列产量达 23 万辆，累计生产 97.3 万辆，创下了中国轿车工业年产量和累计产量的新纪录。20 世纪 90 年代末，大众汽车在中国市场的占有率达到了 50%的顶峰。由此，大众汽车在中国的知名度打开，"耐用、价廉"的品牌形象深入人心。2001 年中国加入 WTO 后，市场全面开放，汽车行业市场规模和生产规模都在迅速扩大，中国汽车开始融入世界汽车工业体系。这一时期，大众汽车也在中国实现了跨越式发展。经济迅速发展的中国成为大众汽车在全世界汽车市场的重要板块，2006 年，大众汽车在中国市场的实际总销量达到了 77 万辆，中国成为大众汽车全球范围内最大的市场。总体而言，在中国跨国车企中，大众汽车凭借着南北大众，实现了差异化突破中国市场的梦想，占领了大部分市场份额。

作为最早进入中国的车企之一，在进入中国的前 20 年，大众凭借其先发者优势建立起了品牌认知和渠道覆盖，享受了改革开放红利，也为其后续产品开发的进行与市场战略的实施打下了良好的基础，使其在竞争愈发激烈的中国市场站稳脚跟，最终成为中国汽车市场最重要的成员之一。

9.2　跨国投资速度

9.2.1　衡量跨国投资速度的三个维度

　　跨国投资速度为一定时间内企业在海外开展直接投资活动的数量，通常表示为企业每年开展跨国投资的平均次数，包括平均每年成立海外子公司的数量。跨国投资的速度也体现为企业海外扩张的速度，海外扩张的速度越快，说明企业在这段时间开展的跨国投资越多。当前，有学者将开展跨国投资这类国际化行为的速度从进入外国市场前后两个阶段进行讨论。进入海外市场前的国际化速度可以用从企业成立到进入一个外国市场所经过的时间来衡量。进入外国市场后的国际化速度被划分为三个维度：国际增长速度、海外资源投入的速度以及拓展海外市场的广度。

　　（1）国际增长速度通常被定义为海外市场经营业绩在一定时期内的增长率。当企业在海外拥有子公司时，国际增长速度就是海外子公司在两个时间点期间的收入增长率。

　　（2）海外资源投入的速度可以由多个指标进行衡量，包括一定时期内公司持有的外国资产的增长率或外国子公司中员工比例的增加。此外，一段时间内在外国成立的子公司、工厂及收购企业的数量也反映了公司向海外市场投入资源的速度。

　　（3）拓展海外市场的广度体现在一定时期内开展跨国投资的东道国的数量、多样性及与母国的距离。其中，距离包含多个维度，如地理距离、文化距离等。

　　较快的跨国投资扩张对企业提升业绩既有积极影响，也有阻碍作用。一方面，较快的跨国投资速度使企业能够比竞争对手更早获得学习的机会，挖掘自身优势，更快做出适应海外环境的改变，以及更早抓住外国市场的机会。因此，迅速的国际扩张为企业提供了一项竞争优势，并且有助于提高企业业绩。另一方面，快速的对外直接投资往往也给企业带来资源上的压力，并引起由于时间压缩所导致的其他成本与风险的增加。比如，企业可能没有足够的时间消化吸收在国外市场学习到的经验并将其灵活运用于商业实践中。因此，当以较快速度进行海外扩张时，企业很难实现海外扩张带来的全部利润。相比之下，对外投资的增量扩张为企业提供了充足的时间克服外来者劣势，同时也降低了在外国市场失败的风险。然而，较慢的跨国投资扩张也会使企业面临失败的风险，企业可能因此错失学习的机会和战略上的机遇，从而在国际竞争中被淘汰。所以在考虑跨国投资速度时，企业应同时评估快速扩张和增量扩张的利弊，以及相关的环境因素。

9.2.2　跨国投资速度影响因素

　　（1）国家层面的影响因素包括东道国和母国之间的地理距离、文化距离、制度距离、外交关系等，以及企业所处行业在东道国的发展水平和东道国的市场环境、政策环境。国际市场中多元文化之间的相互碰撞，增加了公司解读市场信息和开展跨国投资的难度，阻碍了公司及时挖掘国际市场中出现的新机会，从而降低了企业国际化的速度。当两国制度相似性较高且外交关系友好时，企业可以借助两国之间的互惠政策迅速拓展在东道国的投资。结合以上国家层面的因素，企业应加强跨国投资区位选择和进入模式选择这两方面的学习，提升跨国投资的深度和广度，从而提高跨国投资的速度。

（2）在企业层面，以往研究发现企业的技术能力、知识水平、高管国际经验、社会网络、投资主动性、国际导向、对机会和风险的认知、战略决策等因素都有助于企业早期的国际化。具有国际化经验的高管通过利用所学知识和以往经验，能够帮助公司更快地积累更多的国际知识，从而减少了海外经营的不确定性，也有助于克服外来者劣势，加速提升跨国投资的深度和广度。企业在东道国的社会网络也至关重要，它不仅代表了企业与东道国客户及合作伙伴的联系，同时也是一种社会资本，帮助企业与东道国快速建立信任和共同的价值观。总之，企业的社会网络有利于识别国际机会，在海外市场树立信誉，促进企业与外国公司建立合作关系以及制定其他国际合作战略。

（3）近年来，随着各类数字技术的涌现，数字化转型对企业国际化的作用愈发深远。数字技术深刻地改变了信息的收集、处理与分析方式，影响了企业的商业运行模式和国际投资行为。数字技术的应用降低了企业国际化中与沟通、协作和共享相关的所有成本。通过互联网等多种数字化形式的平台媒介，降低信息获取的成本，提高信息交换的效率，使企业在短时间内掌握更多国际市场信息，更高效地识别东道国市场的互补资源，以及目标公司生产、研发、销售等各环节的数据和信息，进而减少跨国投资过程中的决策失误。因此，在跨国投资中，数字化平台和信息技术可以使双方的谈判更加便利，提高了谈判的效率，同时增强了企业在跨国投资中的信息优势，加快了企业对投资目标公司的全面评估和对市场的判断，提高了公司的决策能力和效率，助力海外投资加速完成。

【案例阅读】吉利汽车并购沃尔沃案

2010年3月，吉利汽车正式签署协议，将沃尔沃从美国汽车巨头福特公司以18亿美元的价格收购。此次并购被认为是中国公司在国际行业中影响力不断增强的表现，也是中国汽车制造商为进入国际市场和获得东道国先进技术而进行的一次成功的对外直接投资。

2007年至2009年，世界金融危机爆发，导致世界经济衰退。在此期间，消费者的经济活动迅速减少，对汽车行业造成了很大影响。2008年至2009年，沃尔沃汽车的销量从42万辆下降到35万辆，销量的大幅下降使收入受到了很大影响，2008年沃尔沃亏损金额约为15亿美元。同年，沃尔沃的前东家福特公司净亏损147亿美元。这一严峻形势促使福特公司出售沃尔沃，以减轻财务负担，并继续专注于品牌发展。

然而，早在收购开始之前，吉利汽车就对沃尔沃产生了浓厚的兴趣，并对其进行了全面而深入的研究。首先，吉利汽车组建了精锐的专家顾问团队，这是此次并购成功的重要因素之一。此次并购也顺应了政府关于推动国家汽车工业发展的战略，因此从一开始，吉利汽车就获得了政府的大力支持。此外，吉利汽车还制定了全面的并购后战略。在交易完成之后，沃尔沃仍具备独立性，一方面继续保持其高端品牌的形象，另一方面也能够最大限度地减少高度整合所带来的文化与观念的冲突。通过与工会和员工的积极沟通，减少磨合期间的潜在冲突。在管理方面，吉利汽车也为促进文化融合做出了巨大努力，一开始就建立了明确的治理结构，以确保有效的企业善治。积极开展联合研发和设计，实现核心协同效应。同时，并购的时机也尤为重要，此次并购发生在金融危机期间，这使得吉利汽车有机会以相对较低的价格收购沃尔沃，并且金融危机后全球汽车市场的复苏也在一定程度上促成了这笔交易。

除了沃尔沃，吉利汽车也收购了许多其他品牌。2013 年，吉利汽车收购了英国锰铜控股公司，该公司之后将担任吉利汽车在英国市场的经销商。2014 年 3 月，吉利汽车又收购了一家英国电动汽车初创公司 Emerald Automotive，并帮助伦敦出租车进行技术改造。2017 年 5 月，吉利汽车收购了宝腾控股 49.9%的股份和英国豪华跑车品牌路特斯汽车集团 51%的股份。通过收购宝腾控股，吉利汽车还将业务拓展到东南亚市场，在该地区建立了研发和生产基地。2017 年 6 月，吉利汽车以 6 亿美元的价格收购了美国飞行汽车初创公司 Terrafugia 的全部资产，并计划在未来两年内制造出第一辆飞行汽车。尽管这可能需要很多年才能实现，但吉利汽车仍然大胆先行，将调整专有技术战略作为其长期发展计划的一部分。2018 年 2 月，吉利汽车以约 90 亿美元的价格收购戴姆勒 9.69%的股份，成为其第一大股东。2018 年 9 月，吉利汽车收购盛宝银行 51.5%的股权，交易金额超过 8 亿美元。

9.3　中国企业跨国投资时机与速度

9.3.1　中国企业跨国投资时机与速度概况

我国企业开展对外直接投资始于 20 世纪 80 年代，当时的投资项目较为零散。后来，有学者将我国企业跨国投资的发展历程划分为五个阶段：初步探索阶段、加快发展阶段、调整发展阶段、高速发展阶段、稳步发展阶段。

1）1979～1985 年初步探索阶段

1979 年，对外直接投资发展拉开序幕。这段时期中国对外直接投资的特点是规模小，投资领域相对狭窄，对外投资管理制度初见雏形。实行改革开放的前五年，中国的年对外直接投资流量均低于 1 亿美元，1984 年对外投资发展速度逐渐提升，较上一年增长了 44%，1985 年更是实现了较上年对外投资额 4 倍多的投资，达到 6.29 亿美元，对外投资存量累计 9 亿美元，但在这一时期我国对外投资总体规模仍然很小。对外投资的领域主要包括承包建筑工程、咨询和服务业、加工生产、资源开发等，一小部分投资发生在技术水平较高的领域。

2）1986～1992 年加快发展阶段

1986～1992 年中国对外投资基本实现规范化管理，对外投资加快发展，并出现一次对外投资增长的小高潮，对外投资领域逐渐延伸。这一阶段，中国对外投资管理基本形成了从个案审批向规范性审批的转变，国家外汇管理局也为支持对外直接投资出台相关政策，对外投资管理逐渐规范化，对外投资也因此得以有序发展。1986～1991 年，对外投资基本保持稳定增长，1992 年对外投资流量激增至 40 亿美元，对外投资存量累计超过 93 亿美元。对外直接投资的参与主体不断扩大，投资领域也逐渐延伸到更多的制造加工、资源开发和交通运输领域。

3）1993～2000 年调整发展阶段

从 1993 年开始，中国对外投资发展进入调整时期，并一直持续到 2000 年。这一阶段的对外直接投资在经历了一个小高潮之后，出现明显下滑，但我国对外投资发展的战略思路在这一阶段逐渐清晰。1993 年起我国进行经济结构调整，财政政策紧缩，对外投资审批严格，对外直接投资也进入了梳理和调整期。然而，对外投资流量的放缓并没有阻碍战略思路的发展，这一时期，我国提出要充分利用国内和国外两个市场，要将"引进来"和"走出去"有机结合起来，鼓励我国有比较优势地进行对外投资，组织有实力的优势国有企业开拓国际市场，中国对外投资发展逐渐上升至国家发展战略高度。

4）2001～2016 年高速发展阶段

从 2001 年开始，我国对外直接投资进入高速发展阶段。2001 年中国加入 WTO，从此中国逐步扩大向国际市场的开放程度。同年，"走出去"战略被写入《中华人民共和国国民经济和社会发展第十个五年计划纲要》，成为我国开放型经济发展的三大支柱之一，其战略思想和方针自此开始不断深化、拓展。中国对外直接投资规模也由此开始飞速扩张，对外投资的区域和产业分布越来越广泛，对外投资管理不断改革和优化。中国对外直接投资流量从 2001 年的 69 亿美元增长至 2016 年的 1961 亿美元（非金融类 1701.1 亿美元），对外投资存量从 272 亿美元积累至 2016 年底的 1.36 万亿美元。在这个高速发展的过程中，中国对外投资不断实现对发达国家的超越，2015 年和 2016 年蝉联世界第二大对外投资国家，并连续两年实现对外投资的净输出，对外投资存量的全球排名也从2002 年的第 25 位跃升至 2016 年的第 6 位。中国对外投资截至 2016 年底分布在全球190 个国家和地区，超过全球国家和地区总数的 80%；对外投资产业覆盖了国民经济所有行业类别，且近些年制造业和高科技产业的对外投资额不断创新高。2013 年提出的共建"一带一路"倡议对对外投资发展也起到了明显的带动作用，2017 年对共建国家非金融类对外投资流量 143.6 亿美元，占总流量的 12%，截至 2016 年底，我国在共建"一带一路"国家的投资存量占总存量的 9.5%。

5）2017 年至今稳步发展阶段

2017 年非金融类对外直接投资流量 1200.8 亿美元，同比下降 29.4%，政策对投资的引导效果比较显著。截至 2017 年，房地产业、文化、体育和娱乐业没有对外投资新增项目，租赁和商务服务业、制造业及批发和零售业是三大主要投资流向行业，占同期总流量的 65.8%，而对信息传输、软件和信息技术服务业的投资占比达到 8.6%。中国对外直接投资逐渐转回理性发展的轨道，对外投资产业结构不断优化。

为了科学、有效地组织全国的对外直接投资统计工作，客观、真实地反映我国对外直接投资的实际情况，保障统计资料的准确性、及时性和完整性，2002 年 12 月对外贸易经济合作部①、国家统计局共同制定了《对外直接投资统计制度》。截至 2021 年，中国已连续十年位列全球对外直接投资流量前三名，对世界经济的贡献日益凸显。《2021 年度中国对外直接投资统计公报》显示，2021 年中国对外直接投资流量是 2002 年的 66 倍，年均增长速度高达 24.7%，连续六年占全球份额超过 10%，在东道国（地区）累计缴纳各种税金 3682 亿美元，平均每年解决超过 200 万个就业岗位，由此可见，中国对外投资在全球外国直接投资中的影响力不断扩大。

_____

① 2003 年 3 月，国务院机构改革，组建商务部，不再保留对外贸易经济合作部。

9.3.2　中国企业跨国投资时机与速度：影响因素

从 2002 年"走出去"战略开始实施后，中国企业对外直接投资突飞猛进，其中，中国跨国公司开展对外直接投资的时机决定了企业何时"走出去"。除了 9.2.2 节罗列的影响因素外，政策导向和不确定性也对中国企业决定跨国投资时机与速度至关重要。

政策导向对中国企业跨国投资的影响直观体现在对共建"一带一路"国家的投资。2014 年末，中国对共建"一带一路"国家的直接投资存量为 924.6 亿美元，占中国对外直接投资存量的 10.5%。《中国对外投资合作发展报告 2020》显示截至 2019 年末，中国境内投资者在共建"一带一路"国家设立境外企业近 1.1 万家，涉及国民经济 18 个行业大类，当年实现直接投资 186.9 亿美元，同比增长 4.5%，占同期中国对外直接投资流量的 13.7%。2023 年，我国企业在共建"一带一路"国家非金融类直接投资 318 亿美元，同比增长 22.6%[①]。2013～2022 年，对共建"一带一路"国家累计直接投资 1860 亿美元，且累计投资额总体而言处于上升趋势（图 9-1），共建"一带一路"国家已成为我国企业对外投资的重要目的地。

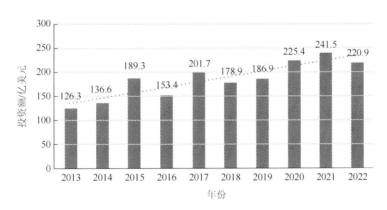

图 9-1　2013～2022 年中国对共建"一带一路"国家投资情况

资料来源：商务部发布的 2013～2022 年度《中国对外直接投资统计公报》
由于 2022 年共建"一带一路"国家投资流量的统计口径由"全行业"变为"非金融业"，2022 年共建"一带一路"国家投资流量的数据根据商务部公布的中国对外直接投资流量情况自行整理

此外，战略选择权理论认为，在环境不确定的条件下，公司决定现在不进行投资也许是一个更好的选择。因为一旦决定现在就进行投资意味着放弃了不投资的选择权；而在某些情形中这种不投资的选择权可能是很有价值的。例如，许多外部信息，包括产品价格的变动等必须随着时间的推移才能得以披露。如果为了能够随时间的推移而获得更多的信息，那么公司决定推迟投资也许是一个更好的选择。不确定性主要包括市场不确定性和经济不确定性等因素。根据实物期权理论，东道国的不确定性对跨国企业的投资回报来说不一定是威胁，也可能是有待利用的宝贵机会。企业可以通过观察投资回报的

---

① 《2023 年我国对"一带一路"共建国家投资合作情况》，http://hzs.mofcom.gov.cn/article/date/202401/20240103469619.shtml。

动态波动，选择立即投资或延迟投资，因此东道国不确定性对跨国投资的时机与速度可能产生正向影响，也可能产生负向影响。

【案例阅读】

三峡集团积极布局全球新能源电力市场①

当前，推动经济绿色化转型已成为国际共识。全球已有 130 多个国家宣布"零碳"或碳中和目标，力推绿色产业发展。各国对绿色技术、产品和供应链的激烈竞争正在拉开序幕，但全球性的规制、标准和竞争格局并未最终形成，这为我国绿色产业的对外投资提供了宝贵机遇。2021 年 9 月，中国在联合国大会上承诺将不再新建海外煤电项目，这预示着以光伏、风电为主的清洁能源将成为中国海外能源投资的重点。

绿色能源投资合作涵盖绿地投资、并购、工程承包等领域，投资方式因区域和国别的不同而有所差异。在拉丁美洲，90%以上的投资是并购项目。例如，在项目最集中的巴西，政府在进行电力市场改革的进程中，逐步将已运营水电站特许经营权进行拍卖，取消了非巴西公司不准参与竞标的限制条款，中国长江三峡集团有限公司（简称三峡集团）抓住有利机遇并购了多个巴西水电站，立足巴西开拓南美市场。

2021 年 1 月，三峡集团子公司中国三峡国际股份有限公司（简称三峡国际）宣布，下属的三峡欧洲公司顺利完成对西班牙 Daylight 光伏电站项目的交割，首次进入西班牙这个欧洲最大的光伏市场。同时，这也是中国能源企业第一次独立进入西班牙发电市场。该项目包含 13 座光伏电站，总装机 57.2 万千瓦，是西班牙境内最大的光伏运营资产包项目之一。8 月，三峡欧洲公司在西班牙又收购了包含 11 座风电站和 1 座光伏电站，总装机 40.49 万千瓦的 Horus 项目。三峡国际以联合开发巴西三个中型水电站的方式低风险进入巴西市场，在较短的时间内成为巴西第三大发电商。2021 年 12 月，三峡集团与葡萄牙电力公司签署新一轮战略合作框架协议，将合作范围扩大到可再生能源、电网、下游业务、未来技术等领域。在创新领域，三峡集团将成立专业团队，积极参与葡萄牙电力公司新业务、新技术的投资和科研开发；葡萄牙电力公司将支持三峡集团欧洲创新研发中心的组建；三峡集团支持葡萄牙电力公司将新技术应用到中国。

2021 年是三峡集团和葡萄牙电力公司合作 10 周年。10 年来，葡萄牙电力公司市值增长了两倍，国际信用评级大幅提升。三峡集团成为葡萄牙电力公司单一最大股东之后，双方签署全球战略合作协议，先后完成了波兰和意大利风电资产收购，共同开发英国海上风电项目。此外，双方还合资成立了环球水电投资公司，推进秘鲁市场水电项目开发，并积极跟进哥伦比亚等南美市场清洁能源项目。

本章习题及答案

---

① 商务部. 2022. 中国对外投资合作发展报告 2022.

第四篇　国际商务运营

第10章 全球价值链管理

20 世纪 90 年代以来，伴随交通、信息和通信领域的技术进步，以及贸易壁垒的降低，越来越多的制造企业将生产流程延伸至国境之外，全球价值链贸易增长迅速。正如习近平在亚太经济合作组织工商领导人峰会上指出的，"在各国相互依存日益紧密的今天，全球供应链、产业链、价值链紧密联系，各国都是全球合作链条中的一环，日益形成利益共同体、命运共同体"①。对此，本章以全球价值链为主题，主要介绍全球价值链的基础知识以及全球价值链管理的相关内容。具体而言，第一节介绍全球价值链的基本内涵，主要包含全球价值链的定义、分类及特征等；第二节则从现实情况入手，剖析全球价值链的历史演进阶段以及当前全球价值链的新趋势和新特征；第三节从全球价值链治理模式的类型、治理模式之间的关系两个方面进行阐述；第四节结合全球价值链的新趋势及新特征对全球价值链管理进行介绍；第五节从中国的角度出发，分析中国参与全球价值链的阶段、影响因素以及如何实现在全球价值链中的攀升。

10.1 全球价值链的基本内涵

本节将从全球价值链的定义、分类及特征入手介绍全球价值链的基本内涵。

10.1.1 全球价值链的定义

全球价值链的概念来源于哈佛大学商学院教授波特提出的价值链理论，其在 1985 年的《竞争优势》一书中指出："每一个企业都是在设计、生产、销售、发送和辅助其产品的过程中进行种种活动的集合体。所有这些活动可以用一个价值链来表示。"他认为从设计、生产、营销、交货等过程中所进行的许多相互分离的活动而非一个整体看待企业时，才可以更好地分析竞争优势的源头和本质（波特，1988）。对此，波特综合地研究了企业生产过程中各环节间的联系和制约关系，进一步指出企业的价值创造是通过一系列活动构成的，这些活动可分为基本活动（内部物流、生产作业、外部物流、市场和销售、服务等）和辅助活动（采购、技术开发、人力资源管理和企业基础设施等）两类。这些互不相同但又相互关联的生产经营活动，构成了一个创造价值的动态过程，即价值链。随后，波特进一步提出了一个向上承接供应商、向下链接分销商的"价值链系统"概念，将原局限于单个企业内部的价值链拓展到企业间。具体而言，企业内部的研发设计、生

---

① 《同舟共济创造美好未来》，https://www.gov.cn/gongbao/content/2018/content_5346491.htm。

产制造、销售及后续服务等环节构成一个完整的内部价值链，其与不同层次的供应商和分销商及各种各样的消费者形成一个完整的外部价值链，内外部价值链组成了波特理论中的价值链系统。

随着通信技术的发展、运输成本的下降以及社会分工专业化程度的进一步加深，国际贸易发生了巨大改变。企业的供应、生产和销售等合作不再局限于某个区域或者某个经济体内，跨地区、跨国之间企业的纵向合作成为可能，企业也发现这种合作会使其获取更大的利润。在这种模式下，全球购买商（主要是零售商和品牌商）的驱动者地位不断上升。基于此情况，一些学者在使用价值链分析法研究美国零售业时，结合产业组织研究，提出了全球商品链，认为全球商品链是将世界经济中的家庭、企业和国家相互联系起来的一种围绕某一商品或产品聚集的组织间网络（Gereffi and Korzeniewicz，1994）。这些网络具有特定的情境、社会结构和地方整合性，强调了经济组织的社会嵌入性。基于早期的价值链、全球商品链，并且为了突出价值在生产过程中的传递而不局限于"商品"的概念，2000 年洛克菲勒基金会资助了一场大规模的全球价值链大会，标志着全球价值链研究开始快速发展。随后，Gereffi 等（2001）在《IDS 研究通讯》特刊的介绍中指出了价值链研究人员面临的几个紧迫挑战，推动了全球价值链作为一个通用术语的使用。

全球价值链可以从组织规模、地理分布和参与主体三个维度来界定。从组织规模看，全球价值链包括参与了某种产品或服务的生产性活动的全部主体；从地理分布来看，全球价值链必须具有全球性；从参与的主体看，全球价值链涉及一体化企业、零售商、领导厂商、交钥匙供应商和零部件供应商（Sturgeon，2001）。

对于全球价值链的定义，最有代表性的为联合国工业发展组织的定义，根据联合国工业发展组织的年度工业发展报告（2002～2003 年）：全球价值链是指为实现商品或服务价值而连接生产、销售、回收处理等过程的全球性跨企业网络组织，涉及原料采购和运输，半成品和成品的生产与分销，直至最终消费和回收处理的整个过程，包括所有参与者和生产销售等活动的组织及其价值、利润分配。当前散布于全球的处于价值链上的企业进行着设计、产品开发、生产制造、营销、交货、消费、售后服务、循环利用等各种增值活动。

10.1.2　全球价值链的分类及特征

1. 全球价值链的分类

全球价值链一般有三种形式（图 10-1），一是"蜘蛛"形全球价值链，主要是由购买者驱动的。在"蜘蛛"形全球价值链中，中央装配厂周围分布了许多一级零部件供应商，最终产品由中央装配厂送到最终目的地，比如美国零售商巨头——沃尔玛。沃尔玛从全球采购商品，进入到他在全球各地的零售商场，再卖给消费者。再如，各个国家生产波音飞机的一个部件，最终组装起来构成整个飞机。

二是"蛇"形全球价值链，主要是由生产者驱动的。每一个中间生产环节与前后生产环节相互连接，形状像一条蛇。此生产过程中，价值在一系列阶段中依次创造，生产

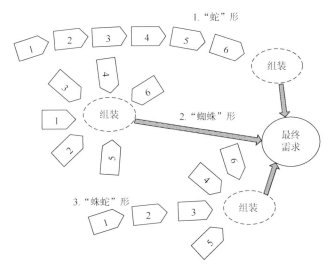

图 10-1　"蜘蛛""蛇""蛛蛇"形全球价值链

资料来源：编者根据世界银行、世界贸易组织、经济合作与发展组织、亚洲经济研究所、全球价值链研究中心，以及《全球价值链发展报告（2017）》整理

过程多次跨境，最终到达组装环节。比如芯片的制造，由不同国家或地区分别承担从原材料端的硅净化到晶圆制造再到芯片装配的不同环节。

而在实践中，大多数生产过程是这两者的结合体，即"蛛蛇"形全球价值链："蜘蛛"可能附着在"蛇"的任何部位，多条"蛇"可能会连接到一只"蜘蛛"身上（Baldwin and Venables，2013）。比如，Ford Fiesta（福特嘉年华）汽车的生产，从原材料到汽车的制造就是"蛇"形价值链，但是不同零部件（发动机、底盘等）组装成汽车就是"蜘蛛"形价值链。

2. 全球价值链的特征

全球价值链的快速发展改变了世界经济格局，也改变了国家间的贸易、投资和生产联系。在全球价值链生产下，传统的"国家制造"转变为"世界制造"，即产品生产不再局限于某一国家内部，而是依靠全球各国协作分工实现。这使得全球价值链生产具有三个显著特征：一是最终产品经过两个或两个以上连续的生产阶段；二是两个或两个以上的国家参与生产过程并在不同阶段创造新的价值；三是至少有一个国家在生产过程中使用进口投入品，因此全球价值链生产体系中产生了大量的中间品贸易。为了使读者更清晰地理解全球价值链的特征，本书结合苹果公司的案例进行介绍。

苹果公司是美国一家高科技公司，由史蒂夫·乔布斯、斯蒂夫·盖瑞·沃兹尼亚克和罗纳德·杰拉尔德·韦恩等于 1976 年 4 月 1 日创立，并命名为美国苹果电脑公司，2007 年 1 月 9 日更名为苹果公司，总部位于加利福尼亚州的库比蒂诺。苹果公司在20 世纪 90 年代末开始在全球布局价值链。目前，苹果公司的价值链活动分散在不同的国家和地区。苹果公司主要从事计算机、移动通信和传播设备、便携式音乐播放器及相关软件等产品的设计、制造和销售，在设计和开发自己的操作系统、硬件、应用软件和服务领域形成了核心能力。

　　具体从苹果手机的制造来看，核心部件（如 A6 芯片、音频芯片和射频部件）都是在美国制造的；内存芯片和电池在我国生产；陀螺仪制造由法国负责完成。这些零件随后被运往中国的富士康进行最终组装。虽然随着时间的推移，苹果公司在全球建立了多个国际研发中心，但核心研发部门仍然设在美国（Linden et al.，2009；Hillemann and Verbeke，2014）。

　　因此，从苹果手机生产的案例来看全球价值链的三个特征：首先，对于最终产品经过两个或两个以上连续阶段的生产这一点而言，在苹果手机的生产过程中，除了软件和产品设计之外，它的生产制造主要在美国之外进行，涉及多个国家的多家公司，分别位于中国、韩国、日本、德国和美国，主要生产者和供货商包括日本东芝、韩国三星、德国英飞凌、美国博通等企业，最终所有手机零部件被运输到富士康组装成最终产品，然后再出口到美国和其他国家。

　　其次，从两个或两个以上的国家参与生产过程并在不同阶段创造新的价值这一特征来看，一部苹果手机有 1000 多个部件，在全球的大约 200 家企业生产，中国主要承接苹果公司的加工组装环节，但实际获得的增加值收益仅占产品总价值的 2.3%，而大部分的增加值和利润则被位于价值链两端的国家获取（Kraemer et al.，2011）。将产品的价值分解成多个潜在的生产阶段或任务，则形成一条"微笑曲线"（图 10-2）。这张图从左到右列出了全球价值链上下游的各个中间生产环节，从左到右依次为研发、设计、采购、生产、物流、营销、服务。这个排序也反映了各个部分增加值的大小为两边大、中间小。最左边的研发、设计，以及最右边的营销、服务，往往占据了最多的增加值。而中间的采购、生产、物流的增加值就比较小。一般而言，每个产品的全球价值链都有一个核心跨国企业，而这个核心跨国企业往往控制着最左边的研发、设计，以及最右边的营销、服务这些高增加值生产环节，相对较低的生产环节则在全球外包生产。

　　最后，就至少有一个国家在生产过程中使用进口投入品而言，在苹果手机的生产中，分散在不同国家的企业购买上游原料或中间产品继续加工，通过加工提高产品的附加值。

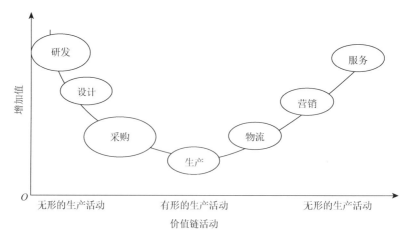

图 10-2　"微笑曲线"示意图

资料来源：编者根据世界银行、世界贸易组织、经济合作与发展组织、亚洲经济研究所、全球价值链研究中心，以及《全球价值链发展报告（2017）》整理

而经过加工的零部件销售后转化为下一生产阶段的成本，从而把最具比较优势的生产力整合起来完成苹果手机的最终制造。在这一过程中，从初级原料到最终产品之前所发生的国际贸易即为中间产品贸易。在全球价值链的生产分工体系中，产品属于世界制造，跨国间的原材料及中间投入贸易成为国际贸易的重要部分。由于产品生产不再局限于一国内部，而是由全球各国协作分工实现，因此全球价值链分工模式的兴起产生了衡量真实贸易利得的测算方法，推动了全球价值链测度理论的发展，感兴趣的读者可以参考本书的参考文献。

【案例阅读】

波音公司是全球价值链的典型例子。波音公司成立于 1916 年，是全球航空航天业的领袖公司，也是世界上最大的民用和军用飞机制造商之一。波音公司总部设在美国伊利诺伊州芝加哥市，在商用喷气式飞机、军用飞机、导弹、空间飞行器等产品的设计、开发、制造、销售和服务领域居世界主导地位。作为美国国家航空航天局的主要服务提供商，波音公司运营了航天飞机和国际空间站，还提供众多军用和民用航线支持服务，其不仅向 150 多个国家和地区的航空公司提供民用飞机，也将其生产布局到世界各地，形成全球生产的模式。

波音公司的全球生产模式发展可以大致分为四个阶段：自主生产阶段、生产外包阶段、跨国供应链阶段、全球价值链阶段。

在 20 世纪 80 年代之前，波音公司的零部件还是以自行研发和生产为主，如波音 727 项目只有 2%的部分是由波音以外的供应商完成的。当时在启动新飞机项目时，波音公司不仅自行承担设计、研制、工装和基础设施建设的资金，甚至要向其美国国内供应商提供设备来生产机体部件。

20 世纪 80 年代后，波音公司开始将目光瞄向海外，进入生产外包阶段。波音公司在全球各地寻找合作伙伴，将总体设计图纸交给他们，由他们提供相应的材料部件，最后由西雅图的波音装配工厂进行总装。比如，波音 767 的生产，波音公司与日本民用运输机部（由三菱重工业公司、川崎重工业公司和富士重工业公司组成）签订协议，日本方面承担波音 767 研制费和工作量的 15%，随后意大利阿莱尼亚公司也参加了波音 767 项目，承担 15%的研制费和工作量。美国、日本、意大利三方共同负责波音 767 项目的财务和管理，各方按约定比例为其销售提供经费和分配红利。

20 世纪 90 年代，随着全球价值链的发展，跨国公司意识到利用企业外部资源可以节省成本并且快速响应市场需求，波音公司进入跨国供应链阶段。在民机制造领域，机体制造商的一些海外合作伙伴也开始从低端零部件生产商升级为专业化的供应商，波音公司开始将一些重要的零部件和分系统的研制工作转包给国外公司。波音 777 的生产就涉及了 10 多个国家的 40 多家重要供应商、风险共担合作伙伴和转包商，以及一些小型专业供应商，其国外供应商的参与份额跃升至 30%。日本作为波音 777 项目中的最重要的风险共担合作伙伴之一，承担了 20%的制造工作，包括在日本研制和生产的波音 777 飞机的机身段和零部件。日本为波音 777 飞机研制投入了约 8.7 亿美元，另外又投入了 4 亿多美元用于新的基建和设备。

进入 21 世纪，全球价值链的深入发展使得产品的跨国生产成为普遍模式，波音公司进入全球价值链阶段。波音 787 飞机是波音公司在全球外包程度最高的机型。该机型被命名为"梦想"，寄寓着满足乘客更舒适的航空体验和航空公司研制低成本、高性能产品的梦想。为此，在波音 787 项目中，波音公司放眼全球，利用各地的区位优势，将飞机 400 多万个零部件的研发和制造生产分散到了 11 个国家和地区。出于技术的考虑，绝大部分主要部件由发达国家的企业负责生产，比如飞机的主机身来自意大利老牌飞机制造商阿莱尼亚宇航公司；机翼由掌握复合材料领先技术的日本三菱重工提供；舱门来自瑞典萨伯公司，该公司产品安全系数很高；客机起落架由法国梅西埃航空公司负责，该公司有着世界领先的起落架系统的设计、开发、制造技术。在选择其他技术含量较低的零部件生产的区位时，波音公司则更多考虑了政治因素。在全球价值链管理上，波音公司利用产品生命周期管理系统建立了被称为全球协作环境的虚拟研制平台，在飞机实际投入生产之前，针对波音 787 项目的各方面进行 3D 建模和数字仿真，规定统一的标准，在此基础上与来自世界各地的供应商合作研发，协调位于各国的生产环节。考虑到商业机密，波音公司仍保留尾翼的生产，并用 LCA 超大型运输机将全球各地制造的大部件运至华盛顿州和南卡罗来纳州进行组装。在波音 787 的研制、定型、融资、转化过程中，波音公司的研发费用节省了 50%，其本身制造量只占约 10%，进入市场的时间缩短了 33%，制造成本分摊给了全球的合作伙伴。

10.2 全球价值链的历史演进及趋势特征

本节将介绍全球价值链的发展阶段以及当前全球价值链的新趋势和新特征，以厘清全球价值链的历史演进及趋势特征。

10.2.1 全球价值链的发展阶段

20 世纪 90 年代以来，由发达国家和跨国公司主导、发展中国家和新兴经济体积极参与的全球价值链分工体系，已成为经济全球化的典型特征。总体而言，全球价值链发展主要经历了如下三个阶段。

1. 发达国家内部的全球价值链布局（20 世纪 50 到 60 年代）

20 世纪 50 到 60 年代，作为新制造业中心的美国，通过马歇尔计划援助以德国为代表的西欧国家和日本，在构建盟友集团的同时，也向国外释放国内的过剩产能，这使其得到了长足发展。因此，这个时期的全球价值链呈现以美国为主导，以西欧诸国和日本等发达国家为承接方的发达国家内部的布局，具有"北-北"合作的典型特点，发展中国家及新兴经济体仍未主要参与全球生产分工。

2. 以日本为主导，"亚洲四小龙"广泛参与的全球价值链布局（20 世纪 60 到 70 年代）

日本在第二次世界大战之前已经具备了较好的工业体系，二战后，日本着重发展以机械、钢铁等为代表的重工业，再加上美国的产业转移和技术输出，日本经济得到了长足的发展。与此同时，日本在发展过程中面临着种种问题，面临着发展的瓶颈期。对此，日本在 20 世纪 60 年代前后向地理距离较近、发展基础和前景较好的韩国、新加坡，以及新兴经济体进行价值链布局调整。在这次转移背景下，韩国等新兴经济体实现经济的飞速增长，创造了这一时期的经济增长奇迹，这些新兴经济体也被并称为"亚洲四小龙"。

3. 以中国为主导，发展中国家主要承接的全球价值链布局（20 世纪 80 年代）

自 20 世纪 80 年代起，"亚洲四小龙"也面临着发展困境[①]，其开始在全球重新进行产业布局。在此发展阶段中，中国自 20 世纪 80 年代开始了改革开放，农村剩余劳动力资源提供了充裕劳动力要素，2001 年中国加入 WTO，由此释放的政策红利促进了中国经济的迅速发展。这段时间，中国逐步取代了"亚洲四小龙"，成为发达国家转移劳动密集型产业的首选。伴随中国的工业体系不断完备，中国逐渐成为亚洲经济发展新中心，"中国制造"也逐渐被世界所熟知。因此，20 世纪 70 到 80 年代左右的全球价值链布局标志着发展中国家和新兴经济体逐渐成为参与全球价值链的新生力量。

10.2.2　全球价值链的新趋势和新特征

经过长期发展和演化，全球价值链分工得到了深度发展。然而，近年来全球贸易增长放缓，跨境投资减少，叠加新冠疫情与中美经贸摩擦等因素相互交织，全球价值链分工受到影响。习近平指出："当前，全球产业体系和产业链供应链呈现多元化布局、区域化合作、绿色化转型、数字化加速的态势。"[②]归纳起来，当前全球价值链具有以下特征，横向分布上区域化、本地化，纵向分布上缩短化，转型方向上数字化以及绿色低碳化。

1. 全球价值链趋向于区域化和本地化

全球价值链呈现横向分布上的区域化和本土化体现为，位于不同国家的多个生产环节向某区域内或一国及周边地区收缩和集聚。一方面，全球价值链形成了以美国为中心的北美区块，以中国为中心的亚太区块和以德国为中心的欧洲区块的"三足鼎立"格局。另外，在各种形式的自由贸易区或自由贸易协定，比如欧日经济伙伴协定及全面与进步跨太平洋伙伴关系协定等新型高水平自由贸易协定引领下，区域经济一体化得到了快速发展。另一方面，以美国、日本、欧盟等为代表的发达国家和地区展现出强烈的本土化诉求，试图通过推进再工业化解决国内产业空心化问题，降低在面临突发冲击时对其他国家过度依赖导致的"断供"风险。

---

① 虽然"亚洲四小龙"面积小、人口少、工业资源稀缺，但因为地理位置优越，或与发达国家存在特殊的关系，而成为发达国家转移劳动密集型产业的首选，但一旦国际形势发生变化，这些地区经济发展的潜质就会十分有限。20 世纪 90 年代末，亚洲的金融危机使得国际经济形势因此发生重大变迁，在经济历经短暂的黄金期后，"亚洲四小龙"逐步开始与美国、日本等发达经济体面临同样的发展困境，并开始在全球范围内重新寻求要素和配置资源。

② 《习近平：加快构建新发展格局 把握未来发展主动权》，https://www.gov.cn/yaowen/2023-04/15/content_5751679.htm。

2. 全球价值链趋向于缩短化

全球价值链在纵向分布上呈现缩短化趋势体现为，自 2008 年全球金融危机以来，全球贸易保护主义有所抬头，发达国家鼓励产业回流本国。2019 年末暴发的新冠疫情，波及面较广、持续时间较长，对更长链条、更多环节的传统全球价值链分工体系的冲击更为严重和持久，为此，跨国公司逐步收缩全球价值链以保障产业链、供应链安全稳定[①]。此外，人工智能等新兴技术的广泛应用，极大提升了各生产环节的知识和技术密集度，削弱了跨国公司寻找成本洼地以细化分工的内在动机，导致价值链分工布局呈现缩短化趋势。

3. 全球价值链趋向于数字化

全球价值链的数字化体现为，一方面，对于较难开展贸易且具备较强地域属性的传统服务，在数字经济的赋能下转变为几乎不受地理限制的贸易产品。另一方面，数字经济的广泛使用降低了全球价值链各个环节的互联互通成本，从而帮助更多企业参与其中。2019 年联合国贸易和发展会议发布《数字经济报告》指出，数字经济发展能够推动附加值增加和价值链效率的提高。再加上新冠疫情时期，数字化管理理念广泛应用到疫情治理以及疫情后的复工中，人们的生活观念和方式等发生很大变化。因此，全球经济活动组织模式的数字化变革正在加速演进，从研发、制造直至最终消费等价值链不同环节的数字化水平显著提高，全球价值链正在朝着数字化转型。

4. 全球价值链趋向于绿色低碳化

全球价值链趋向于绿色低碳化体现为，能源转型和绿色创新成为国际生产体系调整的重要方向和国际投资的热点领域。2019 年 12 月，欧盟委员会发布了《欧洲绿色协议》，2020 年 3 月又发布了首部《欧洲气候法》，降低温室气体排放。2020 年 12 月 25 日，日本经济产业省发布了《绿色增长战略》，推进绿色社会发展。面对全球绿色发展的新趋势和应对气候变化的新格局，党的二十大报告指出："积极稳妥推进碳达峰碳中和。"[②]2021 年 1 月 20 日，拜登就任总统首日签署行政令，宣布美国将重新加入应对气候变化的《巴黎协定》。世界主要工业大国在应对气候变化上达成了共识，进而通过全球价值链分工影响到全球经济发展和产业的布局。

10.3　全球价值链治理模式

习近平在中国科学院第十九次院士大会、中国工程院第十四次院士大会上的重要讲话中指出："要以智能制造为主攻方向推动产业技术变革和优化升级，推动制造业产业模式和企业形态根本性转变，以'鼎新'带动'革故'，以增量带动存量，促进我国产业迈

---

① 比如 2020 年 4 月 7 日，日本政府制定了新冠疫情紧急经济措施，规模达 108 万亿日元（约合人民币 7 万亿元），为历史最大规模。其中"供应链改革"计划中有（2200 亿日元）22 亿美元将计划用于支援日企将生产线转回日本国内。

② 《习近平：高举中国特色社会主义伟大旗帜 为全面建设社会主义现代化国家而团结奋斗——在中国共产党第二十次全国代表大会上的报告》，https://www.12371.cn/2022/10/25/ARTI1666705047474465.shtml。

向全球价值链中高端。"[①]推动全球价值链向中高端攀升需要掌握全球价值链的治理模式，本节将通过全球价值链的治理模式类型以及相互之间的关系介绍全球价值链的治理模式。

10.3.1　全球价值链治理模式类型

1. 全球价值链治理模式的进展

全球价值链治理是指通过价值链来实现公司之间的关系和制度安排，进而实现价值链内部不同经济活动和不同环节间的协调。全球价值链治理模式最早是从单个产业或产业集群入手研究企业间关系的。1990 年，网络学家鲍威尔将生产网络的治理结构分为：市场、网络和层级组织（Powell，1990）。随后，斯曼等学者在 1997 年通过研究亚洲跨国生产网络发现，领导厂商的母国治理结构、领导企业的结构和海外生产动机能够决定亚洲生产网络类型（Zysman et al.，1997）。他们从两个维度对生产网络进行划分：一是根据网络中企业之间合作关系的持久性和力量对比将其划分为垂直型和水平型，二是根据网络外企业进入的难度将网络分为开放型或封闭型。

根据全球价值链的驱动力来源，格里菲等学者在研究美国零售业价值链基础上结合产业组织研究将全球价值链治理区分为生产者驱动型和采购者驱动型两种类型（Gereffi，1999）。生产者驱动型价值链是通过生产者投资推动市场需求，进而形成全球化的垂直分工体系（图 10-3）。投资者可以是一国政府，其通过建立自主工业体系以推动经济发展；也可以是拥有技术优势的发达国家跨国公司，其通过技术投资以扩张市场。因此，这种投资可以是资金转移，也可以是技术转移，在这种体系中，制造商不仅控制了上游的原材料和零部件供应商、下游的分销商和零售商，还获得了高额的利润。例如，日本的丰田汽车为了维持并且提升在全球市场的占有率，通过制订生产计划而将东亚及东南亚 6 个以上国家的汽车零组件供货商组织起来，扩展了原本限于日本国内的生产网络，丰田汽车控制着国内及全球流通的多个环节，包含对最终消费者的服务。

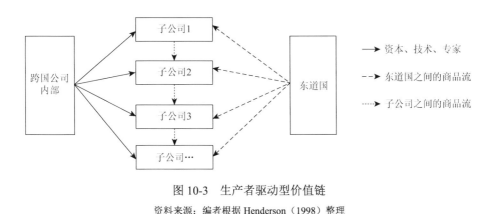

图 10-3　生产者驱动型价值链

资料来源：编者根据 Henderson（1998）整理

---

① 《〈习近平谈治国理政〉第三卷金句摘登》，https://news.gmw.cn/2020-08/26/content_34119787.htm。

采购者驱动型价值链是指在一种由大型零售商、经销商和品牌制造商在全球生产网络中起核心作用的组织形式，它通过非市场的外部协调来构建全球生产和分销网络（图10-4）。这种类型的价值链有利有弊，一方面有助于形成强大的市场需求，从而推动出口导向型发展中国家的工业化进程。另一方面，其存在诸多不平衡性：①生产要素配置的不平衡。作为链条上的主导企业，采购者以俘获型治理模式严格控制研发、品牌等高等要素，而作为被治理者，发展中国家制造商只能通过自然资源、劳动力等基本要素完成生产，缺乏竞争力。②附加值分配的不平衡。大部分附加值由控制设计、品牌环节的采购者创造，而中游制造环节的附加值则极为有限。③利益分配的不平衡。采购者通过对市场的控制撷取了大部分的分工利益，而生产者被迫接受一小部分分工利益。例如，沃尔玛、家乐福等大型零售商，耐克、锐步等品牌运营商和伊藤忠（中国）集团有限公司等跨国公司控制的全球生产网络。

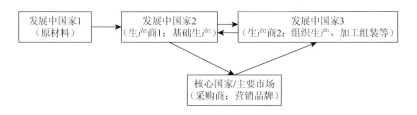

图 10-4 采购者驱动型价值链

资料来源：编者根据 Henderson（1998）整理

"→"表示资本、技术等要素流

2. 全球价值链的五种治理模式

从全球价值链的驱动机制研究全球价值链治理是以商品链分析方法为基础的，这种商品链分析法过于简单而不能涵盖全球价值链的所有特征，从而忽略了许多已有的典型网络组织形式。因此，商品链分析方法在研究中使用较少。2005年，格里菲等学者在生产网络理论的基础上，以价值链理论、交易成本经济学、技术能力与企业学习等理论为基础，按照价值链中主体之间的协调和力量不对称程度提出了一个比较完善的分析框架，并归纳出了五种治理模式（Gereffi et al.，2005），按照领导企业协调能力从低到高排列为：市场型、模块型、关系型、领导型和层级型治理模式（图10-5）。该全球价值链治理模式是目前最严谨的一个，它涵盖了目前发现的多数典型的全球价值链类型。这五种治理模式通过企业间交易的复杂程度、用标准化契约来降低交易成本的程度和供应商能力等三个变量而相互关联。

市场型模式中，产品比较简单，供应商能力较强，资产的专用性较低。买卖双方只需通过价格和契约就可以很好地控制交易的不确定性，不需要太多的协调，降低了交易的成本。

模块型模式中的产品较复杂，供应商的能力较强，且资产专用程度较高。买卖双方的数量有限，更换合作伙伴较容易，具有一定的市场灵活性。与市场型模式相比，模块型模式中双方交流的信息较为复杂，但交易成本却能够通过标准化契约来较好地降低，需要的协调成本不高。

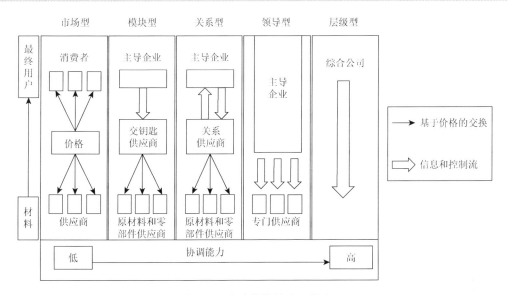

图 10-5　全球价值链治理模式

资料来源：编者根据 Gereffi 等（2005）整理

关系型模式中的产品更为复杂，供应商的能力较强，领导厂商和供应商之间依赖性较强，改变交易伙伴比较困难。双方需要交换的信息量大且复杂，但可以通过相互的信誉、空间的邻近性、家族或种族关系降低交易成本。双方需要通过面对面的交流协商，因此协调成本较高。

领导型模式中的产品非常复杂，供应商为了避免竞争会将其资产专用化。供应商的能力较低，依赖领导厂商，二者关系较难改变。在治理中，领导厂商一方面通过高度控制供应商使其成为俘虏型供应商，另一方面也会提供各种支持使供应商愿意保持合作关系。

层级型模式中的产品复杂程度很高，从而导致更高的交易成本。领导厂商为了保护自己的隐性知识、知识产权等核心能力，会使用企业内生产的方式。当供应商的能力很低时，领导厂商会采用纵向一体化的企业内治理方式。

10.3.2　全球价值链治理模式之间的关系

全球价值链治理模式取决于如何管理价值链参与者，以及如何将技术应用于价值链本身的设计、生产和治理（表 10-1）。不同价值链治理模式依靠决定价值链治理模式的三个变量而产生关系，即交易的复杂性（指维持特定交易所需的企业间信息和知识转移的复杂性，特别是在产品和生产流程的规范方面）、交易信息的可编码程度（指这种信息和知识在多大程度上可以被处理，从而在交易双方之间能有效地传递且没有特定的成本投入）、供应商的能力（指满足交易要求的供应商实际以及潜在的能力）。当这三个变量发生变化时，价值链的治理模式也会随之发生变化。首先，随着领导企业寻求从其供应商处获得更复杂的产出和服务，交易复杂性发生了变化。这可能会降低供应商能力的有效水平，因为现有能力可能无法满足新的要求（表 10-1 中的轨迹①）。或者，领导企业降低交易复杂性，这可能会提高信息编码的能力（表 10-1 中的轨迹②）。

表 10-1　全球价值链治理模式的区别

治理模式	交易的复杂性	交易信息的可编码程度	供应商的能力	权力不对称
市场型	低	高	高	低
模块型	① 高 ②	③ 高 ④	⑤ 高 ⑥	
关系型	高	低	高	
领导型	高	高	低	
层级型	高	低	低	高

资料来源：编者根据 Gereffi 等（2005）整理

注：①交易的复杂性降低了供应商应对新需求的能力；②降低交易的复杂性使交易更易于编码；③更好地编码交易；④交易的去编码化；⑤提高供应商能力；⑥降低供应商能力

其次，生产的创新和标准化很难兼顾，当供应商进行创新时，其标准化能力会降低（表 10-1 中的轨迹③和④）；最后，供应商的能力并不是一成不变的，一方面，供应商自身会通过学习而得到能力的提升，另一方面，新供应商竞争、新技术革命和领导厂商采购要求的变化都会使供应商的相对能力发生变化（表 10-1 中的轨迹⑤和⑥）。在以上三种情况下，价值链的治理模式会在五种治理模式之间发生调整。

总体而言，供应商能力的提高有助于推动全球价值链的治理模式从层级型转向关系型、模块型和市场型。当供应商为领先企业提供更高水平的价值链捆绑服务[①]时，价值链倾向发展成模块型，这具有将隐性知识[②]内部化和实现更大规模经济的优势。然而，如果编码交易极其困难，生产分散将不会导致价值链模块化。例如，从 20 世纪 80 年代中期开始，美国汽车行业的组织结构向碎片化转变，由此产生了企业之间关系较为紧密的价值链。这在一定程度上可以解释为复杂机械系统的编码比较困难，这抑制了整个行业标准化的提高，并造成了领导企业和供应商之间交易的高度复杂性（Fine et al.，1998；Humphrey，2003；Sturgeon and Florida，2004）。随着标准、信息技术和供应商能力的提高，模块化形式在全球经济中发挥着越来越重要的作用。当以关系型价值链为出发点时，随着标准化和编码方案的改进，向模块化或者最终向市场化形式的转变是可以预期的（Gereffi et al.，2005）。

【案例阅读】

1. 服装行业：从领导型价值链到关系型价值链

至少从 20 世纪中叶开始，服装行业就开始具有全球生产和贸易网络的特征，其以

---

① 例如，交钥匙服务。交钥匙指跨国公司为东道国建造工厂或其他工程项目，一旦设计与建造工程完成，包括设备安装、试车及初步操作顺利运转后，即将该工厂或项目所有权和管理权的"钥匙"依合同完整地"交"给对方，由对方开始经营。

② 隐性知识是与正式的、编码的或明确的知识相反，是难以表达或提取的知识，因此更难以通过写下来或口头表达的方式转移给他人，包括个人、智慧、经验、洞察力和直觉。

全球供应为基础的扩张和不断提高的能力使其在短短几十年的时间里迅速从领导型价值链转变为更复杂的关系型价值链。东亚是出口导向型服装生产的中心，如 20 世纪 50 年代和 60 年代的日本，20 世纪 70 年代和 80 年代的韩国，20 世纪 90 年代的中国等，这些国家成为世界级纺织品和服装出口商。东亚成功的关键是摆脱领导型价值链。例如，通常在出口加工区将进口投入品组装成一种包含国内附加值的商品再进行出口的形式，在业内被广泛称为全套供应，在亚洲，这种全套供应模式被称为原始设备制造。尽管面向装配的领导型价值链需要以裁剪织物和详细说明的形式进行明确的协调，但全套供应生产涉及更复杂的协调形式、知识交换和关系型价值链中典型的供应商自主化。

与外国公司负责供应本地承包商使用的所有零部件的领导型价值链不同，全套生产要求海外承包商发展解释设计、制作样品、外包投入品、监控产品质量、满足买方价格和保证按时交付的能力。从发展角度来看，与简单组装相比，全套供应的主要优势在于，它使当地企业能够学习如何制造具有国际竞争力的产品，并对国内经济产生实质性的后向联系。在服装行业中，供应商能力的提高一直是从领导型价值链向关系型价值链转变的主要驱动力（表 10-1 中的轨迹⑤）。海外采购办公室的建立和频繁的国际旅行支持了在买家和供应商之间交换默契信息和建立个人关系所需的密切互动。

贸易规则对服装行业的全球价值链治理产生了重要影响。从 20 世纪 70 年代初开始，由《多种纤维协定》制定的美国进口配额推动了全球服装生产网络的扩张。配额的存在促使价值链中介机构的崛起，包括香港利丰贸易有限公司和香港方氏集团等，以协调美国和欧洲买家的订单流向世界各地拥有配额的大量服装工厂。根据 WTO 的《纺织品与服装协定》，当《多种纤维协定》在 2005 年基本上被淘汰时，全球服装生产集中在少数几个低成本生产基地的最有能力的企业中，包括中国、印度、印度尼西亚、墨西哥和土耳其。这种集中会削弱中介公司的地位。在一定程度上，这种集中化过程提高了交易的编码能力，并且供应商能力也不断提高，服装行业的关系型价值链将会朝着模块型价值链变化（表 10-1 中的轨迹③）。

2. 美国电子产业：从层级型价值链到模块型价值链

在 20 世纪的大部分时间里，美国各州的电子产业一直由垂直整合的大型公司主导，首先是电话行业（美国电话电报公司是一家美国电信公司，美国第二大移动运营商，创建于 1877 年，曾长期垄断美国长途和本地电话市场），其次是无线电行业（美国无线电公司，1919 年由美国联邦政府创建，历史上曾生产电视机、显像管、录放影机、音响及通信产品，雇用员工约 5.5 万人，分布在全球 45 个国家，产品广销 100 多个国家，从中发展出电视等其他消费电子行业），最后是计算机行业（如 IBM）。在 20 世纪 60 年代和 70 年代，在为军事和航空航天应用寻求更好的半导体目的的推动下，零部件行业（如得克萨斯仪器）与美国国家航空航天局扮演着"龙头企业"的角色。20 世纪 80 年代，随着民用电子行业开始伴随个人计算机的发展而快速增长，一系列其他价值链功能也被外包，从半导体制造和电路板组装的生产设备扩展到磁盘驱动器和显示器等专用子组件，随后又扩展到制造过程本身（Sturgeon，2002）。

在 20 世纪 90 年代，几乎所有主要的北美产品电子公司，以及几家重要的欧洲公司，都做出了退出制造业的决定。工厂被关闭或出售给合同制造商，导致了很大一部分世界电子产品生产能力被转给了少数几个全球运营的大型合同制造商。例如，合同制造商美国旭电公司位于加利福尼亚州的硅谷，是一家高科技电子制造服务公司，创立于 1977 年，并于 1991 年及 1997 年两次荣获美国总统颁赠之美国国家最高品质奖，成为唯一一家在 12 年内两次获此殊荣的公司。在 1988 年从一个拥有 3500 名员工和 2.56 亿美元收入的硅谷工厂成长为一个拥有 50 个工厂 80 000 多名员工和 2000 年近 200 亿美元收入的全球巨头。在同一时期，美国旭电公司将其服务范围扩展到电路板组装之外，包括产品（重新）可制造性设计、部件采购和库存管理、测试例行程序开发、最终产品组装、全球物流、配送以及售后服务和维修。美国旭电公司等全球合同制造商在价值链治理中引入了高度的模块化治理模式，因为其业务的大规模化创建了通用价值链活动的综合系统或模块化管理，可供各种企业访问。通过电脑存储并移交设计文件、高度自动化及标准化的生产工艺技术的出现，为领先企业提供了灵活性，使其能够轻松更换和共享供应商，同时降低了对特定资产的依赖。电子产品案例表明，价值链模块化是通过编码复杂的信息实现的（如通过计算机化产品设计和自动化流程技术），编码交易简化了企业间相关环节的交接，有助于治理模式从层级型向模块型转变（表 10-1 中的轨迹③）。

10.4　全球价值链管理的基本内涵

本节将通过全球价值链管理的定义、主要形式，以及在当前全球价值链呈现新趋势和新特征背景下全球价值链的管理模式进行介绍，以全面剖析全球价值链管理的基本内涵。

10.4.1　全球价值链管理的定义

随着世界技术和经济的发展，全球一体化的程度不断提高，越来越多的国家参与到全球价值链中。就制造业而言，产品可能在美国被设计，而原材料的采购可能在日本或者巴西，零部件的生产可能在意大利、印度尼西亚等地同时进行，然后在中国组装，最后销往世界各地。在最终的产品进入消费市场之前，位于不同地理位置的许多公司参与了产品的生产，而由于空间限制、生产水平差异、管理能力的不同，形成的全球价值链结构是较为复杂的。当其面对市场需求波动的时候，一旦缺乏有效的系统管理，风险会由于"牛鞭效应"在价值链的各环节中被放大，从而严重影响整个链条的稳定运行和产出。

自工业革命以来，全球的产品日益丰富，产品消费者拥有了越来越多选择产品的余地，而技术上的进步则带来了某些产品（如电子类产品）的不断更新升级。缩短的产品生命周期导致了产品需求波动的加剧。市场供求格局对供应链适应能力的要求达到了前所未有的高度，在生产管理领域，面向需求的拉式生产理论[①]、JIT 制造理论[②]、柔性生产理论[③]等纷纷被提出，且已进入了实践阶段，在此背景下，供应链管理应运而生，成为企业管理其全球价值链的手段。

供应链管理指的是对整个供应链系统进行计划、协调、操作、控制和优化的一系列活动及过程，在这些活动和过程中，通过上一环节提供的信息流（需求方向供应方流动，如订货合同、加工单、采购单等）和反馈的物料流及信息流（供应方向需求方的物料流及伴随的供给信息流，如提货单、入库单、完工报告等），将供应商、制造商、分销商、零售商直到最终用户连成一个整体的模式，而管理的目标是要将消费者（购买者）所需的优秀的产品能够在正确的时间、按照确定的数量、完美的质量和最佳的状态送到正确的地点，并使总成本达到最佳化（陈国权，1999）。

供应链管理的发展大致可划分为三个阶段：企业内部供应链、行业或者产品供应链和全球供应链。

企业内部供应链是基于企业内部的管理，在此阶段，企业内部经营所有的环节，如订单、采购、库存、计划、生产、质量、运输、市场、销售、服务等，以及相应的财务活动、人事活动等均被纳入一条供应链内进行统筹管理。此时，企业重视的是物流和企业内部资源的管理，即如何更好地生产出产品并把其推向市场，这是一种以原材料到产成品再到市场为出发点的推式的供应链管理。伴随市场竞争的加剧，为了赢得客户和市场，企业管理进入到了以客户及客户满意度为中心的管理阶段，因而企业的供应链运营规划，随即由推式转变为以客户需求为原动力的拉式供应链管理，实现企业各个流程连接在一起，从而各种业务和信息能够集中管理并共享。

随着全球价值链的快速发展，人们发现在全球化大市场竞争环境下，任何一个企业都不可能在所有生产环节中都做到最好，而必须联合行业中其他上下游企业，建立一条供应链实现优势互补，充分利用一切可利用的资源。因此，企业内部供应链管理延伸和发展为面向全行业的产业链管理，管理的资源从企业内部扩展到了外部，供应链管理进入行业或者产品供应链阶段。

互联网、交互式 Web 应用及电子商务的出现彻底改变了传统的商业方式以及现有的供应链的结构，传统意义的经销商被全球网络电子商务所取代。传统多层的供应链将转变为基于互联网的开放式的全球网络供应链。全球供应链管理就是以全球化的观念，将供应链的系统延伸至整个世界范围，在全面、迅速了解世界各地消费者需求偏好的同时，就其进行计划、协调、操作、控制和优化。供应链中的核心企业与其供应商以及供应商的供应商、核心企业与其销售商及至最终消费者之间，依靠现代网络信

---

① 拉式生产是指在生产过程中，下一工序可以看作是上一工序的客户，上一工序根据下一道工序的需求适时生产适量的合格产品，并运送到下一工序。

② JIT，即 just in time，准时生产体制，它通过在正确的地点、正确的时间提供正确的零件，在生产活动中追求消除任何不增加价值的东西，准时地生产零件以满足制造的需要。与传统的生产方式相比，JIT 生产方式减少了存贮，降低了成本，而且质量更优。

③ 柔性生产的概念是 1965 年英国的 Molins 公司首次提出的，它是在柔性制造的基础上，为适应市场需求多变和市场竞争激烈而产生的市场导向型的按需生产的先进生产方式，其优点是增强制造企业的灵活性和应变能力，缩短产品生产周期，提高设备利用率和员工劳动生产率，提高产品质量。

息技术支撑，实现供应链的快速反应，达到物流、价值流和信息流的协调通畅，以满足全球消费者需求。

【案例阅读】

随着波音公司全球合作伙伴的增加，零部件短缺、复合材料质量欠佳、部分设计不合理等一连串的问题接踵而至，给公司带来了巨大的损失。第一架波音 787 的首次试飞比原计划推迟两年半时间，这让波音公司向其客户交付的时效性大打折扣。2019 年 4 月，因部分 787 飞机副翼和电梯存在问题，美国联邦航空管理局宣布针对 787 全部机型采用新的适航指令，87 架该系列飞机可能被暂时禁飞。

波音公司将问题总结为在全球筛选供应商时，未充分考虑 787 项目新技术和复合材料研制的复杂性。但是，主制造商对供应商的选择余地因供应商之间不断整合而越来越小，一定程度上形成了卖方市场。因此，波音公司为降低外包风险和生产成本，开始加强供应链管控和回收部分制造能力：2008 年，波音公司收购意大利、美国合资的机身制造商环球航空公司 50%的股份，并于 2016 年投资 10 亿美元，在华盛顿州埃弗里特建立复合材料机翼中心，2017 年波音公司开始涉足航电系统的生产。在不断摸索下，波音公司全球价值链管理的模式逐渐形成体系，波音公司成为整个民机制造的典范。

在选择供应商方面，波音公司对供其选择的供应商极其重视。波音公司不仅关注企业当前的研制能力、管理水平等各个方面情况，而且研判供应商企业未来的发展潜力。对于一级供应商，波音公司还要求其必须具备管理二、三级供应商的能力。而除了对供应商企业内部情况进行分析，波音公司还十分关注供应商所在国的政治、经济、社会、地理、交通等宏观环境的风险评估，为供应链的长期稳定运行提供保障。同时，波音公司一般会选择两个或多个关键部件供应商，进一步规避全球供应链背景下复杂供应链网络带来的风险和挑战。波音公司的供应商虽然不都是其投资的企业，但他们都按照波音飞机生产研制分工，为波音公司提供服务，更服从波音公司的管理。在波音 787 项目多次延迟交付的困境之后，波音公司进一步强化了对供应商的管理和协调，并成立了独立的供应商管理部门，强化对全球供应商的培养和管控。同时波音公司还通过各种管理工具以及巡视制度等，加强对供应商的监管、评估和考核，并建立严格的优胜劣汰机制。

为加强对全球供应链的即时管控，波音公司利用先进的信息系统与全球供应商保持紧密联系，打造了完善、高效的供应链协同管理信息化平台。作为波音公司在全球外包生产程度最高的机型，波音 787 飞机的研制、定型、转化到融资几乎都通过全球网络实现。在 787 生产整合中心，8 组大屏幕实时显示全球供应链的动态信息，包括全球形势、飞机航线和运输安排、总装需求及进度、客户需求及交付计划、流水线进度和生产准备情况等，一旦发现问题，就随时解决。为了运作波音 787 项目这个世界上最复杂的生产线，波音公司要求所有合作伙伴使用法国达索公司的设计和协同软件 CATIA，飞机的设计工作通过名为"全球协同环境"的在线网站完成，波音公司负责维护该网站，实现 24 小时设计。

10.4.2　全球价值链管理的主要形式

根据目的不同，全球价值链管理可以分为高效率供应链、快速反应供应链、创新供应链及多态供应链。

1. 高效率供应链

高效率形式的供应链要求在不影响销售的情况下，供应链的搜寻产品、采购、运输、货物交付、库存、销售、退货等各个环节，都以最低的成本进行，这种形式供应链的优点在于可以满足产品或服务的供给的同时实现成本的最低，但缺点是容易形成紧张的上下游关系，需求端发生的变化不容易得到满足。其适用于产品差异性较小、竞争激烈、利润率不高的企业。例如，宜家家具，宜家的产品一般比竞争对手便宜 30%～50%，虽然其价格便宜但是却不劣质且保持时尚感，这种物美价廉源于其供应链每一个环节的低成本设计和高度衔接。宜家公司的新产品从设计之初直至整个供应链都严格执行低成本。曾经有一种 50 美分的咖啡杯被重新设计了三次，目的是能在运输托盘上放进尽量多的杯子。一开始，托盘上只能放 864 个杯子，于是宜家的设计师对其进行了改进从而使得一个托盘上能装 1280 个杯子，在其基础上又进行改进使得一个托盘上的容纳量达到 2024 个杯子，从而使得杯子的运输费用降低了 60%。除了设计，宜家公司的全球采购也在保证质量和环境与社会责任的基础上，执行以低价为核心的策略，包括最佳采购实践、竞争性竞价和创造最优条件以节省成本。

2. 快速反应供应链

快速反应的供应链要求紧密联系客户，当需求或者供给环境发生变化时仍能满足应急要求，这种形式供应链的优点在于可以迅速地响应客户的需求，缺点是为了达到灵活性而增加了成本，其适用于设备以及电信维修、医疗紧急救助等需要紧急部件供应或针对灾难应对的行业。例如，戴尔公司成立了全球供应链监督小组和危机处理小组，以时刻关注全球动向从而在意外发生时可以立即进行处理，以减小或转移危机。在"9•11"事件后，美国不仅封锁各机场，还暂停接纳所有飞入美国的飞机。戴尔公司的全球供应链监督小组及危机处理小组立即发挥计划作用，与加工厂商密切合作，找出绕道飞行的货运飞机，将笔记本电脑等以空运为主的产品，先运至美洲其他国家，再以货运方式拉进美国。并且戴尔公司的供应链高度协同，上下游之间联系紧密，其围绕客户与供应商建立了完整的商业运作模式，从而在危难时能很快地做出反应。在"9•11"事件之后，戴尔公司可以迅速调整运营，找出可能会出现供应商中断的环节，并迅速调动在欧洲和亚洲工厂的生产能力，满足订单的需求。另外，戴尔公司建立了将产品直接从工厂送到客户手中的直接递送模式，从而能够快速了解危机中客户的实际需求，及时获得来自客户的反馈信息，并按需定制产品，缩短流通时间，减少了危机造成的损失。在 SARS（severe acute respiratory syndrome，严重急性呼吸综合征）暴发期间，戴尔公司平均 4 天更新一次库存，以及时把最新的相关技术带给客户，并通过网络和电子商务与客户紧密沟通。虽然在

SARS 期间不少客户推迟了他们购买产品的计划，但电话咨询明显增多，培养了不少潜在客户，这反映在戴尔公司的后续销售数据中[1]。

3. 创新供应链

创新供应链与客户的关系紧密，可以根据多变的市场需求进行及时的反应，相应地，其优点也是可以满足客户不断变化的需要，由于对信息系统的要求较高，因此需要付出相应的成本，这也是此种形式供应链的缺点所在，其适用于产品更新变化较快的行业。

比如三星电子以日为单位落实供给计划，并在每日结束时收集全世界的市场信息进行更新，在 24 小时内计算生产计划和销售计划并计算与实际生产和销售的差值，如果超标则即刻与市场部联系。三星电子使用的全球供应链系统不仅可以计划销售、生产，甚至用来管理产品研发，共享新品上市预示和淘汰预示管理等。除此以外，自 2003 年开始，三星电子建立三星工业园区并召集供应商进入，以简化运输方式节省运输成本。同时，三星工业园区内各相关企业之间都设有网络联线进行信息共享，有的配套厂商甚至专门建造直接通向三星电子公司组装厂厂房的超大型传送带。通过自动补货系统模块，供应商可以直接了解到自己提供的货品目前在生产企业的库存，从而可以随时根据生产情况补货。三星电子通过先进的供应链系统增强了整条供应链的可视性，降低了总库存和总体成本，提升了企业的竞争力。

4. 多态供应链

多态供应链是指同时拥有多条供应链，其具有可以兼顾差异化需求的优点，但同时也具有复杂化的缺点。例如，上海通用汽车有限公司（简称上海通用汽车）的多态供应链。上海通用汽车的业务包括：①将成品车发送给全国各地经销商的整车配送供应链；②向经销商及维修中心发送汽车零配件；③汽车设计中心。对于整车业务，鉴于整车的库存、发送、运输等环节经过多年的发展已经比较成熟，而汽车制造的利润日趋降低，因此上海通用汽车从提高效率、降低成本的角度出发通过将其外包给安吉天地汽车物流有限公司而使整车物流高效率化。在汽车维修零部件的配送方面，由于售后服务的质量不仅直接影响公司的品牌形象，而且关系到利润是否能提高利润。对于客户要求要做出快速、准确的反应，因而将零部件的供应链采用快速反应的方式进行供应。最后，设计中心是企业取得市场领先地位的关键部门，要根据市场变化进行及时、灵敏的反应，因而此环节需要建立创新供应链。

10.4.3　全球价值链新趋势和新特征下的管理模式

当前，区域化、本土化、短链化、数字化、绿色化成为全球价值链的新趋势和新特征，在此背景下，全球价值链的管理呈现为以下模式。

---

[1] 戴尔公司 2004 财年第一季度营业额为 95 亿美元，比上一财年同期增长 18%；出货量同比增长 29%，公司第一财季运营利润占总收入的比例为 8.5%，是两年半以来的最高纪录，而运营支出占总收入的比例从一年前的 9.9%降低到 9.8%的历史性新低。

1. 保证产业链供应链安全稳定

在地缘政治冲突升级的背景下，各主要国家对脆弱的产业链供应链产生危机感，更加倾向于考虑各自产业链供应链的安全和稳定。而一国关键核心技术受制于人，产业基础薄弱，会严重制约一国产业链供应链自主可控和优化升级。党的二十大报告提出，"着力提升产业链供应链韧性和安全水平"[①]。一国要实现产业链供应链安全稳定，进而在全球价值链分工体系中的某些环节和领域占据制高点，必须要重视科学技术创新，以技术创新为突破口，实现关键核心技术自主可控，正如习近平同志指出："中国要强盛、要复兴，就一定要大力发展科学技术，努力成为世界主要科学中心和创新高地。"[②]

2. 推进绿色转型升级

绿色化、低碳化已成为全球价值链的重要方向和国际投资的热点领域。在此背景下，围绕绿色工艺产品资金投入和技术开发的国际合作潜力巨大，切实提高能源利用效率，加强清洁技术和能源研发创新，优化能源结构，可以助力一国碳中和目标的实现。同时，主动参与全球减排、应对气候变化等领域的国际合作和规则制定，有助于各国共同推进全球价值链绿色化进程。

3. 加快数字经济的发展

当今世界已全面进入数字经济时代，数字技术的广泛应用深刻地影响着传统产业的转型升级，并催生了众多的新产业、新业态和新模式。2021 年 10 月，习近平总书记在中共中央政治局第三十四次集体学习时强调："数字经济发展速度之快、辐射范围之广、影响程度之深前所未有，正在成为重组全球要素资源、重塑全球经济结构、改变全球竞争格局的关键力量。"[③]为此，加快推进新兴数字产业发展和传统产业数字化转型，积极主动参与和引领全球数字贸易新规则制定，紧抓数字经济发展机遇，加强数字技术前沿研发创新，有助于一国抢占未来发展制高点。

4. 培育区域价值链体系

面对世界百年未有之大变局和新冠疫情的交织影响，全球化的统一多边框架，比如 WTO 改革阻力重重。相比之下，区域经济一体化正以前所未有的速度向前推进，特别是 RCEP 等协议的签署，不仅可以降低成员方之间的关税和非关税壁垒，进一步提升自贸协定带来的贸易创造效应，而且有助于吸引全球对外直接投资向区内流入，

---

① 《习近平：高举中国特色社会主义伟大旗帜 为全面建设社会主义现代化国家而团结奋斗——在中国共产党第二十次全国代表大会上的报告》，https://www.12371.cn/2022/10/25/ARTI1666705047474465.shtml.

② 《自主创新是攀登世界科技高峰的必由之路》，http://theory.people.com.cn/n1/2019/0626/c40531-31195232.html.

③ 《习近平主持中央政治局第三十四次集体学习：把握数字经济发展趋势和规律 推动我国数字经济健康发展》，http://www.cppcc.gov.cn/zxww/2021/10/20/ARTI1634690931718105.shtml.

形成一系列动态效应。因此，进一步的边境开放，或是更好地推动境内开放，促进区域内要素和产品的自由流动，加强区域内成员方之间的分工合作，推动区域内市场规模的扩容和升级，打造区域价值链体系，成为一个国家在全球价值链重构背景下推动价值链发展和升级的有力措施。

10.5　中国参与全球价值链的概况

在介绍了全球价值链以及全球价值链管理相关的基础知识后，对于中国而言，中国参与全球价值链经历了怎样的发展？本节将从中国参与全球价值链的发展阶段、参与现状、影响因素及实现全球价值链攀升的路径入手，全面介绍中国参与全球价值链的概况。

10.5.1　中国参与全球价值链的发展阶段

本节以中国发展中的重要历史事件，即 1978 年的改革开放、2001 年正式加入 WTO、2008 年金融危机爆发，以及 2012 年党的十八大召开为节点，划分并厘清将中国融入全球价值链的阶段及不同阶段的主要特征。具体而言，中国参与全球价值链的发展经历了以下阶段。

1. 发展初级加工业，加快融入全球价值链阶段

20 世纪 80 年代和 90 年代初期，一方面，中国的农村劳动力剩余资源被释放，使中国具备了大量的低成本劳动力和大规模生产能力；另一方面，一系列引资政策吸引了大量外国投资和跨国公司的制造业转移，中国由此逐步融入全球价值链分工体系。但由于早期工业基础较为落后，尤其是技术密集型、知识密集型产业发展缓慢。这一时期中国主要承担全球价值链中的初级加工和装配业务，主要依赖于资源密集型、劳动密集型等低技术，生产纺织品、服装、玩具等，相应的附加值和利润水平较低。

2. 制造业生产加速发展，进一步融入全球价值链阶段

2001 年底，中国正式加入 WTO，关税和非关税壁垒大幅减少，进一步降低了准入门槛，中国的对外开放得到更大程度的推进。同时，得益于国内优惠的政策、不断释放的人口红利，中国迅速建立起较为完备的工业体系。在此背景下，中国的外资以及外贸等多方面大幅增长，有力推动了中国进一步融入全球价值链分工体系。在此阶段，"中国制造"成为中国在全球分工体系下的新标识，2004 年中国的制造业产值超过了德国，2006 年超过了日本，中国成为制造业大国，为中国的亚洲贸易中心地位打下了坚实基础。

3. 全球金融危机爆发，中国参与全球价值链进入波动调整阶段

2008 年全球金融危机爆发，全球经济增长乏力，各国为应对危机更加注重分工的安

全性。对此，一些发达国家着力推进制造业回流、再工业化等，全球价值链贸易规模明显收缩。这在一定程度上抑制了中国的全球价值链参与度，中国参与全球价值链进入波动调整的阶段。2008～2009 年，中国的增加值贸易规模从 1.39 万亿美元下降至 1.14 万亿美元，降幅达到 17.99%，这是进入 21 世纪以来用增加值贸易规模衡量的中国全球价值链参与度的首次降低。但金融危机缓和后，世界主要代表性国家（包括中国）的增加值贸易及全球价值链参与度均逐渐恢复并达到危机前水平，这反映了以全球价值链为主要特征的国际分工体系的韧性。

4. 持续扩大开放和加快技术创新，向全球价值链高附加值攀升阶段

党的十八大以来，以习近平同志为核心的党中央全面深化改革，持续扩大开放，深入实施创新驱动发展战略，中国经济社会发展迈入新的阶段。一方面，中国与共建"一带一路"国家互联互通形成的贸易网络逐步深化，发展出以中国、俄罗斯、新加坡和印度为中心的分工格局。另一方面，中国在高技术领域如人工智能、生物科技、新能源等方面取得了显著进展，成为全球创新的重要参与者，国内附加值不断提升。这一阶段，中国逐渐从传统制造业的简单加工和装配转向生产更复杂的产品，并向高附加值的服务业转型，提供更多高质量、创新性的产品和服务，进一步提升在全球价值链中的地位和竞争力。

总体而言，中国参与全球价值链的发展经历了从初级加工到高附加值的转变。中国通过不断提高制造业水平、技术创新和研发能力，以及推动服务业发展，逐步提升在全球价值链中的地位。

10.5.2　中国参与全球价值链的现状

上一节概述了中国参与全球价值链的不同发展阶段及其主要特征，那么中国在全球价值链中的现状又是怎样的？本节将通过中国参与全球价值链的贸易规模、参与度及分工地位三个方面介绍中国参与全球价值链的现状。

1. 中国参与全球价值链的贸易规模

本节基于全球价值链测度中的增加值贸易核算框架测算了 1990～2018 年中国总的全球价值链规模，即国内附加值以及国外附加值的总和（Koopman et al.，2014），并绘制出图 10-6。可以看出，在中国加入 WTO 前，中国的全球价值链规模增长趋势总体上较为缓慢，从 1990 年的 223 亿美元增长到 2001 年的 1223 亿美元，增幅为 1000 亿美元。而在中国正式加入 WTO 后，这一增长趋势有了变化。2001 年到 2007 年间，中国的全球价值链贸易规模由 1223 亿美元增长至 5392 亿美元，增幅高达 4169 亿美元。就总的全球价值链贸易规模而言，中国逐渐深入参与全球价值链贸易，规模不断扩大。

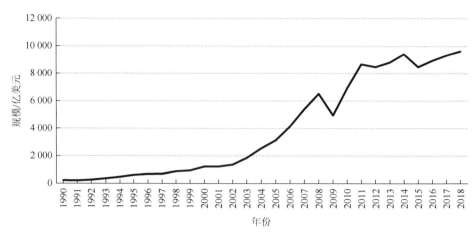

图 10-6　中国参与全球价值链贸易的规模（1990～2018 年）

资料来源：UNCTAD-Eora 数据库

2. 中国在全球价值链中的参与度

为深入考察中国参与全球价值链的程度，本节从全球价值链参与度视角分析中国参与全球价值链的发展历程及现状。具体而言，本节将总的全球价值链参与度分解为前向参与度和后向参与度两部分，如图 10-7 所示。其中，前向参与度反映的是一国通过提供中间品参与全球价值链的情况，前向参与度越大，表示该国在全球分工中主要扮演着中间品供应商的角色。相应地，后向参与度则意味着一国主要通过进口中间品的身份参与全球价值链。因此，这两项指标能够反映出中国主要以供应者还是需求者的身份参与全球价值链。2001～2018 年，中国的前向参与度明显高于后向参与度，并且在 2008 年全球金融危机爆发时，前向参与度受到的影响相对较小，而后向参与度则受到较大的冲击且在 2011 年之后不断下降。这说明长期以来，中国主要是通过进口中间品的角色参与全球价值链。

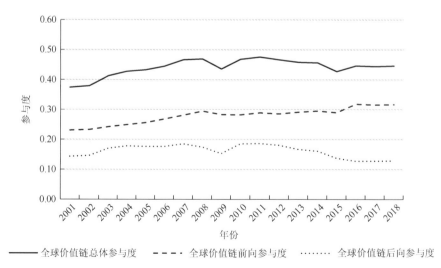

图 10-7　中国前后向参与度变化趋势（2001～2018 年）

资料来源：UNCTAD-Eora 数据库

3. 中国在全球价值链中的分工地位

在介绍完中国参与全球价值链的规模以及参与度后，本节进一步考察中国在全球价值链中的分工地位，以观测中国在全球价值链条中的上下游位置及其地位。当一国主要通过供给中间品参与全球价值链而位于全球价值链的上游位置时，该国所处的全球价值链地位则相对较高（Koopman et al.，2014）。从图 10-8 可以看出，20 世纪末中国的全球价值链分工地位明显低于美国、日本两国，但自中国加入 WTO 以后，伴随中国对外开放步伐的加快，中国的全球价值链分工地位实现大幅上升，并于 2005 年赶超日本，2011 年超过美国。结合中国全球价值链参与度变化，虽然加入 WTO 后我国的全球价值链参与度明显提升，但是中国主要通过进口中间品形式参与国际分工，对发达国家的依赖程度较大，因此这段时间中国全球价值链的分工地位不高。但在 2004 年之后，随着我国逐渐发挥低成本劳动力优势及资源禀赋优势，中国在全球价值链的分工地位不断提升。另外，尽管 2008 年全球金融危机使得中国的全球价值链分工地位有所下降，但凭借国内的强大工业体系，中国的全球价值链分工地位指数迅速回升并不断增长。

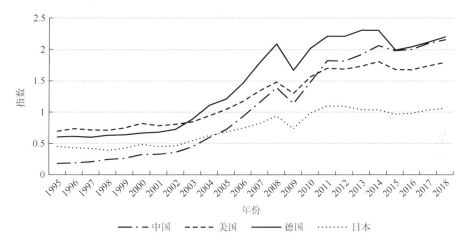

图 10-8　中国、美国、日本、德国四国全球价值链分工地位指数（1995～2018 年）

资料来源：UNCTAD-Eora 数据库

10.5.3　中国参与全球价值链的影响因素

交易成本理论认为，国际企业[①]是内部一体化生产还是参与全球价值链进行外包生产，取决于外包能否帮助企业节约成本。另外，前文指出，国内的产能过剩、市场供应问题、产业集聚及政策支持等因素决定了企业寻求海外市场和资源的时机及区位。因此，结合国际对外投资理论，本节主要从成本、市场、产业、政府支持等角度介绍中国参与全球价值链的影响因素。

---

① 国际企业是相对于国内企业而言的一个笼统性概念，泛指一切以国际市场需求为导向、在两个或两个以上的国家和地区间从事经营活动的企业，包括跨国公司、多国企业和其他国际性公司等。

1. 成本优势

中国相对较低的劳动力成本和资源成本是中国参与全球价值链的一个重要竞争优势。中国庞大的劳动力市场提供了广泛的劳动力选择，使得中国能够满足不同产业的需求，同时，低成本劳动力吸引了大量外国企业将生产环节外包到中国或在中国建立工厂，从而降低生产成本并提高利润率。因此，低成本劳动力和大量外资流入，使中国等新兴工业化国家在制造领域形成了较强的优势。自中国改革开放尤其是加入 WTO 以来，中国凭借低要素成本优势积极嵌入以发达国家跨国公司为主导的全球价值链分工体系，进口与出口贸易规模均得到迅速扩张。

2. 市场规模

中国拥有世界上最大的人口和庞大的消费市场，进入中国市场可以带来更大的销售额和市场份额，提升企业的盈利能力和竞争力，这使得中国成为吸引外国企业投资和扩大其全球供应链的重要目的地。许多跨国公司将生产基地和价值链延伸到中国，以利用其规模化的生产能力和强大的供应链体系，这在一定程度上强化了中国在全球价值链中的角色，促进中国成为全球价值链的关键参与者。并且，中国庞大的市场规模能够产生创新要素集聚作用，有助于促进国内企业的自主创新和产品升级。这有助于提升中国在全球价值链中获得更有竞争力的地位，推动其逐步向价值链的高端攀升（刘和东，2013）。

3. 产业集聚

中国的经济发展和产业升级促进了一些地区形成产业集聚效应。例如，广东、浙江、江苏等地形成了一些产业集群，吸引了大量企业和供应商聚集。作为生产、交易、协调的一种本地化市场组织形式，产业集聚能够吸引劳动力要素涌入集聚地区，提供充分劳动力要素的同时降低该地区的用工成本；并且可以增加企业可获得的中间品种类，扩大企业的生产选择范围，有助于形成多样化的供应链优势；此外，产业集聚的知识技术溢出效应能够有效提升企业整体的技术水平和管理效率，进一步增强企业的国际竞争优势，提高了中国在全球价值链中的地位（冯伟和李嘉佳，2018；李宏和董梓梅，2023）。

4. 政府支持

中国政府采取一系列政策来吸引外国投资和促进本土企业参与全球价值链，比如财政支持政策、减税措施等，这都为中国参与全球价值链提供了重要的支持。此外，中国还积极推进自由贸易区建设和签署自由贸易协定，在降低传统贸易壁垒的同时扩大了中国与其他国家之间的贸易和合作机会，进而促进中国参与全球价值链分工体系；以"一带一路"国际产能合作为契机，构建以中国为核心枢纽的全球价值链分工新体系，提升中国的国际分工地位（邵朝对和苏丹妮，2019）。

总的来说，影响中国参与全球价值链的因素是多方面的，包括成本优势、市场规模、产业集聚、政府支持等。这些因素相互作用，共同推动了中国在全球价值链中的地位和竞争力的提升。

10.5.4　中国实现全球价值链攀升的路径

自改革开放，尤其是加入 WTO 以来，中国凭借廉价劳动力优势迅速融入全球价值链分工体系，这给中国的经济增长带来了积极的效应（裴长洪，2013），但是按照前文介绍的全球价值链治理结构，中国也面临着风险。一方面，中国企业通过参与全球价值链获得了高质量的进口中间品，在一定程度上会抑制中国企业自主研发优质中间品的积极性，并且当本国技术条件相对落后、企业对新技术的吸收能力相对较差时，难以将在全球生产中学习的知识转化为自身技术水平的提升，这都会降低企业的研发创新水平（吕越等，2018）。另一方面，发展中国家的企业在参与全球价值链的同时，也会被纳入价值链中主导企业设置的层级治理框架中，这一体系在初期有助于推动发展中国家的工艺升级和产品升级，但是对于实现进一步的功能升级却会形成一定的障碍。尤其是当发展中国家试图向价值链条高端攀升，而威胁到发达国家和跨国公司在全球价值链上的地位时，有可能会遭受阻击和打压，从而被锁定在低附加值、微利润的价值链低端环节，因此中国在参与全球价值链生产时，可能面临全球价值链"低端锁定"的风险（吕越等，2018；Humphrey and Schmitz，2002）。

当前，全球经济进入深度调整期，面对国内外环境的深刻变化，中国需把握后疫情时代全球价值链重构的战略机遇期，突破"低端锁定"，向全球价值链高端攀升。

1. 畅通国内大循环

党的二十大报告明确指出，"要坚持以推动高质量发展为主题，把实施扩大内需战略同深化供给侧结构性改革有机结合起来，增强国内大循环内生动力和可靠性，提升国际循环质量和水平"①。因此，要加快建立全国统一的市场制度规则，打破地方保护和市场分割，促进商品要素资源在更大范围内畅通流动，推动形成强大的国内市场。

2. 提升技术创新能力

2023 年 4 月 21 日，二十届中央全面深化改革委员会第一次会议审议通过了《关于强化企业科技创新主体地位的意见》，强调推动形成企业为主体、产学研高效协同深度融合的创新体系。这进一步明晰了企业在高水平科技自立自强中的重要地位作用。因此，应尽快建设以企业为主体、市场为导向、产学研用深度融合的技术创新体系，打好关键核心技术攻坚战，确保产业链供应链安全稳定、核心技术自主可控。

3. 加强品牌建设

品牌是企业乃至国家竞争力的综合体现。习近平同志在河南考察中铁工程装备集团有限公司时提出"推动中国制造向中国创造转变、中国速度向中国质量转变、中国产品

---

① 《习近平：高举中国特色社会主义伟大旗帜　为全面建设社会主义现代化国家而团结奋斗——在中国共产党第二十次全国代表大会上的报告》，https://www.12371.cn/2022/10/25/ARTI1666705047474465.shtml。

向中国品牌转变"①。"十四五"规划指出，要提升自主品牌影响力和竞争力。在此背景下，应着力塑造企业国际化品牌，讲好品牌故事，提升品牌知名度和影响力，形成品牌竞争新优势。有竞争力的品牌可以在国际市场上赢得更多信任，从而有助于中国参与全球价值链并向上游发展。

4. 推进服务业发展

在后疫情时期，服务业在全球价值链中的地位越来越重要，全球价值链呈现制造业与服务业融合发展的趋势。因此，服务业创新发展、融合发展成为未来政策着力点。不仅要推进科技研发、信息服务、现代物流、营销管理等现代服务业要素和先进制造业融合，而且要注重发展高附加值的服务业，如金融、信息技术、设计和咨询等，提升国内产业链的附加值。

5. 打造"以我为主"的区域价值链体系

要继续推动高质量共建"一带一路"，以此为依托，加强与共建"一带一路"国家的产业链合作，强化东亚区域价值链，掌握主动权；同时，充分利用 RCEP 合作框架、积极主动对接《全面与进步跨太平洋伙伴关系协定》，深化与世界其他经济体的经贸合作，推动供应链国产化和多元化，打造"以我为主"的区域价值链体系，助力我国实现引领国际经贸规则制定。

本章习题及答案

---

① 《走好品牌建设之路　习近平这样擘画》，http://www.qstheory.cn/qshyjx/2021-05/10/c_1127427333.htm。

第 11 章　跨国企业的组织

组织架构是跨国企业成功的基石，它织就着公司的经营布局和运作机制（Raziq et al.，2023）。这个概念涵盖了诸多要素，如正式的组织结构、精密的控制系统、激励与奖励机制、协调的流程、独特的组织文化及其核心组成人员。

在本章，我们突出了三个卓越跨国企业在行业中取得盈利能力的关键所在。组织架构各要素必须保持内部的一致性。这要求企业在制定控制和奖励机制时必须与其组织结构相融合，形成相互支持和协调的体系（Phillips et al.，2021）。组织架构必须与公司的战略相互匹配或相互适应。换言之，企业的战略定位与其所采用的构架类型必须相辅相成，以确保战略的贯彻和绩效的提升。最后，战略和构架必须与公司所处的市场竞争条件相契合，实现整体的一致性（Phillips et al.，2021）。例如，当公司实行本土化战略时，其组织架构应当符合该战略的要求。然而，如果在面临成本压力巨大、地区调适压力较小的市场竞争中，仍然坚持本土化策略，就可能导致业绩下滑，因为在这样的环境中，全球标准化战略更为适宜。

为了更好地探索组织架构的相关问题，本章将首先深入探讨组织架构及其概念，并着重详解其各个组成部分，包括组织结构、控制系统与奖励、组织文化及流程。这将有助于解释为何这些组成部分必须内部相协调和一致。在对组织架构的各个组成部分进行深入分析后，我们将着眼于构架与战略、竞争环境的匹配问题，并探索取得高绩效所需的方法。跨国公司由于在多个国家开展业务而面临着独特的组织挑战，其组织结构根据公司的规模和业务性质等因素而有所不同。在不断更迭的时代背景下，企业必须不断调整其组织结构，以适应新的战略定位和不断变化的竞争现实。

11.1　组　织　架　构

在国际商务中，组织架构是一个广泛的概念，是指公司整体的组织体系，由多个要素构成，包括正式的组织结构、控制系统和奖励机制、组织文化、流程及人员等（Raziq et al.，2023）。这些要素在组织视角下的关键意义在于：首先，它们将组织划分为不同的子单位，如产品分部、各国营运点以及不同职能部门，这种结构可以通过组织图进行展示。其次，组织架构涉及决策职责的分配，涉及权力集中或分散的问题。最后，组织架构还包括建立整合机制，以协调各个子单位的活动，其中包括跨职能团队和地区委员会等形式。

组织架构提供了沟通、权力、责任的框架或线路。组织架构规定了公司的报告关系、程序、控制、权力和决策过程。它是有效战略实施过程的关键组成部分。组织架构提供专业化和专业化之间的接口，以实现协同增效和竞争动力。对于跨国企业来说，组织架构的确定是非常重要的，因为它不可能对所有的单位都是一样的，同时也不可能对所有的单位都是一种设计。无论设计是什么，它都必须足够有机以适应各种情况。架构必须具有稳定性，以促进日常活动的持续进行，并具有灵活性，以利用环境变化带来的机会。

11.1.1　控制系统

控制系统不仅是衡量分支单位绩效的尺度，也是评估管理人员对各个分支单位经营情况的标准（Persson，2006）。在这个方面，传统观念通常将利润作为衡量绩效的关键指标。然而，随着商业环境的不断变化和公司运营的复杂性增加，对控制系统的需求也在发生变化。现代的控制系统不仅关注利润，而且更加注重多维度的绩效衡量（Narajabad and Watson，2011）。公司可能会采用更为全面的指标，如市场份额、客户满意度、品牌价值等来评估分支单位的表现。这样的控制系统更加灵活，适应性更强，能够更准确地反映出各个分支单位的实际情况。前瞻性信息由战略控制系统提供。控制系统是外部反应导向的。它为管理者提供了他们需要的及时的定量和定性信息，以建立信心并推动未来的成功。在动态和不确定的商业环境中，该系统可以很好地发挥作用。感知和响应变化、发现情况的变化和应对动态环境是战略控制中的具体问题（Zeng et al.，2023）。运营控制是内部反应导向的，以确保目标的实现。管理人员使用绩效测量和操作控制措施来确保目标的实现。

管理控制使公司的目标或战略走上正轨。战略控制使组织随着时间的推移适应其环境中的力量，如社会的变化、技术的进步、经济的发展和政策的变化。跨国公司的管理者必须知道，虽然成本和创新很重要，但公司的主要竞争优势在于差异化/无差异化的消费产品的营销（Ribeiro et al.，2016）。因此，子公司的经理最好专注于市场营销，比如品牌、广告和分销。而公司经理则应该专注于通过收购资本或业务部门或进行研发来增强能力。企业管理者必须对竞争性进入策略有一个清晰的认识。他们应该寻求收购先入为主的优势，或者那些拥有成熟品牌和可观市场份额的公司。企业管理者将资源分配给那些他们希望更快增长的产品和地理市场。如果没有总部公司管理层的严格审查和批准，子公司经理在他的地区推出新产品或在那里建立工厂几乎是不可想象的。但是，子公司管理人员需要根据其业务所在国的具体环境和竞争条件进行调整。同时，子公司共享信息、新产品开发的固定成本和溢出优势，使得母公司更容易向全球分销商销售产品。

战术控制包括在一套政策和预算分配范围内采取行动时考虑现场实际情况的控制。管理者不能在关键结果上妥协，但根据紧急情况，应遵循与计划不同的优先顺序。战术控制包括预算控制、权力/责任变更、采购控制、生产控制等，还涉及执行速度、平衡不同的索赔、对形势的敏感、根据情况做出改变等（Zeng et al.，2023）。公司和子公司级别的管理者共同完成这项工作，尽管子公司级别的管理者作用更大。

奖励系统在激励管理人员和推动良好管理行为方面起到了重要作用。除了与绩效标准挂钩外，现代的奖励机制还越来越注重个人和团队的发展与成长。公司可能会提供培训和发展计划，为管理人员提供更多机会来提升他们的技能。此外，非金钱激励，如晋升机会、工作灵活性和认可奖励等，也被视为重要的奖励手段，以鼓励管理人员的积极表现和创新思维（Marano and Kostova，2016）。需要强调的是，控制系统和奖励机制的设计需要综合考虑公司的战略目标、文化价值观以及行业竞争环境等因素。每个公司都有其独特的控制系统和奖励机制，以适应其特定的组织文化和运营需求。因此，在设计和实施这些系统时，公司应充分考虑内外部因素的一致性和协调性，以确保其有效性和可持续性。

控制系统和奖励机制不仅是衡量和激励的工具，也是组织文化和战略目标的体现。通过精心设计和灵活应用，它们能够帮助公司实现卓越的绩效，并为管理人员提供动力，以适应不断变化的商业环境。

11.1.2　流程

流程是组织中决策和工作方式的体现。流程的设计和执行影响着企业的战略制定、资源分配及管理人员绩效的评估与反馈。在这一概念中，流程与组织中决策职责的定位存在区别，尽管两者都涉及决策的过程。首先，流程涉及战略决策的过程。这包括管理者对企业应采取的战略进行最终决策的职责。虽然决策职责是集中的，但在决策流程中，高级管理者可能会征求较低层管理人员的想法和意见。这种参与式的决策流程能够促进信息的共享和多元化的观点的形成，从而提高战略制定的质量和员工的参与感。其次，流程涉及资源分配的决策。在国际商务中，企业需要合理分配有限的资源，以支持不同市场、产品线或职能部门的运营。流程的设计和执行将决定资源分配的公平性、透明度和效率。通过建立清晰的决策流程和评估标准，公司可以确保资源的优化配置，以实现最佳的业务结果。最后，流程还涉及管理人员绩效的考核和反馈。通过明确的流程，公司能够对管理人员的工作进行有效的评估，并提供相应的反馈和激励措施。这有助于激发管理人员的工作动力，促进其个人和团队的成长与发展，从而提高整体组织绩效。在此过程中，业务是围绕端到端工作流中的特定步骤组织的。例如，研究和开发、客户获取和项目管理。流程必须要仔细管理，因为如果团队之间没有相互沟通，没有有效地移交工作，那么工作流中可能会出现严重的中断问题。值得注意的是，流程的设计应该与组织的文化和价值观相一致，并考虑到国际商务环境的特点和挑战。灵活、透明和高效的流程可以促进跨部门和跨国际团队的协作与协调，提升组织的创新能力和竞争力。通过设计合理的流程，公司能够支持战略制定、资源分配和管理人员绩效的有效管理，从而实现组织的成功和可持续发展。

11.1.3　组织文化

组织文化在国际商务组织架构中扮演着至关重要的角色。它是组织内部员工所共享的价值观、准则和行为模式的集合（Alofan et al.，2020）。就像社会一样具有文化，组织也是一个由个体组成的社会，其成员汇聚在一起以实现共同的目标，而他们在这个过程中形成了独特的文化和子文化。组织文化对于塑造企业的行为方式、决策过程和业绩表现具有深远影响（Alofan et al.，2020）。它可以促进团队协作、创新，也可以对组织的形象、声誉和员工满意度产生重要影响。因此，在国际商务环境中，组织需要重视和积极塑造有利于实现战略目标和适应市场需求的积极文化。

人员是组织最重要的资产之一，不仅包括组织内部的员工，还包括招聘和选拔合适的人才，制定激励和薪酬政策以及留住高素质员工的策略。人员的技能、价值观和倾向性对于组织的运作与绩效发挥了至关重要的作用。在国际商务环境中，人员管理需要考虑跨文化和多元化的因素，以适应不同国家和地区的特点及要求。有效的人力资源管理可以提升员工的工作动力和满意度，增强员工的承诺和忠诚度，从而为组织的成功和可持续发展打下坚实基础。通过塑造积极的组织文化，国际商务组织可以建立一支高效、协作和具有创造力的团队，提升竞争力，并在全球市场中取得成功。

根据组织架构的相关知识，我们在下一节将深入探讨组织架构中各组成部分之间的相互关系与影响。这些组成部分并非孤立存在，而是相互交织、相互影响的。一个显著的例子是人员对于战略的影响，公司可以有意识地雇用那些与组织文化中强调的价值观相一致的个人。因此，组织架构的各组成部分，特别是人员这一要素，可以用来强化或削弱组织中的主流文化。联合利华公司便是一个很好的例子，该公司积极招聘那些具备社交能力、高度重视协调合作的个人，这些个人所秉持的价值观与公司在自身文化中强调的价值观相契合。若一个企业的目标是实现最大化的盈利，那么它必须密切关注组织架构中各组成部分之间的内在一致性。这意味着公司的战略、人员、控制系统、奖励机制、流程等要素必须相互匹配和协调。通过确保这些组成部分的内在一致性，企业可以实现更高效的运作和协同效应，从而推动盈利能力的最大化。

11.2　组　织　结　构

我们将在此节深入探讨组织结构的本质和重要性。组织结构不仅是一个组织表面上的结构性安排，还涉及以下几个关键方面，从而在企业内部实现有效的协作和协调。首先，组织结构涉及决策职责的定位，也被称为垂直差异化。这意味着在组织中明确定义不同层级的决策权和职责分配。通过垂直差异化，企业能够建立清晰的层级关系，使得决策能够在不同层级上被迅速做出并得到有效执行。其次，组织结构涉及将企业正式划分为各个子单位，也被称为水平差异化。这种差异化的划分使得企业内部可以根据不同的功能、产品或地区划分为各个子单位。这种划分可以促进专业化和分工，使得各个子单位能够专注于自己的任务和责任，并提高工作效率。最后，组织结构需要建立整合机制，以协调各个分支单位之间的活动。这些整合机制可以是跨职能的团队、地区性委员会或其他形式的协调机制。通过这些机制，不同的子单位可以在共同目标下进行合作，并确保他们的行动保持一致和协调，从而提高整个组织的绩效和效能。

11.2.1　垂直差异化

企业的垂直差异化对于决策权在层级组织中的集中程度起着关键作用。垂直差异化在组织架构中起着重要作用，它决定了决策权在层级组织中的集中程度（Dos Santos

Ferreira and Thisse，1996）。在商务组织架构的背景下，如何决定生产和营销决策权在公司内是集中于高级管理层，还是下放给基层管理者？又应该由谁主导研发决策？是否应该实行分权，让各经营单位就战略和财务决策做出独立决策，还是将权力集中在高层管理者手中？在商务环境中，集权和分权都有其合理性，取决于不同的组织需求和目标。在制定组织架构决策时，应权衡各种因素，并选择适合公司的最佳策略。

1. 集权

支持集权的理由主要有四个方面。首先，集权有助于协调。以一家在中国生产零部件，而在墨西哥进行装配的公司为例，为了确保零部件顺利从生产厂流向装配厂，需要对这两个地点的生产经营活动进行协调。这可以通过公司总部集中安排生产计划来实现。其次，集权能够确保决策与组织目标保持一致。如果将决策权下放给基层管理者，他们所做出的决策可能与高层管理目标相冲突。通过集权对重要决策进行控制，可以将这种可能性降至最低。再次，将权力集中在某个人或高级管理团队手中，能够促使高层管理者采取必要的重大组织变革措施。最后，当组织中的各个子单位从事类似活动时，集权能够避免重复工作的发生。举例来说，许多国际企业将研发职能集中在一两个地方，以确保研发工作不会重复进行。同样的原因，生产活动也可以集中在几个主要地点上。

2. 分权

赞成分权的理由主要有五个方面。第一，对决策采取集权可能会使高层管理者不堪重负，从而导致决策失误。分权将一些日常事务下放给下层管理者，使高层管理者能够集中精力处理关键问题。第二，研究表明分权能够激发人们的工作积极性。行为科学家一直认为，当人们拥有更多的个人自由和控制工作的自主权时，他们更愿意为工作付出更多努力。第三，分权具有更大的灵活性，能够更快地对环境变化做出反应，因为决策不需要逐级上报，除非有特殊情况。第四，分权能够使决策者更好地做出决策。在分权组织结构中，决策者更接近问题所在，他们比组织中的一些高层管理者更了解情况。第五，分权能够加强控制。分权可以在组织内部建立相对自治和自我控制的子单位。子单位的管理者将对其所在单位的业绩负责，他们的决策责任越大，这些决策就越会影响子单位的业绩，这样，他们就越难以为其不佳的表现找借口。

3. 国际企业的战略与集权

在选择集权或分权的问题上，并没有绝对的标准。通常情况下，一些决策适合集权，而另一些决策则适合分权，这取决于决策的性质和公司的战略（Gabszewicz and Wauthy，2014）。对公司整体战略、重要的财务支出和财务目标等的决策权通常集中在总部。然而，经营决策权，如生产、营销、研发和人力资源管理，可能集中或下放，这取决于公司的战略（Baake and Boom，2001）。举个例子，一家追求全球标准化的公司，其必须决定如何在全球范围内分布各种创造价值的活动，以实现区位和经验曲线经济（Liu and Serfes，2005；Lutz，1997）。总部必须决定将研发、生产和营销等部门设在哪个地方，并协调这些活动在全球范围内的分布，以促进全球战略的实现，这些因素会对集中某些经营决策权造成压力。

相反地，实施本地化战略的公司强调地区适应性，而且将经营决策权下放到国外子公司变得非常重要；而实施国际战略的公司倾向于集中控制核心竞争力，并将其他决策权下放给国外子公司（Sen and Narula，2022）。通常情况下，研发和营销在母国被集中控制，或者只有其中之一，而经营决策权下放给国外子公司。因此，当产品在本国开发时，国外子公司的管理者具有较大的自主权，可以针对特定市场制定产品营销策略。

实施跨国战略的公司面临更加复杂的情况。为了实现区位和经验曲线经济，必须在一定程度上集中控制全球生产中心（类似于全球公司）（Zanchettin and Mukherjee，2017）。然而，地区适应性的需要又要求将许多经营决策权，特别是营销决策权下放给国外子公司。因此，在这样的公司中，某些经营决策权相对集中，而其他决策权相对分散。此外，全球范围内的学习是跨国公司的核心特征。这种学习建立在子公司之间以及子公司与母公司之间的多方面技术转移基础上。全球学习的理念基于这样的观念，即多国公司的国外子公司具有开发自身技术和竞争力的巨大自由（Ghazzai and Lahmandi-Ayed，2009）。只有这样，其他组织部分才能受益并发挥影响。为了使子公司具备这种自由，分权就显得至关重要。同样地，实施跨国战略的公司也需要大规模的分权。

总之，权力分配的选择应根据决策的性质和公司的战略来确定。集权和分权各有其适用的场景，而且实际情况可能需要在集中和分散之间进行权衡。这种权衡将有助于组织在全球竞争环境中取得成功，并促进战略目标的实现。

11.2.2　水平差异化

水平差异化是指公司决定将自身划分为若干个子单位的过程。这种划分通常以职能、业务类型或地理区域为依据（Egli，2007；Narajabad and Watson，2011）。一些公司主要以这些准则中的一种为基础进行划分，而其他公司则采用更复杂的划分方法。对于跨国公司而言，情况更加复杂。在这些公司中，需要围绕不同产品（以实现区位和经验曲线经济）和不同国家市场（以维持地区适应性）进行组织，而这两种需求可能存在冲突，因此需要进行协调。

水平差异化的目的在于实现组织的灵活性和效率。通过将公司划分为不同的子单位，可以实现专业化和专注化，并使各个子单位能够更好地适应特定的职能、业务类型或地理区域（Thomas and Wilson，2014）。这种划分可以提高决策的效率和准确性，并促进资源的有效配置。同时，水平差异化也有助于解决不同产品和市场之间的冲突，通过协调不同子单位之间的合作与竞争，实现整体组织的协同效应。

然而，水平差异化也带来了一些挑战和复杂性。公司需要在保持子单位的相对自治和自我控制的同时，确保整体组织的一致性和协调性（Gabszewicz and Wauthy，2012；Ziss，1993）。需要建立有效的沟通和协作机制，以促进信息共享和知识转移，从而使各个子单位能够在相互合作中获得更大的收益。同时，公司还需要制定适当的管理和监督机制，以确保子单位的绩效和决策符合整体组织的战略目标。水平差异化是一个复杂而重要的组织设计问题，在跨国公司组织中尤为突出。通过合理的水平差异化策略，公司可以在不同产品和市场之间实现平衡，并提高整体组织的竞争力和适应性（Dos Santos

Ferreira and Thisse，1996；Ribeiro et al.，2016）。这要求公司在划分子单位时，根据不同准则进行权衡和协调，以实现组织的整体目标和战略需求。

1. 国内公司分部结构

1）职能分部结构

以职能为基础的组织是传统的，也是最合乎逻辑的。企业的国际职能分部结构，是指将营销、研发、生产等职能部门的职能活动组合在一起，并将其置于专业人员类别之下。

许多公司在初始阶段可能没有明确的组织结构，其运营可能由个体企业家或小团队进行指导（Liu et al.，2020）。然而，随着公司的成长，管理需求逐渐增多，单个个体或小团队已无法胜任，因此常常需要将组织划分为各个职能部门，以反映公司的价值创造活动，如生产、营销、研发和销售（Thomas and Wilson，2014）。这些职能部门结构简单明了，使沟通线路分明而直接，通常由高级管理层协调和控制，形成一种职能分部结构。在这样的结构中，决策权往往趋向集中，而且管理费用也较低。

简单的职能分部结构也能在跨国公司中推广——国外子公司的职能主管与母公司的职能专家进行沟通，并从他们那里获得信息；国外子公司的营销人员向母公司或其订单的营销人员报告；国外子公司的财务人员向母公司或其订单的财务人员报告等。这一模式为招聘和晋升提供了明确的职业道路，员工能与有类似兴趣的同事一起工作，也有利于进一步形成专业化的协同效应（Narajabad and Watson，2011）。然而，提供多种产品线的公司会发现这种结构不太成功。图 11-1 给出了职能分部结构的一个简单示例。

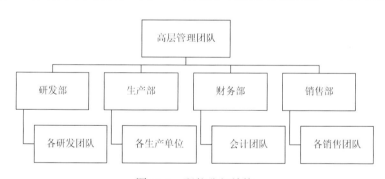

图 11-1　职能分部结构

职能分部结构的形成是为了提高组织的效率和协调性。通过将公司划分为不同的职能部门，可以实现工作的专业化和分工，使各个部门能够专注于特定的任务和责任。高级管理层在职能结构中扮演着重要的角色，他们负责协调不同部门之间的合作和决策，确保整体组织的运作顺畅（Bockem，1994；Brady，2022）。由于职能部门在特定领域拥有专业知识和经验，集中决策权可以提高决策的准确性和效率。然而，集中决策权也可能带来一些挑战和限制。在职能结构中，决策过程可能较为缓慢，需要通过多个层级的审批和报告机制，导致决策的延迟。此外，由于决策权集中在高级管理层，可能存在信息不对称和局限性的问题，高级管理层难以全面了解和掌握各个职能部门的具体情况和需求（Clemenz，2010）。因此，在职能分部结构中，有效的沟通和协作机制至关重要，以确保各个职能部门之间的信息共享和协调，避免信息孤岛和决策偏差的问题。

若公司有意扩展产品多样性，进军不同商业领域，水平差异化策略的实施则变得更为重要。以荷兰多国企业飞利浦公司为例，尽管其起初以照明产品为主，如今该公司积极涉足家电产品（如视听设备）、工业电子（集成电路和其他电子零部件）以及医疗系统（核磁共振扫描仪和超声波）等领域。在这种情况下，传统的职能组织结构显得过于烦琐。在职能分部结构框架下，管理不同业务领域会带来协调和控制上的问题。一方面，难以确定每个独立业务领域的盈利能力；另一方面，若要监管多个业务领域的价值创造活动，管理一个像生产或营销这样的职能部门将变得困难（Bockem，1994）。

2）产品分部结构

为了解决协调与控制的难题，大多数企业在这一阶段采用了产品分部结构。在产品分部结构中，每个分部负责一系列产品（一个业务领域）。以飞利浦公司为例，其设立了照明、家电、工业电子和医疗系统等几个分部。每个分部建立了独立且高度自治的实体，并设立了自己的职能部门。经营决策权通常下放至各个产品分部，使各分部对自身绩效负责，而总部则负责整体战略发展和对各分部的财务控制。

通过产品分部结构，公司能够更好地应对不同业务领域之间的协调与控制挑战。每个分部专注于自己的产品系列，从而实现更高的自主权和灵活性（Chen et al.，2010）。分部拥有决策权，可对其业务领域的绩效负责，并根据市场需求制定相应策略。总部则承担整体战略规划制订和资源分配的责任，确保各分部的活动与公司整体目标保持一致。这种结构为企业提供了更好的资源配置和分工合作，以适应不同产品和市场的要求，进一步提升竞争力和经营效率（Gabszewicz and Wauthy，2012）。图 11-2 是一个产品分部结构的简单示例。

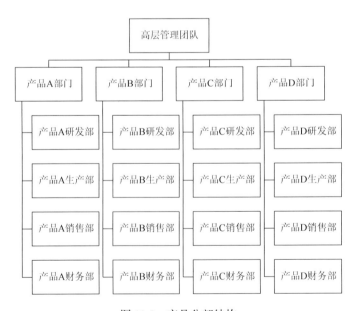

图 11-2　产品分部结构

2. 国际地理分部结构

当公司开始扩展至国际市场时，通常会将所有国际活动集中在一个国际分部中。这种做法在以职能或产品为组织基础的公司中较为常见。无论国内组织结构如何，国际分部往往以地理区域为基础进行组织，其中公司的国内组织以产品分部为基础。许多制造企业通过将国内生产的产品出口到国外子公司进行销售，朝着国际化发展（Raziq et al.，2023）。顾名思义，地理分部结构的企业将根据地理区域或位置组织其活动。具体来说，该公司将其业务分为北美、欧洲、中东、非洲等不同的地区部门。每个地理站点将拥有自己的管理、营销、销售和产品团队等，并可根据当地的风俗和需求进行运营。每个部门可能看起来像一个独立的业务。然而，各部门的总体方向仍然由中央商业政策指导。通常会有一位全球首席执行官和高层管理人员，他们坐在公司总部，监督所有地区的部门。这种国际地理分部的设置有助于公司管理跨国业务。通过在每个国家设立分部，公司能够更好地满足当地市场的需求，适应特定的法律、文化及经济环境。每个分部具有一定的独立性和自主权，可以根据市场情况进行灵活的决策和执行。此外，国际地理分部也提供了更好的本地化服务和客户关系管理，以增强在国际市场的竞争力。然而，这种分部组织结构也带来了管理上的挑战。在不同国家复制组织结构可能导致资源和人力的重复使用，增加管理成本。同时，跨国分部之间的协调和沟通也变得更为复杂，需要有效的沟通渠道和协作机制来确保整体目标的一致性。因此，公司需要权衡利弊，根据具体情况选择适合的组织结构，以实现在国际市场的战略目标。图 11-3 是一个国际地理分部结构的简单示例。

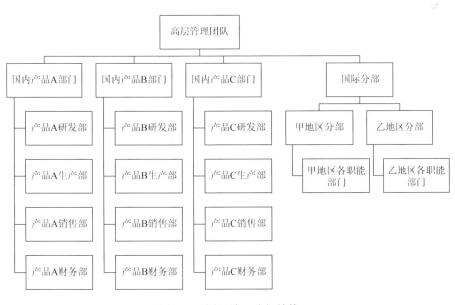

图 11-3　国际地理分部结构

地理分部组织结构在大型跨国公司中很常见，但它也可能适用于一些中型企业。例如，一个中型的零售连锁店或快餐连锁店，在全国有多个网点，可以在地理基础上进行组织。这种类型的结构非常适合酒店、零售和运输等需要靠近客户或供应来源的企业（Phillips et al.，2021）。以星巴克这样的跨国公司为例，星巴克的组织结构有许多特点，包括基于其运营的物理位置的地理划分。该公司将其业务分为多个核心地区——美洲、欧洲、中东和非洲以及中国/亚太地区——每个地区都有一个地理主管（如欧洲、中东和非洲业务总裁）。在北美，地理进一步细分为西部、西北、东南和东北地区。每个区域都有自己的高级管理人员，为该区域内的商店制定运营战略。这些高管可以灵活地调整政策，以适应当地市场的特殊需求。但最终，他们要向更广泛地理区域的属地负责人报告，并遵循总部设定的公司目标。

国际地理分部结构拥有一系列显著优势。首先，允许与当地客户密切沟通。如果在业务运营的地区存在不同的客户偏好、语言、文化和开展业务的方式，那么按地域划分组织是有意义的。其次，灵活的市场反应。如果某个地区的市场发生了变化，那么当地的部门可以迅速做出反应。例如，如果对某一特定产品的情绪突然发生变化，该部门可以订购更多（或更少）的该产品，或者根据当地需求改变营销方向。该部门对当地情况的深入了解有助于做出决策，赋予每个地理单位的自主权意味着管理层在根据总部可能知之甚少的当地因素做出决策之前，需要与总部进行较少的协调（Marano and Kostova，2016）。最后，较高的物流效率。不同的地区在资源、人员和运输方面有不同的需求，按地理位置组织而不是集中这些功能是有意义的。许多跨国公司按地理位置组织，以便每个地点可以根据当地规范和市场管理薪酬、员工工作时间、客户数据、供应和财务。

尽管这种组织结构非常流行，但也带来了一些问题。这种双重结构存在国内与国际经营之间潜在的冲突与协调问题（Narajabad and Watson，2011）。这种组织结构的一个问题在于，国外子公司的负责人在组织中的话语权不如国内职能部门负责人（在职能分部组织结构中）或国内产品部门负责人（在产品分部组织结构中）。然而，国际分部的负责人被要求对各个国家的利益向总公司负责。这使得各国分公司经理的地位在公司层级结构中被降低为第二层级。这与国际化发展和建立一个真正的多国组织的战略不一致。即便如此，也需要注意任何组织结构都有其优势和限制，公司需要根据自身的情况和战略目标来选择最适合的组织结构。无论采用何种结构，都需要强调有效的沟通、协调和决策机制，以确保公司在国际市场的成功运营。为了解决这个问题，一些公司开始探索更加综合和跨国的组织结构。例如，一些公司采取了全球矩阵组织结构，通过同时强调产品和地理区域来平衡全球和本地的利益。在这种结构中，各个国家和地区的分支机构可以更加独立地运作，并在整个公司范围内分享和协调资源。这种全球矩阵组织结构能够更好地适应复杂多变的国际商务环境，并促进全球化战略的实施。

另一个问题是国内运营与国外运营之间潜在的协调不足。在组织结构的层次中，各部门相互分隔，导致全球范围内引入新产品受阻、核心竞争力转移困难以及全球生产合并受阻。面对上述问题，大多数继续扩展国际化的公司已经放弃了这种结构，并选择采用下面将要讨论的几种世界范围的组织结构。首选方案之一是世界范围的产品分部结构，这种结构适合于具有国内产品分部的产品多样化公司。通过这种结构，公司能够更好地协调和管理不同产品线在全球范围内的运营。另一个首选方案是世界范围的地区分部结构，适用于产品非多样化但国内组织结构以职能为基础的公司。通过这种结构，公司能够更好地协调和管理在不同地区的运营活动。诚然，选择适合的组织结构对于公司的国际化战略至关重要。无论采用哪种结构，都需要注重协调、沟通和决策机制的建立，以确保公司在全球市场的成功运营。同时，不断评估和调整组织结构，以适应不断变化的商业环境和市场需求，也是公司在国际商务中取得竞争优势的关键。

3. 全球地区分部结构

全球地区分部结构适用于产品多样化程度低且国内组织结构以职能为基础的公司。该结构将整个世界划分为若干区域，每个区域可以是一个国家或一组国家。每个区域通常规模较小，具有全面的自治权。它们拥有自己独立的一套价值创造活动，包括生产、营销、研发、人力资源和财务职能等。经营领导权以及与每项价值创造活动相关的战略决策权通常下放给各个地区。总部则负责制定公司整体的战略，并掌握财务控制权。

通过世界范围的地区结构，公司能够更好地适应不同地区的特定需求和市场环境，实现本地化运营和决策的灵活性。每个地区能够根据本地市场情况进行定制化的战略和运营，以更好地满足当地消费者的需求。同时，各个地区在经营上相对独立，能够更快地做出反应和调整，提高整体业绩和市场竞争力。在世界范围的地区分部结构中，各个地区之间的协调和合作变得尤为重要。公司需要建立有效的沟通和信息共享机制，以确保各地区之间知识和经验的流动，促进最佳实践的传播。同时，总部需要发挥整体战略引领的作用，确保各个地区的运营活动与公司整体目标一致，并通过财务控制实施整体风险管理和资源配置。图 11-4 是一个全球地区分部结构的简单示例。

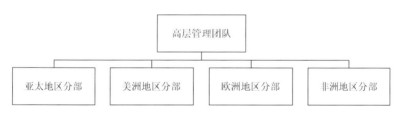

图 11-4　全球地区分部结构

这种世界范围的地区分部结构有助于促进地区调适。通过将决策权下放，每个区域都能够根据当地情况提供特定的产品，并制定相应的营销策略和业务战略。然而，这种结构也存在一些缺点，其中一个是容易将组织分割成高度自治的实体。这可能导致地区间核心竞争力和技术的难以转移，同时也难以实现区位和经验曲线经济的优势。换句话说，尽管这种结构与本土化战略相符，但仅限于此。

因此，建立在这种结构基础上的公司，如果其地区调适不如降低成本或转移核心竞争力以建立竞争优势重要，可能会面临严重的问题。这意味着公司需要认真考虑如何在各个地区之间平衡本土化和整体效益。公司应该在地区间建立有效的沟通和协调机制，以促进核心竞争力和技术的转移，并充分利用区位和经验曲线经济所带来的优势。

此外，公司还需要关注地区间的协同效应，以确保各个地区的业务活动相互支持和协调。这需要总部发挥整体战略引导的作用，确保各个地区的决策和行动与公司整体目标一致，并提供必要的资源和支持。通过平衡本土化和整体效益，并积极管理地区间的协同效应，公司可以在世界范围的地区结构下实现更好的地区调适和竞争优势。

4. 全球产品分部结构

全球产品分部结构包含产品、服务部门生产的特定商品或服务所需的功能。母公司为不同的主要产品类别设有分部，各个分部拥有各自的资源。生产特定产品或某类产品的海外子公司必须向总部负责该产品或某类产品的部门报告。全球产品分部结构将制造和价值创造活动定位在全球适当的位置，以增强对竞争机会、效率、质量或创新的响应。全球产品部门负责全球产品设计，并以部门、集群或控股公司的形式运作。全球产品部门几乎没有共同之处。它们彼此高度独立。图 11-5 是全球产品分部结构的一个简单模型示例。

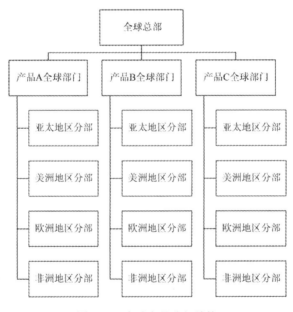

图 11-5　全球产品分部结构

产品相当多样化且以产品为基础的企业，特别是那些在国内采用以产品划分部门的组织结构的企业，倾向于采用全球产品分部结构。在这种结构下，每个产品分部都被视为一个自给自足的实体，具有相对的自治权，并且对其所负责的价值创造活动承担全部责任。总部则承担着整体战略规划和财务控制的职责。例如，福特汽车公司采用了这种结构，放弃了其全球地区分部结构。今天，在世界范围内进行多样化收购的大多数跨国企业都有多样化的产品组合。他们大多采用具有一定协同效应的产品分部结构。

全球产品分部结构旨在协调每个产品分部在全球范围内的各项价值创造活动。通过设计这样的结构，可以克服由国际地理分部结构和全球地区分部结构引起的协调问题。这种组织结构提供了一个适宜的环境，有利于将关键的价值创造活动集中在关键区位，这对于实现区位和经验曲线经济至关重要。同时，这种组织结构有助于分部内部在全球营运过程中转移核心竞争力，促进新产品在全球同步上市。由于接触到世界各地不同的消费条件，从而为新产品提供见解，因此全球视野在这种结构下得以有效地表达。全球产品分部结构提升了工作的专业化程度，从而可以增加类似产品的数量。这种结构有助于开拓新市场和生产全新的产品。此外，资源杠杆是另一个核心优势。对于智力资源来说尤其如此，致力于不同产品线的研发，并与产品类别的所有单位共享新的观点。产品部门内的垂直知识共享是这种组织模式所固有的。战略重点也是一个很大的优势，因为每条产品线都集中在自己的领域，可以集中注意力，而不是分散关注。全球产品分部结构还有一些其他优势，如简单标准的产品引进、高速和高质量的决策制定、独立的产品开发和引进、快速的人才培养、低程度的其他部门的干扰等。

然而，这种结构的主要问题之一在于地区或各国经理的话语权受到限制，因为他们被视为产品分部经理的下属。这可能导致地区调适的不足，成为一个致命的缺陷。为了克服这一问题，公司应该致力于建立一种协作和沟通的文化，以确保地区经理能够参与并发挥其专业知识和地区洞察力。此外，总部应该充分认识到各地区的特定需求和条件，并灵活调整全球战略以适应不同地区的要求。只有通过平衡全球一体化和地区差异，才能在世界范围的产品分部结构中实现有效的地区调适，并确保公司的全球竞争力和可持续发展。

此外，不同产品线之间的横向知识共享明显缺失。组织跨部门的沟通太困难，以至于往往没有合适的方法可以让一个产品部门学习另一个产品部门的全球经验。产品部门之间有重复的职能，而同一个国家不同产品部门的不同子公司将向总部的不同集团报告。各部门之间几乎没有合作，因为在全球范围内维护成本很高。不同地区的不同产品线有规模差异，但是在产品线处于不同的产品结构下，如果不同的子公司不相互沟通或不与共同的管理者沟通，国家内部的协同作用就会丧失。例如，有一段时间，西屋电气公司的一家子公司在当地以过高的利率借入资金，而同一国家的另一家子公司却有过剩的现金。

5. 全球矩阵结构

全球矩阵结构包括水平、垂直和对角线的责任流。用数学方法按行和列排列的称为矩阵结构。在矩阵组织中，产品或项目可能是列元素，而水平或行元素可能是生产、营销等的功能线。第三个维度是地理责任。矩阵结构是两种或两种以上不同结构的组合。因此，在全球矩阵结构中，外国子公司向多个小组报告，即产品/项目、职能或地理小组。

图 11-6 是全球矩阵结构的一个简单模型示例。

全球矩阵结构是为了应对跨国战略冲突性要求而设计的一种组织架构。它结合了全球地区分部结构和全球产品分部结构，每种结构都具有一定的优势和劣势。全球地区分部结构有助于实现地区调适，但对于区位和经验曲线经济的实现不利，同时限制了地区间核心竞争力的转移（Raziq et al., 2023）。相反，全球产品分部结构则为区位、经验曲线经济和核心竞争力的转移提供了更好的框架，但在地区调适方面的能力相对较低。

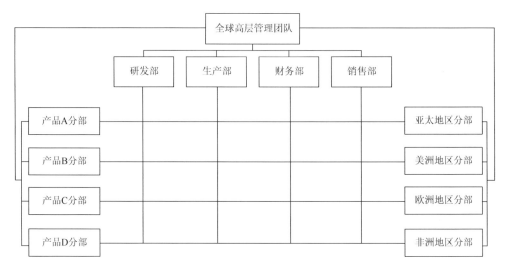

图 11-6   全球矩阵结构

在条件相同的情况下，采用全球地区分部结构更适合于采用本土化战略的公司，而全球产品分部结构更适合于采用全球标准化或国际战略的公司（Gómez-Miñambres，2015）。然而，在实际情况中，其他因素也需要考虑。在某些行业中要想生存，企业必须采取跨国战略，即同时实现区位、经验曲线经济、地区调适和内部核心竞争力的转移（全球学习）（Ziss，1993）。为了解决跨国战略的冲突性问题，许多企业尝试采用全球矩阵结构。这种经典的全球矩阵结构在产品分部和地区分部两个维度上实现了水平差异化发展（Phillips et al.，2021）。其基本原则是，特定产品的经营决策权应由产品分部和公司的各个区域部门共享。在大多数经典矩阵结构中，产品分部和地区分部被赋予相等的组织地位，从而强化了职责的双重性。每个经理同时隶属于两个层级组织（产品分部组织和地区分部组织），并向两位上级（产品分部上级和地区分部上级）负责。这种全球矩阵结构旨在促进产品和地区之间的协作与协调，以确保战略决策的综合考虑，并增强组织的灵活性和适应性（Persson，2006）。需要注意的是，全球矩阵结构的实施需要建立有效的沟通和协作机制，以确保决策的协同性和一致性。此外，管理者还需要适应并应对由双重上级和组织复杂性带来的挑战，以确保全球矩阵结构的有效运作。

总体而言，使用全球矩阵结构的大型跨国公司通常将产品组与地理单位结合起来。产品经理对自己的产品或服务线的开发、制造和分销负有全球责任，而地理区域的经理则对其区域内业务的成功负责。每个集团共同负责海外业务。在群体之间，彼此相互依赖促进了彼此交换信息和资源（Tremblay and Polasky，2002）。在这种情况下，产品组经理之间相互竞争，以确保负责一个功能组（如生产）的研发人员也为产品组开发技术。这些产品组经理还必须相互竞争，以确保地理组经理能够充分凸显并强调各自产品线的独特优势与价值。不仅产品组之间存在竞争，功能组和地理组之间也必须相互竞争，以获得矩阵中其他组所拥有的资源。

全球矩阵结构包含同步的、交叉的差异化基础，员工同时向职能经理和产品经理报告。组织的最高管理者必须特别注意为项目的发展建立适当的程序，并保持沟通渠道的清晰，这样就不会出现潜在的冲突并阻碍组织的运作（Chi and Zhao，2014）。例如，百事公司是按产品线组织的——软饮料和零食——这似乎意味着每条产品线都是全球一体化的。然而，每家公司都有自己的全球部门，将其与国内业务分开，遵循全球矩阵结构。全球矩阵结构便于使用高度专业化的工作人员和设备。与在简单的产品分部结构中重复的功能不同，资源是根据需要共享的。在某些情况下，高度专业化的工作人员可能会将时间分配到多个项目中。此外，维持职能部门的相对独立，促进职能专业知识的传递，同时与来自其他职能部门的专家在项目小组中工作，促进思想的相互交流（Roger，2017）。

然而，在实践中，全球矩阵结构并没有像预期的那样有效。相反，它常常表现出笨拙和官僚化的特点。这种组织结构导致了无休止的会议，难以解决问题。由于需要区域部门和产品部门共同决策，决策速度大大放缓，导致组织僵化，无法灵活应对市场变化，也缺乏创新能力。同时，这种双重组织结构还引发了区域和产品部门之间的冲突与权力斗争，牵涉到许多中层管理者（Egli，2007）。更糟糕的是，在这种组织中责任很难明确。当所有关键决策由产品部门和区域部门共同协商决定时，责任可以轻易地推卸给对方。这种相互指责削弱了责任心，加深了冲突，并使总部对组织失去了控制（Liu et al.，2020）。另一个缺点与集团对稀缺资源的竞争和展示他们偏爱的经营方式有关。高层管理人员可能偏爱某个特定的高管或团队，当组织中的其他人看到这种情况发生时，他们可能会认为权力归属于某个个人或团队。因此，其他团队管理者可能会认为，推动自己团队的独特需求是徒劳的，从而消除了矩阵应该带来的优势（Ghazzai and Lahmandi-Ayed，2009）。

鉴于这些问题，许多跨国公司正在探索构建一种更为灵活机动的矩阵结构。这种结构不再以僵化的层级组织为基础，而是以跨国公司网络、共享的文化和愿景为组织结构的支撑（Guo and Lai，2013）。在这些公司中，非正式的组织结构比正式的组织结构发挥更为重要的作用。这种灵活、机动的矩阵结构有助于克服原有结构的缺陷，并提供更好的解决方案。它通过强调跨部门和跨地区的协作与整合，促进了知识共享和创新。这种结构赋予员工更大的自主权和责任，激发了他们的创造力和积极性（Sartor and Beamish，2020）。非正式的整合机制在这种结构中发挥着重要的作用，通过共享最佳实践、建立跨部门合作和促进信息流动，实现了更高效的决策和协作。

这种灵活、机动的矩阵结构对于现代商业环境中的跨国公司来说至关重要。它使组织能够同时实现区域适应性和全球标准化，兼顾了不同市场的需求和全球一体化的战略目标（Kúnin and Žigić，2023）。此外，它还能够应对快速变化的市场条件和竞争压力，保持组织的敏捷性和竞争力。总之，通过构建灵活、机动的矩阵结构，跨国公司能够克服全球矩阵结构带来的问题，实现更高效的决策和协作，促进创新和知识共享，并在不同市场中取得成功。这种结构的建立需要公司领导层的明智决策和有效管理，以确保其顺利运作并实现预期的效果。

11.2.3 整合机制

1. 跨国公司的战略与协调

由于企业策略的差异，各部门之间的协作要求也不尽相同。采用本地策略的企业对协同的要求最少，其次是跨国企业，对协同要求最多的是多国企业（Zeng et al.，2018）。区域适应性是跨国公司在执行本地化策略时所关注的首要问题。这些企业可以采用全球性的区域架构，每个区域都拥有自己的所有权，拥有自己独特的创造价值的功能。因为每个区域都是一个单独的整体，所以彼此间的合作需要被减少到最低限度（Persson，2006）。那些通过把自己的核心能力从国内企业与国外企业间转让来获取利益的企业，需要更多的协作。将技术和产品从本国向海外的传递，需要协同配合。从地理位置和经验经济中获得利润的企业需要更多的协作。因此，在一个全球性的网络中，需要进行协作，以保证各种输入能够顺利地流入到价值链中（Sartor and Beamish，2020）。在这个过程中，这些产品顺利地经过了整个产业链，成为最终产品，然后又流通到了全世界。多国企业最需要的就是协作。他们既要实现区位经济又要实现经验曲线经济，又要实现区域适应，还需要在各个子单元之间实现多方向的核心能力迁移（即全球化的学习）（Sinkovics et al.，2011）。正如执行一项全球性的标准策略，为了确保一种商品在世界范围内的顺畅流通，就必须进行协作。正如跨国经营策略的执行，为了保证企业的核心能力能够平稳地传递给下属企业，必须进行协同。但是，为了达到多方向的能力转变，跨国企业需要更多的协作和合作。同时，为了使海外企业的生产、研发、市场营销等业务能够更好地满足本地市场需求，企业的国际化经营也要求企业能够更好地实施其国际化经营战略（Sartor and Beamish，2020）。

2. 协调障碍

各个部门的管理者由于职责的差异，其行为的侧重点不尽相同。比如，生产部的管理人员往往只是处理诸如生产能力使用、成本控制、品质控制等生产方面的问题；行销经理则只是关注行销努力，如价格、促销和市场占有率。这种差别可能会妨碍各部门管理者的交流。管理者说话的方式也各不相同。各个部门甚至可能互相蔑视。这会使通信更加受阻，造成协作和协调的失败（Sartor and Beamish，2020）。

各个部门在工作目的上的差别，造成了工作倾向性。举例来说，一家跨国企业旗下的国际产品部门，为了达到降低成本的目的，需要制造出统一的全球性产品；而海外分支机构为了增加区域内的市场占有率，则要求制造出一种不符合规范要求的产品（Sinkovics et al.，2011；Zanchettin and Mukherjee，2017）。因而，不同的目的会引起矛盾。

合作的困难在所有的公司中都是很常见的，尤其是那些拥有众多分支机构的跨国公司。而在各分支机构中，因各分支机构管理者受时区、远近及国籍等因素的影响，其行为取向的差异性则更加显著（Egbe et al.，2018）。以飞利浦公司为例，直至目前为止，该公司还拥有几个全球性的生产部门和几个实质上独立的区域部门。企业不能让其产品部门与各国区域部门就新产品的引进等问题长期存在。而在洗涤用品方面，联合利华公司也遇到了同样的难题。该公司发现，很难处理好自己的产品部门和许多不同的部门之间的冲突，要将自己的新产品投放到欧洲市场，还得花上好几年的时间。这使得联合利华丧失了领先进入者的优势，而这一优势对其确立强大的市场地位至关重要。

3. 正式的整合机制

根据其复杂性，将各个子单元结合在一起的整合机制从单纯与其建立关系或建立联络人的作用，到形成一个小组，乃至形成一个矩阵（Grøgaard and Colman，2016）。总体而言，越是需要协作，正式的整合机制就越复杂。

各部门管理者之间的直接联系是实现一体化最简便的方式。当他们有了一个共同关注的焦点，各个部门的管理者就可以把他们之间的关系建立起来。不过，如前所述，当管理者的行为方式不同时，他们之间的沟通效果就会变得很差。

与直接接触相比，联络人的作用稍微复杂一些。随着各单元之间接触的增加，各单元会设置一名联络人员，以加强各单元之间的协作。由于这种联系方式，有关人士之间形成了一种持久的联系，从而帮助降低上述合作的壁垒（Matsubayashi，2007）。在需要更多合作的情况下，企业可以从需要进行合作的各个子单元中，组成一个暂时的或常设的工作小组。这个小组一般都是在新产品的研发和投放过程中进行配合的。在运营和政策制定中，这种方法非常有效。新产品研发与投放团队一般由研究与发展、生产与营销部门组成。最终形成的协同效应，将有助于研发出符合用户需求且具有较低成本的新产品（Matsubayashi，2007；Sinkovics et al.，2011）。在对集成的要求非常高的情况下，一个公司也许会想要创建一个类似于矩阵式的架构，其中的全部功能都被看作集成功能。其目标是使各个单元之间达到最大程度的协同（Egbe et al.，2018）。在跨国公司中，最普遍使用的一个模型是基于一个地域和全球的一个产品部门。通过这种方式，实现了产品部门与区域部门之间的高度一体化和协同。在理论上，该企业不仅可以更好地进行区域适应性调整，而且可以获得区位与经验曲线的经济效益（Sinkovics et al.，2011）。

一些跨国企业拥有更为错综复杂的管理架构，由三个部分构成：地理区域、全球产品分部，以及各个功能单位，每个单位都对总公司负责。该模型不但可以帮助企业专注于区域调整，获得区域与经验性的经济效益，而且可以帮助企业在内部进行核心能力的传递（Matsubayashi，2007）。这是由于核心能力都是由功能构成的，矩阵式的架构使得各个功能能够从一个区域移植到另一个区域。然而，正如上文所述，这种方法不久就会被官僚作风所束缚，而在处理老问题的同时，也会带来新的问题（Sartor and Beamish，2020）。矩阵的架构趋向于官僚化、僵硬化，并且存在着比预期更多的冲突。这种架构要求有弹性和机动性，而这些都要求有一种非正式的一体化机制。

4. 非正式的整合机制

为了降低和避免一般情况下，正式的整合机制，尤其是矩阵结构所带来的问题，对整合协作有高要求的公司正尝试使用一种非正式的融合机制——知识网络。知识网络是一种被倡导团队协作和跨部门合作价值观的组织文化所支撑的机制。知识网络指的是一种在组织内部传递信息的网络，不是建立在正式组织结构基础上，而是建立在企业内各管理人员之间的非正式联系，以及分布式信息系统基础之上（Grøgaard and Colman，2016）。互联网具有巨大的威力，因此人们可以将其视为跨国商业中的一个非正式的知识流通通道。

　　然而，当这个网络系统能够容纳足够多的管理者时，才能够发挥作用。比如，如果管理者遭遇的问题类似，那么则不可能通过非正式的人脉关系去寻找答案，反而管理者会转向正规的途径（Manolopoulos et al.，2011）。要构建一个完整的公司知识网络并非易事，尽管那些热衷于社交的人士声称，互联网是跨国公司之间的黏合剂，但是，对于一个成功的公司应该怎样构建这个体系，目前还没有一个清晰的认识（Zeng et al.，2018）。在企业网络中使用的两个技术，一个是利用资讯系统，另一个是经理发展策略。计算机和电信网络为企业内部的非官方的知识网奠定了坚实的物质基础。电子邮件、视频会议、高速数据系统、搜索引擎、人工智能，使得遍布世界各地的管理人员能够更容易地互相了解，所形成的关系有助于某一具体问题的解决，并且能够在本机构内部推广和共享最佳实践（Yang et al.，2021）。跨国公司能够使用其自身的体系来进行产品战略上的沟通。公司经理的发展计划还可以用来构建一些非正规的关系网。例如，让主管人员频繁地在下属部门间轮流工作，以便他们可以形成自己的网络，或者用一个管理训练计划将下属部门的主管人员集中起来，互相了解（Rabbiosi，2011）。若各分支机构的管理者执意要达到的目的与企业整体的目的不符，仅有的知识网络是无法达到统一的目的的。形式化的矩阵型架构可以有效地发挥其功能，从而保证知识网络的正常运行。

　　跨国公司必须进行一体化的协同（尤其是在其执行全球标准化、国际化或跨国策略的情况下），但由于协同过程中存在诸多的阻碍，要获得协同整合并不容易（Sartor and Beamish，2020）。一般情况下，公司试图利用正规的整合机制进行合作。但是，由于正式机制往往过于繁文缛节，无法很好地处理各个分支机构的行为取向差异导致的问题，因此其效率并不高（Grøgaard and Colman，2016）。然而同时实现区位和经验曲线经济、地区调适和在组织中多方位转移核心竞争力又需要这种复杂的矩阵结构。这个问题有两种解决办法：首先，企业需要尝试构建非官方的知识网络，以便在以往通过正式矩阵式架构进行的大部分工作中使用这些知识网；其次，企业要有一个统一的企业文化和目标。

11.3　中国跨国企业组织结构的发展与演变

　　在全球经济一体化程度不断深化的今天，中国企业要想在国际市场上立足，谋求发展，就必须要"走出去"。"走出去"之路并不平坦，需要跨国企业拥有更好的组织架构跨境适用性，以应对沿途的种种挑战。海尔集团自 1984 年成立以来，经过稳步成长，已经成为中国家用电器产业的领军者。海尔集团就是一个很好的研究中国跨国企业组织结构发展与演变的代表性案例。作为跻身世界 500 强的超大型企业，其以"规模化—创新化—生态化"为主要发展思路，充分体现了企业核心动态能力的发展特征。海尔集团以动态的结构变革方式提高核心竞争力，从而达到可持续发展的目的。因此，本节将以海尔集团为典型的中国跨国企业案例进行深度剖析，为中国跨国企业在寻求转型升级的过程中提供组织架构方面的理论依据和现实指导。

11.3.1　企业扩张阶段：创业导向与"正三角"结构

在企业扩张阶段的前 20 年里，海尔集团所处的环境发生了巨大的转变，从最初的改革开放，到国内电冰箱的竞争，再到中国加入 WTO，其经历了 1984～1991 年的品牌战略，1992～1998 年的多元化战略，以及 1999～2004 的全球化战略，完成了从无到有，从小到大，从国内到海外的全程全系列发展。海尔集团的快速扩张，首先主要归功于创立者张瑞敏的勇气与胆识，即使在市场竞争激烈的情况下，他也坚持用优质的品质打造品牌；或是在电冰箱市场发展到一定程度后，他也坚持走出了自己的市场风格以面对不断变化的外部危机和挑战，这也是海尔集团发展到现在阶段的主要原因。在创业的快速扩张时期，海尔集团采取了典型的"正三角"制度。例如，采取了职能制、事业部制和战略业务单元制。通过这样的组织架构，创业者所制订的策略和指令能够被良好地层层传达。由于创业型企业的高风险性和超前性，对其本身的应变能力提出了更高的要求；而基于创业扩张需求的"正三角"架构，使得来自该需求的决策指令能够被高效地传递给每一个分部单位并被有效实施；在这一过程中，每一个单位都能够从自己的决策中获得更多的信息，并不断地提升自己的应变能力，从而实现整个组织应变能力的高效量变积累。

在这一扩张时期，海尔的发展呈现出一种以创业为主导的特征，这一特征要求企业家能够迅速应对外部环境的改变，并做出相应的应对措施，而企业的内部一致性则是其迅速、高效实施的前提条件。以创业为主导的迅速扩展又需要企业的规模持续扩大，其管理层次和范围也随之增大，且其内部管理过程越来越趋于规范化。这一时期内海尔集团的组织架构呈现出显著的由多个部门组成的具有集权化、正规化和复杂性特征的"正三角"式的体制，包括从职能部门到事业部门制度，最后到战略业务单元制。其间每个转型过程都会经过一个"环境改变—战略导向转变—对旧组织结构的阻碍—新组织结构转变—新组织结构匹配—反馈调整"的循环往复的动态发展过程。诚然，在环境多变的世界竞争市场中，亟须企业对环境的快速响应，进而提高组织的适应性。在创业扩张初期，海尔集团的组织架构与发展方向受到管理层的直接主导，并随着企业特定的发展策略而不断变动。在此背景下海尔集团不断地对企业的"正三角"架构进行动态调节，以支撑企业的可持续发展，而创业导向对企业的动态竞争力的形成与发展也起着重要作用。

基于创业型企业所具有的风险特征，海尔集团进一步加强了对外界环境的经验观察和积极反馈以识别内外部的机遇和挑战。同时企业家本身所具有的灵活应变能力，也是推动企业组织结构实现动态应变的重要驱动因素。海尔集团的管理者为应对环境变化的决策能够利用行政命令的方式来调节企业的内部资源和权力的分布，进而对企业内部进行最优的架构配置，以达到趋利避害的目的，整体推动了企业动态柔性能力的构成和发展。"正三角"结构一方面保证了企业家应对环境改变的知识和策略在企业间的高效传播，减少了企业内部交易费用，提高了企业学习能力，促使企业单位逐步累积应对变革的经验能力；另一方面，其用规范化过程来保证创业者的决策执行过程的有效性，从而在面临变革时，提高整个组织的灵活性，赋能组织一定程度的缓冲性和适应性。综上而言，海尔集团在企业家精神引导下，不断通过"正三角"架构的互动作用，动态地构建了企业在不断变化的外部条件下的柔性能力。

11.3.2　颠覆变革阶段：技术导向与"倒三角"结构

随着中国的入世，对外开放的大门越来越大。国外的技术经验也越来越多地进入了中国企业。与此同时，中国的本土市场也在遭受着外资的猛烈冲击，而海尔集团的核心竞争力在这一阶段得到质变的发展。在新的对外开放背景下，宏观而言，我国制定实施了创新型国家战略的重要政策；在行业层次上，整个家用电器行业都处在产品生命周期的成熟阶段，其规模效应正在逐渐减弱。海尔集团在内外部冲击中意识到了要想维持公司的竞争优势，就必须持续地进行技术革新，变革创新的迫切需要应运而生。此时，由于早期的快速扩张以及对外市场的饱和，海尔集团已经进入了一个发展的瓶颈阶段。因此，海尔集团为了突破企业发展限制，制定了国际化战略，符合国家提倡的创新方向。其聚集了大规模的企业资源来推动技术创新，以技术为核心谋求企业的可持续性发展。在组织架构上，为了配合海尔集团于2005年推出的"人单合一"的新兴经营方式，海尔集团在集团上下实施了"倒三角"组织架构。这一架构是对原有层级架构的一次大胆颠覆，其完全推翻了"正三角"的层级架构。具体而言，"倒三角"组织架构意味着以底层人员作为一级架构，直面顾客，具有相当程度的自主决定权；在二级架构上，以中层为主要职能层级辅助底层人员的工作；处于最底层的是管理层，其为整个组织提供服务。这一组织结构变革以创新的经营体系为核心，以提高员工自主权为目的。以往海尔集团的"正三角"组织架构，由于其内外界限分明，层级严明，妨碍了组织知识流动与学习能力提升，不能形成变革背景下有效的组织架构，其暴露出的缺陷已经严重阻碍了海尔集团的发展。技术导向的创新要求明确了海尔集团开放式组织结构变革的方向，"倒三角"结构为汇集全球资源与能力提供了组织基础。海尔集团构建的以"倒三角"架构为基础的开放性的柔性组织架构，下放权力、层级精简、鼓励共享，有力地支撑了企业的核心战略推进。在这一转型进程中，技术导向的"倒三角"模式引领着海尔集团从创业者的内在学习导向转向了顾客的外在需求导向，主动吸纳并融合内外资源，激发了企业自主学习激情，加快了企业资源交互与信息流动，进而推动了海尔集团在这一时期的变革转型与创新能力的颠覆发展。

综上所述，这一时期海尔集团的发展是以技术为主导的，迫切需要企业不断地吸收、整合与创新资源，以保持企业持续不断的竞争优势。随着企业在国内外市场上的资源互动以及与顾客的紧密结合，扩张时期的"正三角"模式的封闭式和刚性的缺陷日益凸显：企业内部界限明确，资源渗透力减弱，层级关系紧张，因而海尔集团为应对新的开放模式提出了更高水平的要求。在此背景下，"倒三角"组织结构模式被广泛应用，其最明显的特征就是分权。在同质化严重的竞争中保持优势，要求企业具备变革创新能力。由于一线员工有与顾客进行深度互动的机会，因此海尔集团对基层的一线员工充分授权，有利于达到信息和决策之间的相互配合，从而对资源进行最优配置。最终，业务单元、职能单元及战略单元构成了三级自主经营体。这种扁平化的组织结构确保了内部信息与资源的高效流动，从而提升了企业整体的创新效率。与此同时，其还为战略决策者展开及时有效的战略调整奠定了坚实的基础。传统的"正三角"模式下的标准化部门被"倒三角"模式下的各种自治组织所替代，不同类型的自治组织之间的管理与控制构成了相互协作、共创的契约关系，从而使企业的组织架构更加开放与包容，更好地适应了国内外市场的需要，同时也充分发挥了自身的优势，适应了企业的可持续发展战略的迫切需要。

11.3.3　生态构建阶段：市场导向与平台型网络结构

从 2014 年起，国家将"大众创业，万众创新"作为国家级战略；2015 年，"互联网＋"理念首次在政府工作报告中被提及，互联网技术的跳跃式进步给跨国企业带来了巨大的机遇。在这个充满生机和活力的互联网时代中，企业已经无法再像过去那样依赖于单一组织的单一竞争方式来维持自己的竞争优势，跨国企业亟须建立一个完整的网络体系。为了与互联网环境特征相匹配，海尔集团在这一过程中有针对性地提出了一种网络化策略，通过使用互联网技术来构建企业开放的信息和资源平台，并激励和支持其员工根据市场的需要来进行创业活动，从而使其能够与顾客和业务伙伴等不同的市场主体以市场需求为中心展开价值共创。相应地，基于"倒三角"的组织架构，海尔集团以市场需求为导向对外部市场进行更大程度的开发，使内部单位之间的界限尽可能地被弱化，并以部门团队化和团队节点化为发展方向实现了对整个海尔集团的全面重塑。各个环节以契约为纽带，将内外两个环节联系在一起，构成了一个完整的平台型网络结构。

从技术导向转变为市场导向，这需要企业对市场主体的信息更加重视，其中包括客户、供应商及其他生态伙伴的全面信息。在这一过程中，海尔集团的组织边界被进一步开放，最终构成了一个由资源与信息汇聚的企业"后台＋共享"与"中台＋独立小微"可以自由发展的三级平台型网络结构。海尔集团还可以与周围的客户社区及商业伙伴及时展开资源信息互动，最终构建出一个有效的市场化企业生态系统。在这一转变中，海尔集团从客户处学习拓展并且与所有生态伙伴互相学习交流，大大提高了异质性知识的互动水平与学习效率，并增强了系统中的各个单元之间的连接有效性。总体而言，平台型网络结构对生态系统内的所有单位进行开放联结，让企业内部资源的系统共享得以高效完成，进而实现对市场需求的灵敏响应，便于进行技术赋能与价值共创，提升了海尔生态系统整体活力，进而推动了海尔生态联结能力的形成与发展。

综上所述，这一时期海尔集团的策略是以市场为中心的。在推动个体经营和增强市场交互作用的同时，海尔集团还注意到了其内部的"倒三角"架构已无法适应企业治理体系的变革要求，必须打破狭窄的组织架构，构建更加开放、平等和共享的网络化架构。为此，海尔将"倒三角"架构提升到了平台式的网络化架构层面。海尔集团将层次进一步压缩，支持自治主体向"小微"全面发展，即海尔集团的前端。更进一步讲，单独的"小微"能够充分地与市场结合以获取客户需求，同时也意味着在狭窄的企业架构下，海尔集团最大限度地降低了企业的一线业务层级。将职能运营主体演化成为一个能够为企业提供人员、金融、法律等多项服务的独立共享平台，从而使企业的知识边界得以进一步解放，有力推动了企业的创新资源集成。海尔集团以"开放、平等、共享"为原则，构建基于契约的平台网络协同机制，并将其延伸至海尔的全生态体系，增强了各个生态体系之间的交流与合作，且提高了资源的分配效率，进而助力实现了更优质的海尔集团市场价值。

11.3.4　对中国跨国企业组织架构变革的启示

作为中国跨国企业成长发展的典型案例，海尔集团在经历了复杂环境变化、规模红利消退、网络技术变革的接连冲击后，逐步在集团内部构建了一个由"企业弹性—企业转型—企业创新"到"企业全系统生态链"的动态能力的演进历程。从创立到现在，海尔集团的战略取向已经从"创业导向"走向"技术导向"到如今的"市场导向"，在各个阶段都在发生着颠覆性变革，这也迫切需要海尔集团内部相适应的组织架构的更新发展，而这些动态更迭的组织架构又会在海尔组织内部的核心竞争力的可持续发展中起到关键作用。海尔集团的组织结构正不断通过信息传递等机制影响着其战略的制定与调整。例如，创业导向要求集团内部对组织战略决策进行高度统一，并且在组织中存在显著的集权现象；以技术为主导的阶段则以不断创新为目标，采用柔性分散以及扁平化的组织架构，更符合海尔集团技术发展的需要；而在市场导向时，建立一个以平台为基础的网络化生态体系则是一种必然选择。

本节以海尔集团的组织结构与动态能力演进为切入点，从集团的战略定位、互动关系、柔性能力等角度，对海尔集团的发展历程进行了全面、深入的分析探究，并总结了以下几点战略和组织架构对企业发展的影响。

（1）在企业转型过程中，组织战略的先进性和组织结构的滞后性之间存在严重冲突。一般而言，企业面临新兴环境时首先会产生由上而下的战略取向的变革，其次再进行组织结构的调整。一是由于组织结构变革存在着很大的复杂性，需要较长一段调整时间。二是因为在企业中存在着传统实践的抵触与反抗，传统实践的重组则是一个漫长的过程。因此，在战略导向与组织结构变革进行交互影响的时候，会经过一个由"战略导向转变—对旧组织结构的阻碍—新组织结构转变—新组织结构匹配—反馈调整"的交互作用过程。在此过程中，组织内部的组织学习方向也将发生显著转变，资源和权力得以重新分配与整合，进而产生新的能够适应内外部环境的动态能力。

（2）战略方向和组织结构的交互对企业动态能力的构建起到关键性作用。在海尔集团的发展过程中，战略导向、组织结构及两者的互动关系会对动态能力的发展产生直接的影响：战略导向决定了组织的学习方向，而组织结构则会对组织的权力与资源配置产生决定性作用，并在此过程中战略导向与组织结构的互动关系会极大程度地促进企业动态能力升级与更新。

（3）从组织柔性到转型创新再到生态链接是企业动态能力的持续演变历程。在创新发展的进程中，由于外部环境的改变，海尔集团的战略重心不断变革，其动态能力也不断更新，发展方向经历了从规模扩张到技术创新，再到平台共享开放的过程。在各个阶段，其动态能力也呈现出从关注环境改变到寻求资源创新，再到主动构筑双赢生态圈的动态能力演变过程。

　　总体而言，海尔集团借鉴了国外的先进经营理念，并没有盲目地复制，而是将其与中国的具体情况相融合对企业进行重组与革新。通过将外部的市场竞争因素引入到自己的企业中，并将其所产生的市场外溢作用内在化，从而将组织架构和市场机制有机地融合在一起。海尔集团内各个子公司之间的利益联系变得更加密切，有利于调动各方积极性，充分挖掘发展潜力，使得各个子公司的发展与集团的总体战略保持一致。总之，唯有与时俱进，持续完善自身组织结构，才能让一个跨国企业更优质、更长远地发展。立足于现实，把中国典型企业的成功模式和自身发展状况有机地融合在一起，才能找到一条适合自己的、有自身特点的跨国公司的组织结构创新之道。

本章习题及答案

第12章 国际人力资源管理

12.1 国际人力资源管理的定义与特点

12.1.1 国际人力资源管理的概念内涵

以往研究者主要从三个视角出发，对国际人力资源管理的概念范围做出不同界定（de Cieri and Dowling，2012）。

第一，跨文化视角（Punnett，2015），强调不同文化情境下组织内人的行为、思维方式与工作态度的差异，以及这些差异对人力资源管理的影响，它着重于跨文化差异管理，研究如何设计适应不同文化下人才管理的方法与策略。这一视角关注微观层面，在人力资源管理的全球与本地之间寻求平衡。

第二，劳资关系视角（Fichter et al.，2011；Lamare et al.，2014），关注不同国家与地区的劳资关系制度、人力资源管理实践与政策环境的差异。它通过描述、比较和分析各国人力资源管理体系的异同，揭示其中的跨国差异，为人力资源管理的国际化提供制度层面的参考。这一视角关注结构层面，强调人力资源管理在全球范围的差异化适配。

第三，跨国公司管理视角（Dickmann，2021），聚焦于跨国公司的人力资源管理活动，研究其人力资源管理在全球范围内的协调与整合。它关注跨国公司如何构建标准化和一致性的人力资源管理体系，在全球与本地之间实现最优平衡，开发并实施支持全球业务发展的人力资源管理策略。

这三种视角涵盖人力资源管理的微观和宏观层面，共同揭示国际人力资源管理的全貌。值得注意的是，三种视角间存在交叉与重叠，并不是相互独立的（图12-1）。具体来看，跨文化视角与劳资关系视角更侧重差异分析，为制定差异化的管理策略提供理论基础。跨国公司管理视角致力于构建统一的全球管理体系，协调全球与本地差异，提供解决办法。本章所讨论的国际人力资源管理主要聚焦于企业国际化进程中的人力资源管理活动及政策产生，并探讨跨国公司是如何进行人力资源管理的。

图 12-1　三种国际人力资源管理研究视角之间的关系

从跨国公司管理视角出发，Taylor 等（1996）认为国际人力资源管理要求企业在全球范围内进行战略规划，建立一体化的管理制度与企业文化，形成系统的人才吸引、发展和配置能力，以满足跨国公司全球化业务的需要。Schuler 和 Tarique（2007）认为国际人力资源管理是跨国公司在全球市场对人力资源有效的管理，以此来获得竞争优势的主要来源，并在全球范围内取得成功。周劲波和程静（2015）认为国际人力资源管理主要是指在世界经济全球化的环境下，组织由原来单个国家的人力资源管理职能拓展为多个国家的人力资源管理职能，并对这些职能实行整体、动态管理的过程。

Morgan（1986）提出的国际人力资源管理三维度模型，为我们理解跨国公司的人力资源管理提供了一个较为全面的概念框架（图 12-2）。

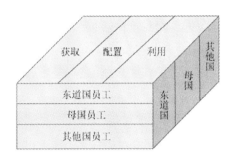

图 12-2　国际人力资源管理三维度模型

资料来源：Morgan（1986）

维度一：人力资源活动，包括获取、配置与利用（这三类活动涵盖了六项人力资源管理的主要活动，即人力资源规划、员工配置、绩效管理、培训与开发、薪酬与福利、劳资关系）。

维度二：与国际人力资源管理相关的国家类型：母国，指公司总部所在国家；东道国，指跨国公司的子公司或者分公司所在国家；其他国，指资金、劳动力、原材料和其他投入的来源国。

维度三：跨国公司的员工类型（以国际为标准进行划分）。母国员工，是指在跨国公司总部所在国工作的公民；东道国员工，是指在跨国公司海外子公司工作的所在国公民；其他国员工，是指在跨国公司外国子公司工作的员工，非母公司所在国或子公司所在国的公民。

例如，一家中国跨国公司在美国分公司雇用的美国员工，为东道国员工。该公司在中国总部雇用的中国员工为母国员工。该公司在日本分公司雇用的新加坡员工则为其他国员工。在跨国公司中，不同类型员工的优势与劣势如表 12-1 所示。

表 12-1　不同类型员工的优势与劣势

员工类型	优势	劣势
母国员工	• 熟悉跨国公司的企业文化、价值观、目标和宗旨 • 有助于跨国公司总部与子公司之间的协同 • 将企业价值观、文化和知识从总部有效转移到子公司，反之亦然	• 跨文化调整可能很困难 • 可能与地方政府促进当地就业的政策相冲突 • 跨国迁移、薪酬、外派失败的代价很高 • 归国安排可能具有挑战性和困难

续表

员工类型	优势	劣势
东道国员工	• 熟悉当地语言、文化、经济、政治和法律环境 • 人力成本相对较低 • 可以有效地应对东道国子公司业务本地化的要求 • 能够被当地同事、员工和政府官员接受 • 有更丰富的当地人脉资源与社会网络	• 缺乏对跨国公司母国文化的了解 • 当地员工与跨国公司总部之间的信息交流存在障碍 • 降低对子公司的控制能力，增加管理难度 • 对总部的忠诚度低
其他国员工	• 中立文化背景，有利于其在跨国公司内发挥沟通与协调作用 • 维护成本比母国员工低 • 可以增加子公司所在国员工不具备的技能 • 可以为工作环境增加多样性与全球视野 • 高度适应性，更容易迁移	• 存在文化差异,对跨国公司母公司文化和子公司文化不熟悉 • 由于某些国家或地区的旅行限制,迁移可能受到影响 • 可能不被当地社会与合作伙伴接纳 • 忠诚度难以保证 • 人力成本较高

资料来源：Collings 等（2009）；Collings 等（2007）

跨国公司人力资源管理体系的国际化程度与方向，取决于东道国员工、其他国员工和母国员工的比例与配置，这部分内容我们在下文会详细讨论。

12.1.2　国际人力资源管理与国内人力资源管理之间的区别

赵曙明（2021）认为区分国内与国际人力资源管理的一个关键变量在于企业是否面对在不同国家运营并招募与管理不同国籍员工所面临的复杂性。Dowling 和 Schuler（1990）认为国际人力资源管理的复杂性主要取决于六大因素。

（1）更多的人力资源活动。在国际环境中经营，人力资源部门必须开展很多国内经营中所不必要的活动，如行前培训、国际调动、全球性人才招聘、全球绩效管理、跨文化管理等。

（2）需要更宽广的视野。国际人力资源管理需要在更广范围内进行人力资源活动的规划与管理，并处理人才流动与管理的全球化问题。这要求其在设计与实施各项人力资源管理活动时，必须具有跨文化与全球化的视野，以适应复杂的国际化环境。

（3）更关心员工的个人生活。由于全球化的工作常常伴随着频繁的出差与调动，人力资源管理者往往需要为员工及家属提供支持和帮助，涉及住房、子女教育、配偶就业等生活领域。这需要国际人力资源管理者了解员工的家庭情况与需求，并提供必要的支持与帮助。

（4）随着外派员工和本地员工的比例的变化，需要调整人力资源管理的侧重点。随着企业国际化发展阶段的变化，人力资源管理战略及政策应根据外派人员与本地员工的比例进行灵活调整，有效支持企业的国际化运营。例如，随着本地员工人数的增加，要逐步建立本地化的管理体系，从本地员工中选拔和发展关键人才，建立本地管理团队与人才储备机制。

（5）风险的暴露。因为跨国公司在复杂的国际环境中运营，随着复杂性的增加，风险水平及企业必须处理危机情况的可能性也在增加，当前企业跨国经营所面临的风险有经济风险、政治风险、环境风险、社会风险等。例如，为了应对 2008 年全球金融危机所带来的强烈冲击，许多国家选择采取紧缩措施，使得人力资源专家面临重组企业的巨大挑战（McDonnell and Burgess，2013）。

（6）更广泛的外部影响因素。法律、经济、社会、文化和人口结构等外部因素都会对跨国公司的人力资源管理产生深远影响，因此国际人力资源管理需要在不同国家和地区的独特环境下开发相应的人力资源政策与实践。

12.1.3　国际人力资源管理面临的新挑战

近年来，全球经历了疫情反复、俄乌冲突、能源危机、货币紧缩等从政治到经济的多重冲击，全球经济的发展环境正发生重大变化。Caligiuri 等（2020）呼吁未来国际人力资源管理应该聚焦于解决三个主要问题：①如何在全球不确定性下进行管理；②如何改善全球工作；③如何重新定义绩效。他们指出，新冠疫情揭示了全球普遍存在的不确定性所暴露出的脆弱性。不确定性不再仅是跨国公司高管在管理复杂的全球供应链、动荡的金融市场和不可预测的地缘政治关系所面临的环境。相反，不确定性已经成为许多跨国公司员工所需面对的环境，疫情期间他们首次在家办公，经历工作与财务状况的不稳定，并担心自己及亲人的健康和安全。因此，Caligiuri 等（2020）呼吁国际人力资源管理应该不断探索应对全球不确定性的新途径。

人口结构的变化推动全球移民的增加。一方面，许多发达经济体正面临严重的人口老龄化问题。例如，日本 15 岁至 64 岁年龄群体人口正持续减少。另一方面，一些发展中经济体缺乏职业机会、贫穷、冲突和政治不稳定，促进了人口的全球流动，而国际移民成为当前全球劳动力中一个相当大的群体。现有移民研究和国际人力资源管理研究之间交叉较少，缺乏研究移民技能差异和开发相关的人力资源管理策略，这限制了利用移民技能创造竞争优势，未来国际人力资源管理研究可以考虑丰富该领域的探索。

人工智能和其他基于人工智能的应用程序正在被整合到公司的人力资源管理实践中。除了在全球范围内的组织中采用人工智能应用和技术外，现有文献的一个中心主题是解决在工作场所使用人工智能驱动技术和自主系统的伦理、问责、信任、公平和法律影响等方面的问题。公平性、多样性和包容性的问题也至关重要，因为亚马逊等大型科技公司在人工智能方面的早期应用暴露了在招聘时对女性的偏见。在其他科技公司中，在晋升决策中，对有色人种也存在偏见。我们还需要通过制造高质量的人工智能应用程序来减少偏见企业，人力资源领导者必须学会通过恰当的社会技术手段与个性化的干预及配置策略有效地应对人工智能应用程序带来的机遇和挑战。Budhwar 等（2022）聚焦于人工智能及其对国际人力资源管理的影响，构建了一个整合的概念框架（图 12-3）。

综上所述，这些极端条件表明，人力资源管理并非在真空中进行，要达到最大效果，必须与经济环境、国家背景、组织策略、运营需求以及员工个人的价值观和需求相匹配。

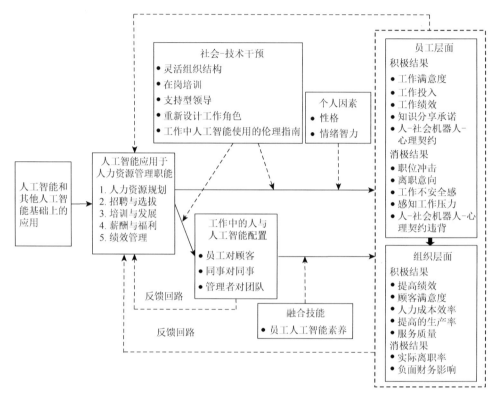

图 12-3　基于人工智能技术应用对员工与组织影响的整合概念模型

资料来源：Budhwar 等（2022）

实线表示主效应，虚线表示调节效应及反馈

12.2　战略国际人力资源管理

　　跨国公司对国际人力资源管理的选择主要取决于其能否有效地支持其国际化战略的实施（张庆红和李朋波，2015）。作为支撑企业从战略规划到战略目标实现的重要职能之一，战略人力资源管理对于志在全球化的企业而言尤为复杂（图 12-4）。

　　在过去的 30 年里，学者采取多种理论视角和方法来解释战略国际人力资源管理的框架和概念，试图揭示战略管理与国际人力资源管理之间的关系。传统上，基于组织资源的权变理论、制度理论是解释战略国际人力资源管理问题的主要理论。随着环境的变化，越来越多的学者建议战略国际人力资源管理研究需要超越传统理论，根据时代特征发展新的理论视角和框架。全球工作方式的变化和人才流动正在影响着跨国企业的人才管理与配置，这为战略国际人力资源管理研究提出新的研究课题，也为管理实践者带来新的挑战。

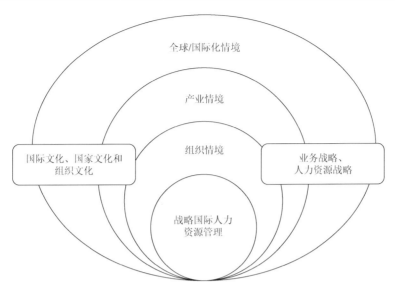

图 12-4　战略国际人力资源管理、组织和它的环境

资料来源：Smith 和 Rees（2017）

12.2.1　战略国际人力资源管理的整体框架模型

战略国际人力资源管理主要是指那些由跨国企业的战略活动所产生的人力资源管理问题、职能、政策和实践，它们会影响跨国公司关注的问题与目标实现（Schuler et al.，1993：720）。Schuler 等（1993）的战略国际人力资源管理定义体现出人力资源管理对跨国公司实现国际化发展目标的重要作用与影响，强调人力资源管理需要紧密结合企业的全球化目标与战略，通过解决跨国人力资源管理问题，建立全球一致的管理功能、政策与实践，为企业的国际化发展提供稳定和持续的人才支持。

Schuler 等（1993）综合其他学者的研究成果，提出了战略国际人力资源管理的整体框架模型（图 12-5），其构建了一个系统完备的分析模型，从企业的国际商业战略出发，考虑国家/文化因素、组织要素、人员流动以及业务功能四个方面对人力资源管理的影响。在此基础上制定支持国际商业战略实现的国际人力资源政策和实践。它为跨国企业理解自身的国际人力资源管理战略和具体政策提供了一个整体的分析视角。

12.2.2　战略国际人力资源管理的决定因素模型

基于资源基础理论与资源依赖理论，Taylor 等（1996）构建了一个战略国际人力资源管理的决定因素模型（图 12-6）。

如图所示，该模型包含了三个层面。

母公司层面：战略国际人力资源管理的决策与总体定位。根据定位的不同，可选择适应性、输出性或整合性方案。

子公司层面：战略国际人力资源管理框架在这一层面根据社会文化、法律、经济与政治等因素做出国别调整。

子公司内部员工层面：不同类型员工对应的人力资源管理措施。

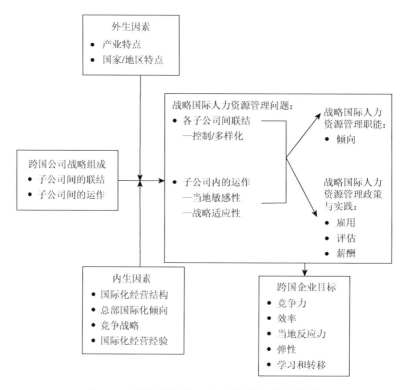

图 12-5　跨国公司战略人力资源管理整合模型

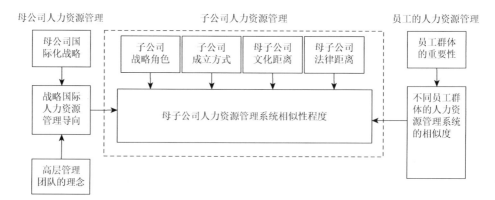

图 12-6　战略国际人力资源管理的决定因素模型

资料来源：Taylor 等（1996）

12.3　人员配备政策

12.3.1　人员配备政策类型

国际人员配备政策指跨国企业在全球范围内对人力资源进行配置与调配的政策原则和措施。在跨国企业的员工配置政策中，主要有四种方法，分别是民族中心主义、多中心主义、区域中心主义和全球中心主义。表 12-2 呈现了不同类型的国际人员配备政策的特点。

表 12-2　不同类型的国际人员配备政策

类型	优点	缺点
民族中心主义 特点： • 子公司缺乏自治权，决策权由母国总部掌握 • 子公司关键岗位由总部管理人员占据 适用于： • 东道国缺乏合适的人才 • 总部需要对子公司保持较强的控制 • 子公司处于国际化早期阶段	• 总部可以和东道国子公司保持较好的沟通与协调 • 有利于组织文化的整合 • 在当地缺乏合适人才的时候，迅速填补子公司职位空缺 • 母公司人员可以获得国际经验	• 限制了东道国员工的职业发展，可能降低本地员工的工作绩效，提高离职率 • 母国员工需要花费较长的时间适应东道国 • 使用母国外派人员的成本较高 • 文化差异、薪酬差距等因素造成母国员工与东道国员工的关系危机
多中心主义 特点： • 每个子公司都有一定的决策自主权 • 子公司通常由东道国人员进行管理 • 东道国员工很少有机会晋升到总部工作 适用于： • 本地化运营的需要 • 每个子公司都独立地适应于当地环境	• 雇用当地员工可以消除语言障碍 • 避免外派员工及其家属的适应问题 • 雇用当地员工可以避免一些敏感性政治风险 • 费用更低 • 为外国子公司的管理提供了连续性，避免关键岗位由于外派人员归国而频繁更替	• 由于语言文化等方面的差异，当地管理者与母公司管理者存在差异，可能导致母子公司之间的隔阂 • 对东道国员工来说，晋升的机会是有限的 • 对母国员工来说，很难积累国际经验
区域中心主义 特点： • 反映跨国公司的地理战略和结构 • 跨国公司按地理区域划分其经营，人员在地区间流动 适用于： • 每一地区独立运营，并具有较大自主权 • 拥有多个区域性总部	• 促进从该地区子公司外派到区域总部的管理者和外派到区域总部的母国管理者之间的互动 • 提高对特定地区需求的敏感性 • 提升管理者对特定地区的专业知识水平 • 通过在同一个地区共享人力资源而减少成本	• 缺乏更加全球化的视野 • 职业发展机会只局限于特定地区，地区经理很难到公司总部任职 • 地区间的资源共享有限
全球中心主义 特点： • 摒弃地区差异，整合全球资源 • 在全球范围内选择最适合的人员担任职位 适用于： • 采用全球化战略的企业 • 子公司之间联系紧密 • 跨国公司具有不同程度的集中性和分散性	• 员工能够培养全球视野与思维 • 最大限度地优化资源配置，实现全球资源的整合与共享 • 能够招到最优秀的人才 • 克服多国中心化的缺点	• 培训以及安置等各类成本增加 • 可能遇到一些国家或地区关于移民、就业等方面政策法规的限制 • 跨地区人员流动涉及的程序性工作花费大量成本 • 要求不同国家的员工具有很强的沟通能力

资料来源：赵曙明（2021）；塔利克等（2022）；Caligiuri 和 Stroh（1995）

12.3.2　人员配备政策的相关研究

1. 民族中心主义

民族中心主义策略在子公司处于初期发展阶段时非常普遍，主要原因包括当地人员的能力与素质尚未达到要求，以及总部对子公司密切协调与控制的需要。对于国际化经验丰富的企业来说，这一策略在某些特定的海外市场可能更为有效。现有研究发现西方跨国公司在海外子公司进行人力资源管理时，通常采用民族中心主义策略。例如，Jiang和 Yahiaoui（2019）观察到法国跨国公司的总部在招聘与选拔、工作说明、培训内容、薪酬和福利的构成、员工评估、沟通和参与等方面倾向于采用民族中心主义策略。此外，一些欧美跨国公司则通过外派、培训和社会化过程，将公司总部的人力资源管理实践移植到其海外子公司（Myloni et al.，2007）。

但是，Azungah 等（2020）通过揭示西方跨国公司在其加纳子公司所采用的民族中心主义人力资源管理策略的原因及过程，论证了该策略并不能适用于所有国家的文化和政治经济环境。例如，在加纳的文化中，对上级、家庭和社会关系的尊重优先于规章、规则和组织行为准则，酋长在决策与争议解决中扮演重要角色，因此，他们强调跨国公司必须与酋长合作，特别是在其影响力广泛的农村地区，以获得子公司在当地的合法性，以确保人力资源管理实践的实施效果。

2. 多中心主义

多中心主义策略强调融入东道国环境的战略重要性（Andersson et al.，2001）。因此，该人员配置策略为主要依靠本地员工管理当地业务。van den Born 和 Peltokorpi（2010）研究发现，使用当地的语言有利于跨国公司本地化，并有利于在当地环境中建立合法性。Zhu（2019）探究新兴市场服务型跨国企业在发达国家市场运营时如何开展人力资源管理活动。通过对一家中国银行在澳大利亚的子公司的纵向研究，展示了子公司人力资源配置策略的变化。在数据收集的第一阶段（2009 年中至 2010 年初），总部和子公司的受访者均表示，总部对海外子公司的人力资源管理采取不干涉的方式，尚不存在全球人力资源管理策略。总部授予海外子公司管理者在人力资源管理决策方面很高的自主权，总部仅控制澳大利亚子公司的人员总体情况，澳大利亚子公司的人力资源主管为毕业于澳大利亚顶尖大学的本地人。然而，该公司在 2014～2015 年进行的第二轮实地调研发现，公司对海外子公司的人力资源管理方法发生了变化。公司建立了一个全球范围的人力资源管理框架，开始运用于澳大利亚子公司。

3. 区域中心主义

区域中心主义的员工配置按地理区域的原则对员工进行国际转移与部署，即员工被派到地理位置相近的其他国家工作，这种配置方式有两个目的：①扩展外派员工的国际视野，让他们有更广泛的跨国工作经历；②降低外派员工的跨文化适应问题和面临的来自当地员工的反感问题。因为相近的地理区域往往意味着较为接近的语言、文化与生活习惯，这有利于外派员工的融入与适应。例如，转移到德国的奥地利人应该比被送往那里的日本外派员工有较少的适应问题。所以，区域中心主义的员工配置是一种兼顾全球远景与地方实际的策略。它既满足了培养具有广阔国际视野的人才与提升企业全球协调性的需求，又考虑了减少文化冲突与外派成本的现实要素。这为跨国公司提供了另一种开展国际员工交流与配置的可行替代方案。

4. 全球中心主义

全球中心主义更加看重员工的能力，而非国籍。其目标是鼓励公司选拔和使用来自不同国籍和文化背景的人才。全球中心导向的人力资源管理需要管理者具有全球化视野和多元文化的团队管理能力，并在决策过程中兼顾不同文化因素。Taylor 等（2008）在对 10 家跨国公司的 39 个子公司中 1664 名员工的问卷调查数据进行实证分析后发现，高适应性组织文化和高绩效人力资源系统可以通过高管团队的全球中心主义导向间接增加员工的组织承诺。因此，跨国公司要在全球范围内提高员工的组织承诺感，需要构建适应多元环境的开放文化，建立公平、高效的人力资源管理制度，选拔具有全球视野的高管团队。这三个方面互为前提，共同影响员工的组织认同与承诺度。跨国公司要在全球范围内提升员工的组织承诺感，需要构建适应多元环境的开放文化，设立公平、高效的人力资源管理制度，选拔具有全球视野的高管团队，在具体实施中，公司也需要处理好本地化与全球一体化之间的平衡，以适应不同子公司所在国家和地区的实际情况。

12.4 外派人员管理

在国际人力资源管理领域，外派人员是指由跨国公司正式聘用并派驻到其他国家工作的员工，通常涉及员工的跨国调动或跨境迁移（Berry and Bell，2012）。在跨国公司的国际人才管理中，"外派"这个概念被赋予较为重要的意义，它代表了人力资源全球调配的重要形式，不仅需要企业具备全球选人用人的眼光与能力，还需要强大的全球人力资源管理体系为外派流程提供支持与保障。外派管理涉及外派人员及其家属的全生命周期管理，如外派前培训、工作与生活支持、职业发展规划等（图 12-7）。而且，相关研究更加关注企业如何通过外派等手段，实现人才的有效跨国流动与全球配置。

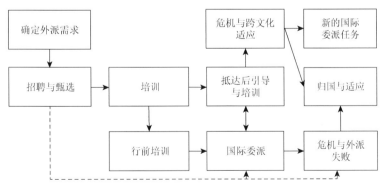

图 12-7 外派人员全生命周期管理

资料来源：Dowling（2004）

1. 外派人员分类

1）工作性质

（1）商务外派：主要从事企业的业务工作，如市场开拓、客户关系维护等。

（2）技术外派：主要从事企业的技术或项目工作，如工程建设、设备安装调试等。

（3）专业外派：主要从事医疗、教育、财税等专业工作。

2）外派期限

（1）短期外派：3 个月以内，主要完成短期工作或培训任务。

（2）中期外派：一年以内，工作内容较短期外派宽泛，不仅包括具体工作任务，也涉及角色的转换与责任的拓展。

（3）长期外派：1～5 年或者更长时间，工作内容更加全面，涉及较高级与关键的工作责任，需要外派人员具有较高的业务与管理胜任力。

2. 外派人员在跨国公司管理中的作用（Dowling，2004）

（1）外派人员作为管理控制的代理人。外派人员作为母公司在当地的代表，通过其对子公司的管理控制来确保母子公司在战略运作上的一致性。

（2）外派人员作为社会化的代理人。外派人员被视为企业价值观与经营理念的重要传播者，能够在全球范围内推广企业文化，增进员工凝聚力。

（3）外派人员作为关系网的创建者。例如，一名韩国外派人员在中国工作期间，不仅可以加深对两国文化的理解，也更易与中国同事、其他外企外派人员、客户供应商等建立人脉关系。这名外派人员可以在两国发挥文化使节的作用，增进人员之间的互信，促进人际网络的创建。

（4）外派人员作为边界跨越者。外派人员被赋予推动全球协同与整合的重要作用，能够收集东道国的信息，为组织内外部的沟通交流搭建桥梁。

（5）外派人员作为知识传播者。外派人员被期望能够在不同地点之间传播知识与技能，在全球范围内推广企业的最佳实践。

（6）外派人员作为培训者。外派人员被看作管理能力与技能培训的重要引导者，能够帮助当地员工提高全球视野与职业素质。

向海外派遣员工属于企业的重大投资，一项研究报道显示，外派一名员工可能花费30 万美元以上，而 40%的国际委任面临失败的结局，失误成本高昂。因此，企业需要在全生命周期为外派员工提供全面支持，最大限度地发挥外派投资的效果，避免无谓损失，实现资金的有效使用。

3. 外派失败

早期的外派研究学者认为任何提前结束的外派任务都属于外派失败。然而，后续研究认识到导致外派提前结束的原因是非常复杂的，其中一些原因可能是积极的（Mesmer-Magnus and Viswesvaran，2007）。例如，最近外派的一名员工提前归国接受晋升，无论对企业还是员工自身来说，该情形都不属于外派的失败。但是，如果外派人员由于绩效表现较差被召回国内而提前结束外派，则该情形属于外派失败。因此，我们可以将外派失败理解为，外派人员未能达到雇主的期望而提前结束外派任务。从外派人员全生命周期管理来看，如果外派回国人员在两年内离职，也可能意味着外派失败，因为这加大了企业的投资损失，外派人员在回国后未能为企业做出贡献（Kraimer et al.，2009）。

12.4.1　外派人员的招聘与甄选

外派人员的招聘与甄选在跨国公司的外派管理中具有重要意义，该过程的实施效果直接决定外派能否成功。如果此阶段出现判断失误，不仅影响外派的最终效果，还会给外派人员自身及企业带来重大损失（Cheng and Lin，2009）。

1. 国际招聘

在招聘阶段，企业需要首先解决的是候选人来源的问题。

1）候选人来源

大部分跨国企业都是通过相关业务部门的内部招聘获取他们的外派员工，这在很大程度上是因为这些国际委任的重要战略性，以及外派人员对组织文化和制度更为熟悉。

内部招募关注组织内部的候选人，具体如下。

全球人才库：以电子化方式记录组织中与工作有关的员工信息。

内部全球领导力项目参与者：教育项目旨在让高潜力的员工提高全球领导能力。

现任外派者：个人曾经被外派或正在外派工作中。

提名：从现有或有潜力的管理者以及前任或现任外派者中推荐。

内网：只有在岗员工能看到招募信息。

国际继任计划项目：为高潜力海外岗位的员工设计一些项目。

在一些专业领域（如石油和天然气、高科技），技能要求是招聘的关键标准。这时外部招聘可以帮助组织发掘合适的外部候选人，具体如下。

员工推荐：在职员工或外派者举荐。

招聘会：雇主和潜在的申请者在有组织的活动中见面。

公司网站：公司的专门求职网站，让潜在申请者了解组织中的就业机会。

高管猎头公司：拥有全球网络和关系的猎头公司。

2）外派意愿

从员工的角度来研究招聘问题具有重要意义。外派意愿被定义为接受一个需要暂时在外国生活和工作的机会的可能性（Mol，2005）。外派意愿是外派成功的一个重要预测：外派意愿更高的员工更有可能接受外派任务（Tharenou，2008），更有可能留在东道国，直到外派合同期结束，并比外派意愿较低的候选人能够更好地适应当地环境（Peltokorpi and Jintae Froese，2009）。因此，研究者需要综合运用不同理论与方法，对外派动机与行为之间的关系机理进行深入剖析。理解不同外派动机对外派效果的影响机制。需要在掌握动机对行为影响规律的基础上，制定相应的激励机制与管理举措，发挥外派员工的积极性与主观能动性，促进其全面发挥作用。

2. 国际甄选标准

学者识别了六类外派人员甄选标准，这六类标准包括环境与个人方面因素（Ott and Michailova，2016）。

国家/文化因素：由于不同国家的文化、政治、经济环境等方面的特征对外派人选选择标准会产生差异化影响，因此选择标准的制定需要根据外派的具体目的国进行调整与优化。甄选标准不仅要符合一般要求，还需要符合不同国家的特殊要求。

组织因素：各种组织因素会影响跨国公司的甄选。例如，跨国公司的人力资源管理战略决定组织所采取的甄选方法和实践，它影响企业对人才的看法与要求，进而影响甄选导向与结果。Zeira 和 Banai（1985）指出，跨国企业可以采取开放或封闭的系统方法进行员工甄选。封闭系统指只考虑总部意见，候选人主要符合总部要求。开放系统是指在选择时考虑总部与子公司相关方面意见，选拔结果能匹配不同方面的要求。

专业技术能力：个人的专业技术能力被视为外派成功的先决条件与失败的决定因素。企业应建立评估技术能力的机制与流程，作为选择参考的重要依据。这需要管理层理解不同技能对工作要求的匹配度。

跨文化适应能力：与当地人打交道与工作的能力，以及适应东道国文化的能力。这是履行外派工作与获得成功的关键。研究表明（Peltokorpi，2008），跨文化适应能力的缺失是外派失败的重要原因。这提示招聘人员必须重点关注候选人的跨文化适应能力。

个人特征：个人特征经常被用来描绘外派人员的基本情况，并确定这些特征对其接受国际任务、跨文化调试和工作表现的影响。例如，个人性格特质、外派经验、语言能力、性别与年龄等。研究表明（Mol et al.，2005），外向性、情感稳定性、宜人性和尽责性可以预测外派人员的工作绩效。

家庭因素：外派人员的配偶或家庭成员无法适应外国工作地点是外派失败最常见的原因之一（Tung，1981）。尽管一些跨国企业将配偶访谈作为甄选决策过程的一部分，以确定他们对未来海外调动的态度，但在一些国家这是被禁止的，因为将配偶调查作为甄选决定的一部分可能面临法律风险（Tung，1981）。

12.4.2　外派人员的培训与开发

经济全球化的深入造成跨国公司需要依靠外派人员来管理其海外子公司的需求增加。外派员工面临许多挑战，只有通过全面而实用的跨文化培训，他们才能成功应对这些挑战。Okpara 等（2021）调查了跨文化培训对在尼日利亚工作的中国外派人员的影响。在这项研究中，研究者调查了 198 名在尼日利亚的中国外派人员，发现出国前和抵达后的培训都对中国外派人员的适应有显著且积极的影响。此外，语言培训和以往的海外经验也对中国外派人员在尼日利亚的调适产生积极影响。

1. 行前培训

1）行前培训的构成

（1）初步访问：是外派准备过程中的重要一环，它可以为外派人员和家庭了解新工作与生活环境提供宝贵的机会，外派人员可以在初步访问时参观外派地的工作场所，认识当地同事，而且家庭成员也可以通过参观了解当地生活环境，减轻对未知工作环境的焦虑。

（2）语言培训：涵盖外派目的地的语言知识、文化内涵、实用工作语言、非语言交流、情景模拟等，可以帮助外派人员系统地学习语言并理解当地文化，提高工作与生活的适应能力，达到成功交流与执行工作任务的目的。

（3）文化培训：可以通过案例分析、情景模拟等多种方式促进外派人员对目的地国家和地区的文化习俗、社会规范及宗教信仰等的了解，提高其跨文化沟通能力。

（4）适应能力培训：培训外派人员解决外派生活和工作中遇到的各种问题，提高应对文化冲击和适应新环境的能力。

（5）家庭支持培训：培训外派人员的家庭成员，特别是配偶，提高他们的语言和文化能力，从而适应外派生活并给外派人员以支持。

（6）安全培训：培训外派人员在外派地区的各种安全问题及应对措施，确保其人身和财产的安全。

通过全面系统的培训，可以最大限度地帮助外派人员及其家人构建必要的语言和文化能力，熟悉外派工作与生活需求，有效预防和减少适应障碍，成功应对各种困难，为外派工作奠定良好的基础。培训也有助于企业评估外派人员及其家人的外派适应能力。所以，外派人员培训是准备外派人才和支持其成功外派的重要环节，外派企业需要密切关注并投入相当资源。外派培训的全面性和针对性也体现了企业的专业性与责任心。

2）行前培训的效果评估

在企业提供丰富多样的行前培训之后，企业如何判断出国前培训是否达到预期效果？

培训评价指标可以用于评估培训的效果，检测培训是否达到了设定的目标和预期效果。行前培训的评价指标将根据行业、地区和员工的不同而异，因此识别适合行前培训效果评估的正确指标可以帮助：确定培训是否改进外派员工的工作绩效；识别培训中需要改进的薄弱环节；展示国际人力资源措施如何影响商业目标的实现。

如上所述，行前培训的评价指标应该是适合企业特点的，可能包括：评估培训的通过率；员工搬去新工作地点时对人力资源支持的依赖度；员工搬去新工作地点时对外部支持的依赖度；外派失败率的降低程度；提高对外派任务的投资回报率。

2. 抵达后培训与支持

一些研究者指出，抵达后培训计划比出国前培训更有效（Selmer，2001）。抵达后培训能够为外派人员提供有利于跨文化调试的持续支持，如社会支持和导师计划（Mendenhall and Wiley，1994）。尽管许多公司认为抵达后培训成本高昂，但经验证明它比出国前培训更有效（Mendenhall et al.，2002）。抵达后培训计划使外派人员能够将出国前培训中获得的显性知识和信息与实际经验结合起来。抵达新的环境后，与当地人互动的机会增加，外派人员可能更开放地接收信息，这种转变可能有助于学习新的文化（Selmer，2001）。

3. 全球领导力开发

"领导力开发"是理论与实践界一直高度关注的话题。在当前不确定性极高的外部环境中，领导人过去的成功并不足以保证未来的持续成功；而其领导力水平直接影响企业战略、创新环境及员工动力等，是企业基业长青的重要因素。德勤的研究显示，"领导力开发"已经成为企业最关注的人才管理策略和行动之一，然而与此同时，德勤的研究表明只有 4.3%的高管认为企业领导力开发是非常有效的。

那么面对领导力开发的困局，我们应该如何制定并执行有效的全球领导力开发计划呢？德勤前管理咨询总监刘恒总结了领导力开发的三部曲模型：第一步，建立标准，企业如何定义领导力，如何构建自己的领导胜任力模型；第二步，领导人的差距在哪里，建立领导力测评机制；第三步，针对测评结果，制订复合型领导力发展方案。赵曙明（2021）认为，能够使用国际语言交流沟通，了解全球市场运行规律，具有全球视野和运作能力，取得较好业绩，并且具有强烈民族自信心和社会责任感的人才，可以成为具有全球胜任力的领导者。

新时代企业领导者面临的挑战。根据智睿咨询发布的 2021 年调研报告，中国 CEO（chief executive officer，首席执行官）关注的挑战与全球相当不同，跟往年也有较大差异。中国 CEO 最关注的挑战前三名依次为：加速产品创新（62%）；吸引及留住顶尖人才（57%）；超越主要竞争对手和全球经济趋缓两项挑战并列第三（45%）。同时，对排名第三挑战的关注度与前两名挑战有 12%及以上的差距。这意味着：加速产品创新和吸引及留住顶尖人才是中国 CEO 最关注的挑战。跟往年相比，吸引及留住顶尖人才的重要性提升了逾 10%。

近年，随着数字技术与传统产业的持续深度融合，数字化领导力逐渐成为企业关注的重点。《2022 中国领导力五年跃迁实录》认为，数字化时代带来的不仅是新技术的发展，它正在改变稳定了许久的商业模式。具体表现在以下三个层面。

第一，数字化变革带来的影响无法完全预测，每个行业都面临在颠覆中发展的挑战，以往的经验不再奏效，领导者需要对市场、用户、产品保持高度敏感性，时刻准备以新的商业模式做出回应，领导者需要领导生态建设与业务创新。

第二，数字化改变工作模式，组织结构愈发扁平，目标调整愈发高频，工作的复合程度远高于以往，领导者需要创造新的工作模式，建立新的管理实践，才能保持团队高效行动。

第三，数字化时代对领导者的要求更为多元化，纯粹的管理者将会减少，领导者需要有融合的能力，同时需要具备自我迭代的能力。

12.4.3　外派人员的绩效管理

系统而人性化的外派人员绩效管理可以全面客观地评价其外派工作情况，并给予及时反馈与指导。这不仅可以激发外派人员的工作热情，提高工作效率，持续提升其专业能力，也为企业合理地决定外派人员的去留与发展提供依据。良好的绩效管理还有助于建立企业与外派人员的信任关系。绩效管理的规范性及周密性也体现了企业的专业管理水平。它是提高外派效益和规避风险的重要举措。

1. 外派人员绩效管理的复杂性

外派人员的绩效管理通常比本地员工要复杂得多。这是因为外派人员面临的环境与挑战不同，这使得对其绩效的衡量也面临困难。外派人员面临的复杂环境如下。

（1）跨文化因素：外派人员需要在不同的文化与工作方式中运作。这可能影响他们的工作绩效及与同事的互动。评估绩效时需要考虑这些文化差异。

（2）家庭调整：外派人员的家庭也需要在新环境中调整，这可能影响工作绩效。在评估绩效时需要考虑家庭适应的情况。

（3）对主管的访问：外派人员的主管通常无法定期访问或直接观察他们。这使得对绩效的评估更加复杂，主管需要依靠其他方式获得必要信息。

（4）对公司目标的贡献：外派人员需要通过不同的方式实现公司目标。这使得对其对公司贡献及目标实现的评估也面临挑战。

（5）回归准备：外派人员需要在完成任务后返回本地，这需要准备与规划。如果这一方面准备不足，可能影响外派的整体成功与对公司的投资回报。这也是绩效管理需要关注的一个方面。

所以，外派人员绩效管理的复杂性来自多方面，包括文化差异、家庭调整、主管的距离感、实现公司目标的不同途径，以及回归准备等。这需要人力资源专业人士采取适当的措施加以应对。例如，通过不同渠道收集必要信息，考虑外派人员面临的文化环境，在绩效评估中考虑家庭情况，与外派人员的上司及其他关键利益相关者保持定期沟通，根据外派的性质和目标设定关键绩效指标，协助外派人员制订回归计划等。

2. 外派人员绩效管理的步骤

主要的绩效管理步骤如下。

绩效考核标准：根据外派人员的工作描述和企业要求设定绩效考核的各项标准和指标。

目标设定：与外派人员共同确立外派工作的具体目标，包括工作任务目标和发展目标。这有助于为绩效评价提供参考。

绩效反馈：通过与外派人员的定期交流与反馈来跟踪其工作进程与绩效，并对其工作中存在的问题给予及时反馈和指导。

年度考核：通过对全年外派工作的考核得出外派人员的年度总体绩效评价，并进行工作总结，为将来的工作设定新目标。

改进与发展：根据绩效评估结果与外派人员共同确定工作改进举措和人事发展计划，如继续留任、提高工资与职级、专业培训或岗位调整等。

绩效反馈：将外派人员的工作绩效评估结果、改进计划和人事发展决定记录存档，并提供给其本人，被视为一个绩效管理周期的结束。

12.4.4　外派人员的薪酬与激励

1. 国际薪酬问题与挑战

在全球经济环境变化的情况下，企业通常会选择削减开支来控制费用，确保短期利润。但是，这可能产生"多米诺效应"（图 12-8）。如果企业未能充分考虑各种情况，仓促做出削减成本的决策，由此导致的决策模糊性可能给组织带来混乱，增加组织的复杂性，并伴随信息的过载，加大员工的心理压力，影响员工与企业的信任关系，可能导致企业人才的流失，长期来看会损害企业的可持续竞争力（Maley et al.，2020）。

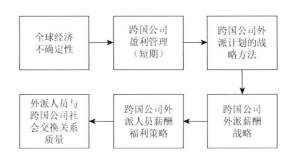

图 12-8　全球经济不确定性导致的薪酬挑战

2. 国际薪酬计划的主要组成

1）基本工资

外派人员的基本工资指企业与外派人员签订的工作合同中规定的固定现金报酬。它是外派人员薪酬的主要组成部分，对其外派满意度与工作激励有重要影响。外派人员的基本工资决定需要综合考虑内外部公平、工作要求、生活成本、个人素质、企业文化及当地法规等多个方面因素。

2）出国服务奖励/离家补助

出国服务奖励指企业为鼓励员工接受长期外派任务而提供的激励或补偿，这通常体现为提供一定期限的报酬与福利优惠。例如，华为根据外派员工的工资水平，提供一定程度的离家补助。

3）艰苦补贴

企业对在外派过程中所遇到的艰苦条件进行补偿，是企业为鼓励外派人员接受困难任命而提供的补贴，主要包括生存补贴、战乱地区补贴、特殊环境补贴（如高海拔、辐射）等。例如，华为根据国家艰苦程度，划分了六类艰苦等级，对中方外派人员进行补贴。

4）生活津贴

外派人员的生活津贴用于弥补外派生活环境带来的额外开支，主要包括住房津贴、餐饮津贴、家庭支持津贴、子女教育津贴等。不同企业在具体补贴政策上存在差异。例如，华为在 2022 年颁布的北非中方外派艰苦区域员工子女教育补助政策中，规定报销适用范围为员工子女在员工常驻国或地区内的第三国接受幼儿园、小学、初中、高中教育的基本学费，不包括员工子女在学校发生的伙食费、考试费、培训费、校车费等。

5）国际福利

虽然一个有竞争力的薪酬比较容易确定，但是外派福利的确定更加复杂。不同国家和地区的法规、文化背景及企业惯例差异较大，这使得外派福利制度的制定变得困难，需要在当地政策规定与市场福利标准之间寻求平衡。如果过于重视规范，可能导致外派福利水平不及市场，难以吸引人才；如果过于强调市场竞争力，又可能面临法规遵守问题。例如，在美国私人医疗保险作为重要的员工福利，但在大多数欧洲国家却没有这方面的需求。这是因为欧洲国家居民可以享受到公立医疗系统提供的高质量医疗服务。

3. 国际薪酬的制定方法

根据选取的基准不同，外派人员的薪酬制定主要使用现行费率法和平衡表法（表 12-3）。现行费率法的基本思路是依照当地市场的现行工资标准来制定外派人员的报酬。但在具体操作中，还需要考虑工作要求、个人情况及其他相关因素，进行必要的调整。而平衡表法是以母国的薪酬购买力为标准，并且提供激励性奖励，以增强外派人员接受海外任职意愿的方法。Shortland（2018）对两家石油、天然气公司的人力资源部经理和 26 名女性外派人员进行深入访谈，研究发现提高基本薪资、住房质量、便利高质量的医疗保健资源、差旅和休假安排、为配偶提供职业生涯规划和子女教育的机会是吸引女性外派人员接受外派的主要因素。

表 12-3　现行费率法与平衡表法的优劣

方法	优势	劣势
现行费率法	· 外派人员与当地员工的待遇平等 · 简洁明了，便于管理 · 与东道国的情况一致 · 不同国籍员工间待遇平等	· 同一员工在不同任职地区待遇存在差异 · 在不同国家工作的相同国籍的外派人员之间存在差异 · 归国后很难保持薪酬待遇平衡
平衡表法	· 不同的外派之间，相同国籍外派人员之间待遇平等 · 便于归国安排 · 便于员工理解	· 不同国籍的外派人员之间，外派人员与当地员工之间会产生很大的待遇差异 · 使管理变得相当复杂

资料来源：赵曙明. 2021. 国际人力资源管理. 6 版. 南京：南京大学出版社

12.5　国际劳工关系

几十年来，工会面临全球化带来的新的挑战，需要超越国家与传统的产业关系规模，开发新的形式与行动策略。这导致工会需要转变视角，从国内转向全球。在全球化产业关系方面，全球工会联盟（表 12-4）发挥着重要作用。几十年来，它们通过各种策略与跨国公司接触，推动全球框架协议的达成，并支持全球产业工人与工会，包括新兴市场的劳工运动。

表 12-4　全球工会联盟

全球工会联盟	成立时间	关注领域
国际住房与城市的工人国际联合会	2005 年	建筑、木材和森林
教育国际	1993 年	教育
国际演艺联盟	1997 年	艺术与娱乐
国际新闻联盟	1952 年	媒体
全球产业工人联盟	2012 年	矿产、能源、制造业
国际运输工人联盟	1896 年	交通
国际食品劳联	1920 年	农业、食品、饮料；酒店、餐饮和服务；烟草
国际公共服务联盟	1907 年	公共服务
国际网络工会	2000 年	清洁、安保、商业、金融、博彩、包装、发型和美容、媒体、邮政和物流、护理、体育、旅游

资料来源：Müller 等（2010）

全球劳工治理通过国际标准、工会运动与公众舆论等方式，推动跨国公司履行更高的社会责任，完善全球供应链与人力资源管理，建立一致的社会责任管理框架。这增加了企业运营难度与成本，但有利于风险管理、社会认知提高与品牌建设，促使企业在全球层面把握劳工议题，构建人权机制，回应全球社会期待。这是跨国公司进行全球运营与管理的必然要求。

1. 全球劳工标准的提出增加了跨国公司的社会责任压力

国际劳工组织制定标准与公约，要求企业提供安全的工作环境、公平的工资报酬和合理的工作时间等，这要求跨国公司在全球业务范围内履行这些责任，否则容易受到社会舆论与消费者的批评，影响公司形象与销售。

2. 全球工会运动给跨国公司带来较大的外部压力

全球工会组织通过发起全球企业运动、社会对话与研究发布等方式，推动企业完善全球供应链管理，改善劳工权益与工作条件，增加社会投入等。这些运动与报告直接影响着跨国公司的社会认知与商业信誉，跨国公司难以忽视这些外部声音。

3. 全球劳工治理推动跨国公司完善全球供应链管理

国际标准与工会运动要求企业对全球供应链实施管理与监督，推动供应商改善劳工标准与工作条件。这要求跨国公司制定全球供应链政策，开展供应商审核与支持，这增加了其运营难度与成本，但有助于风险管理和社会信誉提高。

4. 全球劳工治理促使跨国公司对全球员工采取更高标准

跨国公司在全球雇员管理与待遇上也需要达到或超过国际劳工标准的要求，并在全球范围内实施统一的政策。这要求企业在全球人力资源管理上具备较强的协调能力与治理水平，这也有助于提高全球员工的工作效率与归属感。

5. 全球劳工治理推动跨国公司建立全球社会责任管理框架

跨国公司需要设立全球社会责任部门或高管，制定覆盖全球业务的社会责任政策与报告，并对全球业务实施社会责任管理、监测与评估。这有助于企业构建一致的社会责任品牌与战略，有效应对全球社会责任压力与运动。

12.6　中国企业国际化进程中的人力资源管理

中国企业走向世界可追溯至 20 世纪 80 年代。从最初的劳务输出，到 20 世纪 90 年代的外向型加工出口，再到 21 世纪初大规模的对外直接投资，中国企业不断拓展全球市场版图。在国际化道路上，中国企业也从原来的商品输出转型到技术输出，从要素驱动转向创新驱动，不断提升在全球产业链中的地位。根据全球化智库企业全球化研究课题组统计，2020～2021 年中国创新型企业海外投资十强企业如表 12-5 所示。随着中国改革开放的深入和共建"一带一路"倡议的实施，大批中国企业"扬帆出海"。在全球市场的竞争与合作中，中国企业的人力资源管理也面临着从国内本土管理向跨国管理转型的挑战，越来越凸显出人力资源管理对企业国际化发展的举足轻重作用。

表 12-5　2020～2021 年中国创新型企业海外投资十强

排序	公司名称
1	阿里云计算有限公司
2	北京三快在线科技有限公司
3	北京字节跳动科技有限公司
4	赤子城网络技术（北京）有限公司
5	华为技术有限公司
6	宁德时代新能源科技股份有限公司
7	深圳库尚信息技术有限公司（Shein）
8	深圳迈瑞生物医疗电子股份有限公司
9	深圳市腾讯计算机系统有限公司
10	小米科技有限责任公司

资料来源：王辉耀和苗绿（2022）

本节将系统梳理中国企业国际化发展的进程，分析其面临的人力资源管理难题，探讨构建具有中国特色的国际化人力资源管理模式，为企业国际化战略提供人力资源支持，这不仅关系到中国企业"走出去"的成效，也关乎中国经济转型发展的全局。

12.6.1　中国企业国际化发展进程

中国企业国际化发展可以分为以下五个阶段。

第一阶段：20 世纪 80 年代，改革开放伊始，中国企业开始涉足国际市场，主要采取劳务合作输出的模式向东南亚和中东地区派遣劳工。

第二阶段：20 世纪 90 年代，中国企业以加工贸易为主要形式开展对外贸易，承接国外订单进行加工装配，形成"三来一补"的出口导向型产业结构，代表企业如富士康、明基电器等。

第三阶段：21 世纪初，中国企业利用自身竞争优势，开始大规模对外直接投资，并逐步建立境外生产和销售网络，加速了国际化进程，代表企业如联想集团、海尔集团、华为技术有限公司等。

第四阶段：共建"一带一路"倡议提出后，中国企业更加积极地"走出去"，通过对基础设施和产能的投资合作，拓展和深化了国际市场布局，代表企业如中国铁路工程集团有限公司、中国海洋石油集团有限公司等国有企业。

第五阶段：当前中国企业正在加快从要素驱动向创新驱动转型，不断提升在全球价值链中的地位，向高端领域渗透，推动从"中国制造"到"中国创造"的转变，代表企业如华为技术有限公司、小米科技有限责任公司、北京字节跳动科技有限公司等民营科技企业。

12.6.2　中国企业国际化进程中人力资源管理的影响因素

1. 政治环境

在全球化的背景下，中国企业通过境外投资、并购等方式积极拓展全球市场。这必然要面临来自不同政治制度和政策环境的影响。具体来看，东道国的政治体制、政府干预和政策的稳定连续性都会对企业的国际人力资源管理产生深刻影响。例如，东道国政府出于维护国家利益和就业的考虑，往往会对跨国公司的组织形式、薪酬福利、员工结构组成等方面的人力资源管理决策进行监管和约束。这对跨国公司的人力资源管理提出了整合全球一致性和本地适应性的双重挑战。

2. 经济环境

东道国的经济发展水平和生产力是影响跨国公司人力资源管理本地化策略的重要环境变量。相对发达国家的人力资源具有知识结构优化、专业分工细化的特征，这要求跨国公司采取更为专业化的人才引进与配置；而新兴经济体和欠发达国家缺乏熟练劳动力，跨国公司则需要投入更多资源进行员工培训。此外，东道国的经济增长速度也会影响跨国公司的人才需求预测。

3. 文化因素

随着中国企业加速国际化步伐，人力资源管理也面临从本土环境向跨国环境的转型。在这个过程中，中国传统儒家文化作为一种历史形成的价值观念体系，对人力资源管理实践产生着深刻的影响，这既提供了有利条件，也形成了一定的制约。从积极方面看，儒家文化倡导的集体主义与权威尊重为组织凝聚力提供了文化基础，而且其强调的修养与道德操守有助于企业树立正面形象；但一定程度上的等级观念与关系取向会阻碍组织的灵活性与创新性，不利于绩效导向的人力资源管理理念的树立。

4. 制度环境

东道国当地的法律法规常常会对跨国企业的海外经营进行约束。例如，东道国的劳动法规、就业政策常常对我国企业的招聘、薪酬福利等方面进行规定约束。这给企业的人力资源管理带来了双重挑战：一方面需要遵守东道国的法律规定，保障当地员工的权益，另一方面需要与母公司的人力资源管理政策和方针保持一致。

5. 企业国际化阶段

根据乌普萨拉模型，企业国际化是一个循序渐进的过程，其不同阶段对人力资源管理有着不同的需求。初期阶段，企业通过出口业务开始涉足国际市场，这要求人力资源管理侧重语言培训和跨文化交流能力。发展阶段，企业开始进行海外直接投资，人力资源管理的重点转向组建跨国管理团队，进行全球范围的人才选拔与配置。成熟阶段，企业实现全球一体化运营，人力资源管理的侧重点在于建立跨国共享的企业文化和激励机制。

12.6.3　中国企业国际化进程中的人力资源管理策略

Cooke 等（2018）的研究显示，中国企业国际化进程中的人力资源管理需要注意以下方面。①培育企业家精神与全球领导力；②有效管理正式与非正式的制度主体；③科学整合劳动关系与战略人力资源管理；④培养跨文化管理能力；⑤注重人才管理与劳动力多元化。

根据战略人力资源管理理论，企业的人才策略必须与其整体发展战略和内在文化相适应。中国企业应充分发挥社会主义制度在人力资源配置上的优势，坚持中国特色社会主义道路，建立统一的人才理念和价值观念。同时，实现人力资源管理制度与流程的标准化和规范化，吸收国际成熟企业的先进管理经验。在选拔使用人才时，应注重政治素质和专业能力的结合，建立具有国际视野和跨文化管理能力的人才梯队。只有不断提高人力资源管理的系统化和专业化水平，创新与中国实际相结合的人才培养机制，才能构建具有中国特色的国际化人力资源管理模式。

本章习题及答案

参 考 文 献

波特 M. 1988. 竞争优势. 陈小悦, 译. 北京: 华夏出版社.

陈国权. 1999. 供应链管理. 中国软科学, (10): 101-104.

陈舜. 1993. 跨国直接投资的时机选择. 南开经济研究, (3): 58-62.

杜能 J. 2011. 孤立国同农业和国民经济关系. 吴衡康, 译. 北京: 商务印书馆.

冯伟, 李嘉佳. 2018. 中国制造业价值链攀升的影响因素研究: 理论假说与实证分析. 产业经济评论, (3): 5-14.

顾乃康. 1997. 战略选择权理论与中国企业跨国经营的时机选择. 学术研究, (2): 25-28.

郭凌威, 卢进勇, 郭思文. 2018. 改革开放四十年中国对外直接投资回顾与展望. 亚太经济, (4): 111-121, 152.

国家发展和改革委员会产业经济与技术经济研究所. 2015. 中国产业发展报告(2015). 北京: 中国市场出版社.

金国轩. 2014. 为什么国企会成为我国对外直接投资的主力. 经济论坛, (10): 125-127.

李宏, 董梓梅. 2023. 国内市场规模扩大提升了出口国内附加值率吗?——来自中国城市的经验证据. 云南财经大学学报, 39 (6): 35-49.

李晓翔. 1999. 对新兴国家直接投资的时机选择. 国际贸易问题, (5): 40-42, 39.

刘和东. 2013. 国内市场规模与创新要素集聚的虹吸效应研究. 科学学与科学技术管理, 34 (7): 104-112.

刘建丽. 2017. 当前国有企业对外直接投资的现状、障碍与促进措施. 中国经贸导刊, (25): 48-50.

刘志彪, 吴福象. 2018. "一带一路" 倡议下全球价值链的双重嵌入. 中国社会科学, (8): 17-32.

卢艳秋, 宋昶, 王向阳. 2021. 战略导向与组织结构交互的动态能力演化: 基于海尔集团的案例研究. 管理评论, 33 (9): 340-352.

吕岩峰, 何志鹏, 孙璐. 2005. 国际投资法. 北京: 高等教育出版社.

吕越, 陈帅, 盛斌. 2018. 嵌入全球价值链会导致中国制造的 "低端锁定" 吗?. 管理世界, 34 (8): 11-29.

吕越, 罗伟, 刘斌. 2015. 异质性企业与全球价值链嵌入: 基于效率和融资的视角. 世界经济, 38 (8): 29-55.

裴长洪. 2013. 进口贸易结构与经济增长: 规律与启示. 经济研究, 48 (7): 4-19.

覃广华. 1991. 跨国公司对外直接投资的最佳时间分析. 国际贸易问题, (6): 59-63.

邵朝对, 苏丹妮. 2019. 产业集聚与企业出口国内附加值: GVC 升级的本地化路径. 管理世界, 35 (8): 9-29.

塔利克 L, 布里斯科 D, 舒勒 R. 2022. 国际人力资源管理: 跨国公司的政策与实践. 5 版. 赵曙明, 白晓明, 译. 北京: 中国人民大学出版社.

屠新泉. 2004. GATT/WTO 中的美国: 建设者和破坏者的双重角色. 世界经济研究, (12): 8.

王辉耀, 苗绿. 2022. 中国企业全球化报告 (2021~2022). 北京: 社会科学文献出版社.

王炜瀚, 王健, 等. 2021. 国际商务. 4 版. 北京: 机械工业出版社.

王直, 魏尚进, 祝坤福. 2015. 总贸易核算法: 官方贸易统计与全球价值链的度量. 中国社会科学, (9): 108-127, 205-206.

韦伯 A. 2017. 工业区位论. 李刚剑, 陈志人, 张英保, 译. 北京: 商务印书馆.

夏思懿. 2022. 浅析中小企业对外直接投资现状与对策. 管理科学与研究 (中英文版), (12): 274-280.

杨大楷. 2010. 国际投资学. 4 版. 上海：上海财经大学出版社.

余官胜，范朋真，龙文. 2019. 东道国风险、境外经贸合作区与我国企业对外直接投资进入速度：度量与跨国面板数据实证研究. 国际商务研究，40（2）：15-25.

张吉鹏，衣长军. 2020. 国有产权性质、改制与企业对外直接投资. 经济评论，（6）：16-30.

张杰，陈志远，刘元春. 2013. 中国出口国内附加值的测算与变化机制. 经济研究，48（10）：124-137.

张令荣，招干. 2014. 供应链技术溢出影响因素及其作用机制：基于供应链自组织过程的多案例研究. 管理案例研究与评论，7（3）：181-194.

张庆红，李朋波. 2015. 国际人力资源管理的研究现状、现实驱动与关键问题分析. 中国人力资源开发，（24）：6-11.

赵春明，郑飞虎，齐玮. 2012. 跨国公司与国际直接投资. 2 版. 北京：机械工业出版社.

赵曙明. 2021. 国际人力资源管理. 6 版. 南京：南京大学出版社.

郑春. 2006. 区位理论：回顾与前瞻. 经济论坛，（15）：34-36.

周劲波，程静. 2015. 国际人力资源管理对中小企业国际创业绩效的影响机制研究：基于国际动态能力的视角. 石家庄经济学院学报，38（1）：97-102.

周旻. 2010. 民营企业海外并购的优劣势解析. 人民论坛，（26）：148-149.

Aliber R Z. 1970. A theory of direct foreign investment//Kindleberger C P. The international Corporation：A Symposium. Cambridge：Massachusetts Institute of Technology：17-34.

Alofan F，Chen S，Tan H. 2020. National cultural distance，organizational culture，and adaptation of management innovations in foreign subsidiaries：a fuzzy set analysis of TQM implementation in Saudi Arabia. Journal of Business Research，109：184-199.

Andersson U，Forsgren M，Holm U. 2001. Subsidiary embeddedness and competence development in MNCs a multi-level analysis. Organization Studies，22（6）：1013-1034.

Asmussen C G，Benito G R G，Petersen B. 2009. Organizing foreign market activities: from entry mode choice to configuration decisions. International Business Review，18（2）：145-155.

Azungah T，Hutchings K，Michailova S. 2020. Ethnocentric HRM practices：evidence from western MNEs in Ghana. International Journal of Emerging Markets，15（5）：829-848.

Baake P，Boom A. 2001. Vertical product differentiation，network externalities，and compatibility decisions. International Journal of Industrial Organization，19（1/2）：267-284.

Baldwin R，Venables A J. 2013. Spiders and snakes：offshoring and agglomeration in the global economy. Journal of International Economics，90（2）：245-254.

Berry D P，Bell M P. 2012. "Expatriates"：gender，race and class distinctions in international management. Gender，Work & Organization，19（1）：10-28.

Bockem S. 1994. A generalized model of horizontal product differentiation. The Journal of Industrial Economics，42（3）：287-298.

Bond M H. 1988. Finding universal dimensions of individual variation in multicultural studies of values：the Rokeach and Chinese value surveys. Journal of Personality and Social Psychology，55（6）：1009-1015.

Brady M. 2022. Asymmetric horizontal differentiation under advertising in a cournot duopoly. Games，13（3）：1-14.

Brieger S A，Chowdhury F，Hechavarría D M，et al. 2022. Digitalization，institutions and new venture internationalization. Journal of International Management，28（4）：100949.

Buckley P J，Casson M. 1976. The Future of the Multinational Enterprise. London：Palgrave Macmillan.

Buckley P J，Casson M. 1981 . The optimal timing of a foreign direct investment. The Economic Journal，91（361）：75-87.

Budhwar P，Malik A，de Silva M T T，et al. 2022. Artificial intelligence-challenges and opportunities for international HRM：a review and research agenda. The International Journal of Human Resource Management，33（6）：1065-1097.

Caligiuri P，de Cieri H，Minbaeva D，et al. 2020. International HRM insights for navigating the COVID-19 pandemic：implications for future research and practice. Journal of International Business Studies，51（5）：697-713.

Caligiuri P M，Stroh L K. 1995. Multinational corporation management strategies and international human resources practices：bringing IHRM to the bottom line. The International Journal of Human Resource Management，6（3）：494-507.

Casillas J C，Acedo F J. 2013. Speed in the internationalization process of the firm. International Journal of Management Reviews，15（1）：15-29.

Chakrabarti A，Mitchell W. 2016. The role of geographic distance in completing related acquisitions：evidence from U.S. chemical manufacturers. Strategic Management Journal，37（4）：673-694.

Chen D，Paik Y，Park S H. 2010. Host-country policies and MNE management control in IJVs：evidence from China. Journal of International Business Studies，41（3）：526-537.

Chi T L，Zhao Z J. 2014. Equity structure of MNE affiliates and scope of their activities：distinguishing the incentive and control effects of ownership. Global Strategy Journal，4（4）：257-279.

Clemenz G. 2010. Eco-labeling and horizontal product differentiation. Environmental and Resource Economics，45（4）：481-497.

Cohen W M，Levinthal D A. 1994. Fortune favors the prepared firm. Management Science，40（2）：227-251.

Collings D G，Scullion H，Dowling P J. 2009. Global staffing：a review and thematic research agenda. The International Journal of Human Resource Management，20（6）：1253-1272.

Collings D G，Scullion H，Morley M J. 2007. Changing patterns of global staffing in the multinational enterprise：challenges to the conventional expatriate assignment and emerging alternatives. Journal of World Business，42（2）：198-213.

Cooke F L，Wu G，Zhou J，et al. 2018. Acquiring global footprints：internationalization strategy of Chinese multinational enterprises and human resource implications. Journal of Business Research，93：184-201.

de Cieri H，Dowling P J. 2012. Strategic human resource management in multinational enterprises：developments and directions//Stahl G K，Bjorkman I，Morris S. Handbook of Research in International Human Resource Management，Second Edition. Cheltenham：Edward Elgar Publishing：13-35.

Deng Z，Jean R J，Sinkovics R R. 2018. Rapid expansion of international new ventures across institutional distance. Journal of International Business Studies，49（8）：1010-1032.

Dickmann M. 2021. International Human Resource Management-Historical Developments，Models，Policies and Practices in MNCs. Sage.

Dixit A K，Pindyck R S. 1994. Investment Under Uncertainty. Princeton：Princeton University Press.

Dos Santos Ferreira R，Thisse J F. 1996. Horizontal and vertical differentiation: the Launhardt model. International Journal of Industrial Organization，14（4）：485-506.

Dowling P. 2004. International Human Resource Management：Managing People in A Multinational Context. London：Thomson.

Dowling P J，Schuler R S. 1990. International Dimensions of Human Resource Management. Boston：PWS-Kent Publishing Co.

Dunning J H. 1993. Multinational Enterprises and the Global Economy. Reading：Addison-Wesley.

Dykes B J，Kolev K D. 2018. Entry timing in foreign markets：a meta-analytic review and critique. Journal of

International Management, 24 (4): 404-416.

Egbe I, Adegbite E, Yekini K C. 2018. The influence of multinational enterprises on subsidiaries: context matters. Accounting, Auditing & Accountability Journal, 31 (2): 703-724.

Egli A. 2007. On stability in competition: tying and horizontal product differentiation. Review of Industrial Organization, 30 (1): 29-38.

Ettrich F. 2017. Karl Marx: Das Kapital//Kraemer K, Brugger F. Schlüsselwerke Der Wirtschaftssoziologie. Berlin: Springer VS, Wiesbaden: 29-45.

Farndale E, Horak S, Phillips J, et al. 2019. Facing complexity, crisis, and risk: opportunities and challenges in international human resource management. Thunderbird International Business Review, 61 (3): 465-470.

Fichter M, Helfen M, Sydow J. 2011. Employment relations in global production networks: initiating transfer of practices via union involvement. Human Relations, 64 (4): 599-622.

Fine S, Singer Y, Tishby N. 1998. The hierarchical hidden Markov model: analysis and applications. Machine Learning, 32 (1): 41-62.

Frynas J G, Mellahi K, Pigman G A. 2006. First mover advantages in international business and firm-specific political resources. Strategic Management Journal, 27 (4): 321-345.

Gaba V, Pan Y G, Ungson G R. 2002. Timing of entry in international market: an empirical study of U.S. fortune 500 firms in China. Journal of International Business Studies, 33 (1): 39-55.

Gabszewicz J J, Wauthy X Y. 2012. Nesting horizontal and vertical differentiation. Regional Science and Urban Economics, 42 (6): 998-1002.

Gabszewicz J J, Wauthy X Y. 2014. Vertical product differentiation and two-sided markets. Economics Letters, 123 (1): 58-61.

Gao Z C, Tisdell C. 2005. Foreign investment and Asia's, particularly China's, rise in the Chinese television industry: reconsidering the international product life cycle theory. Journal of Asia-Pacific Business, 6(3): 37-61.

Gereffi G. 1999. International trade and industrial upgrading in the apparel commodity chain. Journal of International Economics, 48 (1): 37-70.

Gereffi G, Humphrey J, Kaplinsky R, et al. 2001. Introduction: globalisation, value chains and development. IDS Bulletin, 32 (3): 1-8.

Gereffi G, Humphrey J, Sturgeon T. 2005. The governance of global value chains. Review of International Political Economy, 12 (1): 78-104.

Gereffi G, Korzeniewicz M. 1994. Commodity Chains and Global Capitalism. New York: Praeger Publishers.

Ghazzai H, Lahmandi-Ayed R. 2009. Vertical differentiation, social networks and compatibility decisions. The B E Journal of Theoretical Economics, 9 (1): 1-23.

Gómez-Miñambres J. 2015. Temptation, horizontal differentiation and monopoly pricing. Theory and Decision, 78 (4): 549-573.

Gripsrud G, Hunneman A, Solberg C A. 2023. Speed of internationalization of new ventures and survival in export markets. International Business Review, 32 (3): 102121.

Grøgaard B, Colman H L. 2016. Interpretive frames as the organization's "mirror": from espoused values to social integration in MNEs. Management International Review, 56 (2): 171-194.

Guo W C, Lai F C. 2013. Nesting horizontal and vertical differentiation with location choices. Pacific Economic Review, 18 (4): 546-556.

Henderson J. 1998. Danger and Opportunity in the Asia-Pacific. London: Routledge.

Hennart J F. 2012. Emerging market multinationals and the theory of the multinational enterprise. Global Strategy Journal，2（3）：168-187.

Hill C W. 2009. International Business：Competing in the Global Marketplace. 7th ed. New York：McGraw-Hill/Irwin.

Hill C W L，Washington U O. 2013. International business. Ubalt Edu，8（4）：19-21.

Hillemann J，Verbeke A. 2014. Internalization theory and the governance of the global factory//Verbeke A，van Tulder R，Lundan S. Multinational Enterprises，Markets and Institutional Diversity. Howard House Wagon：Emerald Group Publishing Limited：27-48.

Hilmersson M，Schweizer R，Chetty S. 2022. The relationship between timing，speed，and performance in foreign market network entry. Management International Review，62（3）：325-349.

Hofstede G，Bond M H. 1984. Hofstede's culture dimensions：an independent validation using Rokeach's value survey. Journal of Cross-Cultural Psychology，15（4）：417-433.

Hofstede G，Minkov M. 2010. Long-versus short-term orientation：new perspectives. Asia Pacific Business Review，16（4）：493-504.

Hsieh L H Y，Child J，Narooz R，et al. 2018. A multidimensional perspective of SME internationalization speed：the influence of entrepreneurial characteristics. International Business Review，28（2）：268-283.

Hummels D，Ishii J，Yi K M. 2001. The nature and growth of vertical specialization in world trade. Journal of International Economics，54（1）：75-96.

Humphrey J. 2003. Globalization and supply chain networks：the auto industry in Brazil and India. Global Networks，3（2）：121-141.

Humphrey J，Schmitz H. 2002. How does insertion in global value chains affect upgrading in industrial clusters? Regional Studies，36（9）：1017-1027.

Hymer S H. 1960. The International Operations of National Firms：A Study of Direct Foreign Investment. Cambridge：Massachusetts Institute of Technology.

Jiang C L，Yahiaoui D. 2019. French multinational companies' HRM in China：strategic orientation and integration approaches. Asia Pacific Business Review，25（1）：3-18.

Johanson J，Vahlne J E. 2009. The Uppsala internationalization process model revisited：from liability of foreignness to liability of outsidership. Journal of International Business Studies，40（9）：1411-1431.

Johnson R C，Noguera G 2012. Proximity and production fragmentation. American Economic Review，102（3）：407-411.

Kamminga P E，van der Meer-Kooistra J. 2007. Management control patterns in joint venture relationships：a model and an exploratory study. Accounting，Organizations and Society，32（1）：131-154.

Knickerbocker F T. 1973. Oligopolistic reaction and multinational enterprise. Boston：Harvard University School of Business Administration.

Kobrin S J. 1994. Is there a relationship between a geocentric mind-set and multinational strategy? Journal of International Business Studies，25（3）：493-511.

Kontinen T，Ojala A. 2010. The internationalization of family businesses：a review of extant research. Journal of Family Business Strategy，1（2）：97-107.

Koopman R，Wang Z，Wei S J. 2014. Tracing value-added and double counting in gross exports. American Economic Review，104（2）：459-494.

Kraemer K L，Linden G，Dedrick J. 2011. Capturing value in global networks：Apple's iPad and iPhone. Irving：UC Irvine The Paul Merage School of Business.

Kraimer M L，Shaffer M A，Bolino M C. 2009. The influence of expatriate and repatriate experiences on career advancement and repatriate retention. Human Resource Management，48（1）：27-47.

Kúnin M，Žigić K. 2023. On Jain's digital piracy model：horizontal vs vertical product differentiation. Economic Research-Ekonomska Istraživanja，36（1）：1299-1316.

Lamare J R，Farndale E，Gunnigle P. 2014. Employment relations and international human resource management//Collings D，Wood G T，Caligiuri PM. The Routledge Companion to International Human Resource Management. London：Routledge：99-120.

Lambkin M. 1988. Order of entry and performance in new markets. Strategic Management Journal，9（S1）：127-140.

Lieberman M B，Montgomery D B. 1988. First-mover advantages. Strategic Management Journal，9（S1）：41-58.

Linden G，Kraemer K L，Dedrick J. 2009. Who captures value in a global innovation network? The case of Apple's iPod. Communications of the ACM，52（3）：140-144.

Liu L H，Wang X H，Zeng C H. 2020. Endogenous horizontal product differentiation in a mixed duopoly. Review of Industrial Organization，56（3）：435-462.

Liu Q H，Serfes K. 2005. Imperfect price discrimination in a vertical differentiation model. International Journal of Industrial Organization，23（5/6）：341-354.

Luo Y D，Peng M W. 1998. First mover advantages in investing in transitional economies. Thunderbird International Business Review，40（2）：141-163.

Lutz S. 1997. Vertical product differentiation and entry deterrence. Journal of Economics，65（1）：79-102.

Maley J F，Moeller M，Ting A F. 2020. Sustainable expatriate compensation in an uncertain environment. Journal of International Management，26（3）：100776.

Malhotra S. 2012. Geographic distance as a moderator of curvilinear relationship between cultural distance and shared ownership. Canadian Journal of Administrative Sciences：Revue Canadienne Des Sciences De L'Administration，29（3）：218-230.

Manolopoulos D，Söderquist K E，Pearce R. 2011. Coordinating decentralized research and development laboratories：a survey analysis. Journal of International Management，17（2）：114-129.

Marano V，Kostova T. 2016. Unpacking the institutional complexity in adoption of CSR practices in multinational enterprises. Journal of Management Studies，53（1）：28-54.

Mascarenhas B. 1992. Order of entry and performance in international markets. Strategic Management Journal，13（7）：499-510.

Matsubayashi N. 2007. Price and quality competition：the effect of differentiation and vertical integration. European Journal of Operational Research，180（2）：907-921.

Mayrhofer W，Brewster C. 1996. In praise of ethnocentricity：expatriate policies in European multinationals. The International Executive，38（6）：749-778.

McDonnell A，Burgess J. 2013. The impact of the global financial crisis on managing employees. International Journal of Manpower，34（3）：184-197.

Mendenhall M E，Kühlmann T M，Stahl G K，et al. 2002. Employee development and expatriate assignments//Gannon M J，Newman K L. The Blackwell Handbook of Cross-Cultural Management. Oxford：Blackwell Publishers Ltd：155-183.

Mendenhall M E，Wiley C. 1994. Strangers in a strange land：the relationship between expatriate adjustment and impression management. American Behavioral Scientist，37（5）：605-620.

Mesmer-Magnus J R，Viswesvaran C. 2007. Expatriate management：a review and directions for research in expatriate selection，training，and repatriation//Harris M M. Handbook of Research in International

Human Resource Management. New York：Psychology Press：24.

Mol S T，Born M P，Willemsen M E，et al. 2005. Predicting expatriate job performance for selection purposes：a quantitative review. Journal of Cross-Cultural Psychology，36（5）：590-620.

Morgan P. 1986. International human resource management：fact or fiction. Personnel Administrator，31（9）：43-47.

Müller T，Platzer H W，RüB S. 2010. Global Union Federations and the Challenges of Globalisation. Berlin：Friedrich Ebert Stiftung.

Murray J Y，Ju M，Gao G Y. 2012. Foreign market entry timing revisited：trade-off between market share performance and firm survival. Journal of International Marketing，20（3）：50-64.

Myloni B，Harzing A W，Mirza H. 2007. The effect of corporate-level organizational factors on the transfer of human resource management practices：European and US MNCs and their Greek subsidiaries. The International Journal of Human Resource Management，18（12）：2057-2074.

Narajabad B，Watson R. 2011. The dynamics of innovation and horizontal differentiation. Journal of Economic Dynamics and Control，35（6）：825-842.

Narula R，Guimon J. 2010. The R&D activity of multinational enterprises in peripheral economies：evidence from the EU new member states. Maastricht: United Nations University - Maastricht Economic and Social Research Institute on Innovation and Technology

Okpara J O，Kabongo J D，Lau W K E. 2021. Effects of predeparture and postarrival cross-cultural trainings on expatriates adjustment：a study of Chinese expatriates in Nigeria. Thunderbird International Business Review，63（2）：115-130.

Ott D L，Michailova S. 2016. Expatriate selection：a historical overview and criteria for decision-making//Guo Y，Rammal H G，Dowling P J. Global Talent Management and Staffing in MNEs. Howard House Wagon：Emerald Group Publishing Limited：1-24.

Oviatt B M，McDougall-Covin P P. 2005. Defining international entrepreneurship and modeling the speed of internationalization. Entrepreneurship Theory and Practice，29（5）：537-554.

Pan Y G，Li S M，Tse D K. 1999. The impact of order and mode of market entry on profitability and market share. Journal of International Business Studies，30（1）：81-103.

Pauluzzo R，Cagnina M R. 2019. A passage to India：cultural distance issues in IJVs' knowledge management. Knowledge Management Research & Practice，17（2）：192-202.

Peltokorpi V. 2008. Cross-cultural adjustment of expatriates in Japan. The International Journal of Human Resource Management，19（9）：1588-1606.

Peltokorpi V，Jintae Froese F. 2009. Organizational expatriates and self-initiated expatriates：who adjusts better to work and life in Japan?. The International Journal of Human Resource Management，20（5）：1096-1112.

Persson M. 2006. The impact of operational structure，lateral integrative mechanisms and control mechanisms on intra-MNE knowledge transfer. International Business Review，15（5）：547-569.

Phillips R，Petersen H，Palan R. 2021. Group subsidiaries，tax minimization and offshore financial centres：mapping organizational structures to establish the "in-betweener" advantage. Journal of International Business Policy，4（2）：286-307.

Powell W W. 1990. Neither market nor hierarchy. Research in Organizational Behavior，12：295-336.

Punnett B J. 2015. International Perspectives on Organizational Behavior and Human Resource Management. 3rd ed. New York：Routledge.

Qi J H，Liu H，Zhang Z Y. 2021. Exchange rate uncertainty and the timing of Chinese Outward Direct Investment. International Review of Economics & Finance，76：1193-1204.

Rabbiosi L. 2011. Subsidiary roles and reverse knowledge transfer: an investigation of the effects of coordination mechanisms. Journal of International Management, 17 (2): 97-113.

Raziq M M, Benito G R G, Kang Y F. 2023. Multinational enterprise organizational structures and subsidiary role and capability development: the moderating role of establishment mode. Group & Organization Management, 48 (3): 908-952.

Ribeiro V M, Correia-da-Silva J, Resende J. 2016. Nesting vertical and horizontal differentiation in two-sided markets. Bulletin of Economic Research, 68 (S1): 133-145.

Roger G. 2017. Two-sided competition with vertical differentiation. Journal of Economics, 120 (3): 193-217.

Sartor M A, Beamish P W. 2020. Integration-oriented strategies, hostmarket corruption and the likelihood of foreign subsidiary exit from emerging markets. Journal of International Business Studies, 51(3): 414-431.

Schuler R S, Dowling P J, de Cieri H. 1993. An integrative framework of strategic international human resource management. Journal of Management, 19 (2): 419-459.

Schuler R S, Tarique I. 2007. International human resource management: a North American perspective, a thematic update and suggestions for future research. The International Journal of Human Resource Management, 18 (5): 717-744.

Selmer J. 2001. The preference for predeparture or postarrival cross-cultural training-an exploratory approach. Journal of Managerial Psychology, 16 (1): 50-58.

Sen N, Narula D. 2022. Merger under horizontal and vertical product differentiation. International Journal of Economic Theory, 18 (4): 509-531.

Shortland S. 2018. What seals the deal? How compensation and benefits affect women's decisions to accept expatriation in the oil and gas industry. Personnel Review, 47 (3): 765-783.

Sinkovics R R, Roath A S, Cavusgil S T. 2011. International integration and coordination in MNEs: implications for international management. Management International Review, 51 (2): 121-127.

Smith P, Rees G. 2017. An introduction to the organization, its environment and human resource management//Rees G, Smith P. Strategic Human Resource Management: An International Perspective. London: PublisherSAGE Publications Ltd: 3-33.

Sturgeon T J. 2001. How do we define value chains and production networks? . IDS Bulletin, 32 (3): 9-18.

Sturgeon T J. 2002. Modular production networks: a new American model of industrial organization. Industrial and Corporate Change, 11 (3): 451-496.

Sturgeon T, Florida R. 2004. Globalization, deverticalization, and employment in the motor vehicle industry//Kenney M, Florida R. Locating Global Advantage: Industry Dynamics in the International Economy.Stanford: Stanford University PressStanford: 52-81.

Sullivan D. 1994. Measuring the degree of internationalization of a firm. Journal of International Business Studies, 25 (2): 325-342.

Taylor S, Beechler S, Napier N. 1996. Toward an integrative model of strategic international human resource management. Academy of Management Review, 21 (4): 959-985.

Taylor S, Levy O, Boyacigiller N A, et al. 2008. Employee commitment in MNCs: impacts of organizational culture, HRM and top management orientations. The International Journal of Human Resource Management, 19 (4): 501-527.

Tharenou P. 2008. Disruptive decisions to leave home: gender and family differences in expatriation choices. Organizational Behavior and Human Decision Processes, 105 (2): 183-200.

Thomas C J, Wilson B J. 2014. Horizontal product differentiation in auctions and multilateral negotiations. Economica, 81 (324): 768-787.

Tremblay V J，Polasky S. 2002. Advertising with subjective horizontal and vertical product differentiation. Review of Industrial Organization，20（3）：253-265.

Tung R L. 1981. Selection and training of personnel for overseas assignments. Columbia Journal of World Business，16：68-78.

UNCTAD. 2022. World investment report 2022：international tax reforms and sustainable investment. Geneva：United Nations Conference on Trade and Development.

Upward R，Wang Z，Zheng J H. 2013. Weighing China's export basket：the domestic content and technology intensity of Chinese exports. Journal of Comparative Economics，41（2）：527-543.

van den Born F，Peltokorpi V. 2010. Language policies and communication in multinational companies：alignment with strategic orientation and human resource management practices. Journal of Business Communication，47（2）：97-118.

Verbeke A，Dunning J，Lundan S. 2008. Multinational enterprises and the global economy. Journal of International Business Studies，39（7）：1236-1238.

Vermeulen F，Barkema H. 2002. Pace，rhythm，and scope：process dependence in building a profitable multinational corporation. Strategic Management Journal，23（7）：637-653.

Vernon R. 1966. International investment and international trade in the product cycle. The Quarterly Journal of Economics，80（2）：190-207.

Yang J Y，Lu J，Jiang R J. 2017. Does it pay to be fast? Foreign expansion speed and firm performance. Long Range Planning，50（1）：74-92.

Yang X M，Sun S L，Jiang F M. 2021. How do emerging multinational enterprises release subsidiary initiatives located in advanced economies?. Journal of International Management，27（1）：100836.

Yoo Y，Henfridsson O，Lyytinen K. 2010. Research commentary：the new organizing logic of digital innovation：an agenda for information systems research. Information Systems Research，21（4）：724-735.

Zanchettin P，Mukherjee A. 2017. Vertical integration and product differentiation. International Journal of Industrial Organization，55：25-57.

Zeira Y，Banai M S. 1985. Selection of expatriate managers in MNCs：the host-environment point of view. International Studies of Management & Organization，15（1）：33-51.

Zeng R，Grøgaard B，Björkman I. 2023. Navigating MNE control and coordination：a critical review and directions for future research. Journal of International Business Studies，54：1599-1622.

Zeng R，Grøgaard B，Steel P. 2018. Complements or substitutes? A meta-analysis of the role of integration mechanisms for knowledge transfer in the MNE network. Journal of World Business，53（4）：415-432.

Zhu J S. 2019. Chinese multinationals' approach to international human resource management：a longitudinal study. The International Journal of Human Resource Management，30（14）：2166-2185.

Ziss S. 1993. Entry deterrence，cost advantage and horizontal product differentiation. Regional Science and Urban Economics，23（4）：523-543.

Zysman J，Doherty E，Schwartz A. 1997. Tales from the "global" economy：cross-national production networks and the reorganization of the European economy. Structural Change and Economic Dynamics，8（1）：45-85.